教育と福祉の基本問題

――人間と社会の明日を展望する――

伊藤 良高 編著

晃 洋 書 房

　　　　　は　し　が　き

　教育とは何か。また、福祉とは何か。人間（または人格）形成を取り巻く環境が多様化、複雑化するなかで、それぞれの固有性とともに、相互の関係性や連続性、総合性が問われている。それは、「教育と福祉の統一」あるいは「教育と福祉のクロスオーバー（交錯）」といった言い方で、両者の原理や実践をふまえながら、新たな「教育福祉」と呼べる世界を創造していこうとする動きともなっている。

　例えば、日本においても、ようやく1990年代以降になってから、成人期への移行問題としての若者問題・若者政策が、また、2000年代半ばになってから、発育・生活環境の理不尽な差別としての子どもの貧困問題・貧困対策が社会的に注目され始めたが、こうした子ども・若者問題としての子ども・若者支援は、教育、福祉をはじめとするあらゆる分野からの包括的なアプローチが待たれている。前者については、2009年7月に制定された「子ども・若者育成支援推進法」は、子ども・若者の健やかな育成をめざして、子ども・若者支援の基本理念の1つとして、「子ども・若者の発達段階、生活環境、特性その他の状況に応じてその健やかな成長が図られるよう、良好な社会環境（教育、医療及び雇用に係る環境を含む。（中略））の整備その他必要な配慮を行うこと」（第2条第1項第5号）等を求めている。また、後者については、2013年6月に制定された「子どもの貧困対策の推進に関する法律」は、子どもの貧困対策の基本理念として、「子ども等に対する教育の支援、生活の支援、就労の支援、経済的支援等の施策を、子どもの将来がその生まれ育った環境によって左右されることのない社会を実現することを旨として講ずることにより、推進されなければならない」（第2条第1項）等と記している。このように、近年、きわめて不十分ながらも、子ども・若者支援の施策と実践において、体系的で総合的な取り組みの必要性が指摘されている。

　本書は、すべての人間の「幸福」（ウェルビーング）の実現に向けて、1人1人の生涯にわたる人間形成を豊かにする教育、福祉とはいかなるものであるか、その理論と実践について考察することを目的としたものである。現代における教育と福祉の基本問題について、若手・中堅をコアとする当代を代表する

研究者・実践者が、それぞれの専門分野における最先端の問題についてアプローチし、その現状、問題点、展望について明らかにしようとしている。取り上げられている対象や内容はきわめて多岐にわたっているが、それらを通読することで、現代における教育と福祉の基本問題から、人間と社会の明日を望見できるように工夫している。

　本書は、編著者の還暦記念の書として公刊され、好評を博した拙編著『教育と福祉の課題』（晃洋書房、2014年。第2版は2017年）の姉妹本として編集、発行されたものである。前著同様、教育、保育、児童福祉、社会福祉、ソーシャルワーク等を専門とする研究者・実践者を主な読者として執筆された学術専門書であるが、これから同分野について学ぼうとしている学生・院生諸君の講義テキストとして、また、教育と福祉の現場で日々奮闘している保育者・教師や福祉労働従事者の研修テキスト、さらには、教育と福祉の問題に関心を持っている一般市民の学習教材としても役立つように作成されている。

　本書は、前著から論稿の題目と執筆陣を一新し、新たなフロンティアの創出に向けて、果敢に挑戦しようとしている。各論稿では、最新の研究成果に基づく斬新な議論が展開されているが、読者の方々からの忌憚ないご意見やご助言を賜りながら、今後、さらなる充実と発展をめざしていきたいと考えている。前著と合わせ、教育と福祉の織り成すフィールドを丁寧に探訪することで、教育と福祉の間を自由自在に往還する大切さと面白さを体感していただくことができれば幸いである。

　最後になったが、厳しい出版事情のなかで、本書の出版を快諾された晃洋書房の植田実社長、編集でお世話になった丸井清泰氏、校正でお手数をおかけした石風呂春香氏に、心からお礼を申し上げたい。なお、原稿の整理等本書の編集過程で、主宰する熊本学園大学大学院社会福祉学研究科保育学研究室（修士課程・博士後期課程）の出身である永野典詞氏（九州ルーテル学院大学教授）と香﨑智郁代氏（同准教授）の献身的な協力を得た。併せて感謝したい。

2018年7月7日

編著者　伊藤良高

目　次

はしがき

第Ⅰ部　人間形成における教育と福祉の理論

第1章　教育と福祉の史的考察 …………………………………………… 2
　　　　　　——educationという"福祉"——
　はじめに　(2)
　第1節　educationの歴史　(3)
　第2節　転回するeducationと福祉　(5)
　第3節　近代以降の福祉と「教育」　(7)
　おわりに　(8)
　　　——明日なき教育論の未来への展望として——

第2章　子どもの成長と基盤を育む
　　　　　「食」の福祉的意義とその役割 ………………………………… 12
　はじめに　(12)
　第1節　社会福祉における「食」の役割　(13)
　第2節　子どもの成長を育む食事場面に含まれる機能　(15)
　第3節　現代社会における「食」の保障と福祉的意義　(17)
　おわりに　(19)

第3章　子どもの貧困における保育・幼児教育の課題 …………… 21
　はじめに　(21)
　第1節　現代における子どもの貧困　(22)
　第2節　子どもの貧困を取り巻く保育・幼児教育の諸課題　(25)
　第3節　子どもの貧困に対する方策と保育・幼児教育の今後の課題　(27)
　おわりに　(30)

第4章　高等学校における教育と福祉に関する現状と課題 ………… 31
　はじめに　(31)
　第1節　高等学校における教育上の諸問題　(31)
　第2節　高等学校における福祉的な諸問題　(34)
　第3節　高校生にとっての教育的・福祉的支援の「制度の狭間」　(37)
　おわりに　(38)

第5章　介護福祉教育と介護福祉実践の課題と展望 ……………… 40
　はじめに　(40)
　第1節　介護福祉教育　(41)
　第2節　介護福祉実践　(44)
　第3節　介護福祉教育と介護福祉実践　(48)
　おわりに　(50)

第Ⅱ部　現代における教育の基本問題
　——動向と課題——

第6章　「国民の教育権」説再論 …………………………………… 54
　——教師の教育の自由をめぐる憲法理論の再構築——
　はじめに　(54)
　第1節　教育権論争と「国民の教育権」理論の登場　(56)
　第2節　国民の教育権説への批判と旭川学力テスト事件最高裁判決　(57)
　第3節　教師の教育の自由の再定位　(59)
　おわりに　(61)

第7章　学校教育における宗教教育のあり方に対する視点 ………… 64
　——宗教教育の史的考察をふまえて——
　はじめに　(64)
　第1節　明治憲法と「信教ノ自由」　(64)
　第2節　宗教と教育の分離　(65)
　第3節　日本国憲法と「信教の自由」　(70)
　おわりに　(74)

第8章　教育と社会移動 …………………………… 77
　　　　　　　──教育格差問題を考える──
　　はじめに　（77）
　　第1節　教育格差が問題とされる理由　（78）
　　第2節　教育における社会移動の実態　（80）
　　第3節　機会均等の理念の実現に向けての方策　（82）
　　おわりに　（84）

第9章　現代保育・幼児教育政策の動向と課題 …………………… 86
　　はじめに　（86）
　　第1節　現代における国家教育戦略と保育・幼児教育　（86）
　　第2節　保育・幼児教育政策の動向と問題点　（89）
　　第3節　保育・幼児教育振興をめぐる論点と課題　（92）
　　おわりに　（95）

第10章　幼児期における科学教育に関する現状と課題 …………… 97
　　はじめに　（97）
　　第1節　幼児期における科学教育　（97）
　　第2節　幼児期における科学教育の現状と課題　（100）
　　第3節　今後の展望　（103）
　　おわりに　（105）

第11章　中国都市における乳幼児の家庭保育・教育の
　　　　　　現状と課題 ……………………………………………… 107
　　はじめに　（107）
　　第1節　中国都市における乳幼児の家庭保育・教育の現状　（108）
　　第2節　乳幼児保育・教育に対する保護者ニーズの内容と特徴　（110）
　　第3節　今後の課題　（112）
　　おわりに　（113）

第12章　敏感すぎる子どもの育ちを支援するために ……………… 114
　はじめに　(114)
　第1節　敏感すぎる子どもをめぐる現状　(115)
　第2節　不登校事例にみる敏感すぎる子ども　(118)
　第3節　課題と展望　(123)
　おわりに　(124)

第13章　教科書検定をめぐる近年の動向と課題 ……………… 126
　　　　　──中学社会科「学び舎」教科書を中心に──
　はじめに　(126)
　　　──問題の設定──
　第1節　近年の教科書検定をめぐる政策動向　(126)
　　　　　──臨教審以降の教科書検定──
　第2節　2014年度中学校教科書検定の動向　(127)
　　　　　──社会科（歴史的分野）を中心に──
　おわりに　(134)

第14章　18歳選挙権時代における主権者教育の課題と展望 ……… 137
　はじめに　(137)
　　　──「18歳選挙権時代」の到来──
　第1節　主権者教育をめぐる制度環境の変化　(138)
　第2節　主権者教育の論点　(139)
　第3節　主権者教育の課題と展望　(143)
　おわりに　(145)
　　　──「18歳選挙権時代」から「18歳成人時代」へ──

　　　　　第Ⅲ部　現代における福祉の基本問題
　　　　　　　　──動向と課題──

第15章　ひとり親家庭の支援と課題 ……………………………… 152
　はじめに　(152)
　第1節　現代におけるひとり親家庭の状況　(152)

第2節　ひとり親家庭で育つ子どもの動向と問題点　(156)
第3節　ひとり親家庭支援をめぐる論点と課題　(157)
お わ り に　(159)

第16章　乳児保育と保育者の役割と課題 …………………… 161
は じ め に　(161)
第1節　乳児保育のあり方　(162)
第2節　乳児保育における保育者のかかわり　(164)
第3節　乳児保育における保護者との信頼関係と連携の重要性　(165)
お わ り に　(168)

第17章　共同保育の意義と可能性 …………………………… 171
は じ め に　(171)
第1節　共同保育所の誕生と発展　(171)
第2節　子育てをめぐる状況　(173)
第3節　子育ての社会化と共同保育　(175)
お わ り に　(177)

第18章　保育所における保育士の役割と専門性 ……………… 180
は じ め に　(180)
第1節　保育所における保育士の役割と課題　(180)
第2節　保育士の職務内容の現状と課題　(183)
第3節　保育士の専門性　(185)
お わ り に　(188)

第19章　保育者の現任研修プログラム構築 ………………… 191
　　　　　──ある自治体の加配保育士研修を例にして──
は じ め に　(191)
第1節　保育者の現任研修と評価　(191)
第2節　保育者の現任研修プログラムの構築に向けて　(192)
第3節　保育者の現任研修プログラム構築の今後の課題　(197)
お わ り に　(198)

第20章　児童虐待対応における保育現場の役割 …………… 200
　　はじめに　　(200)
　　第1節　児童虐待対応の現状　　(200)
　　第2節　保育現場における児童虐待対応ツールの開発　　(204)
　　第3節　児童虐待対応における保育現場への期待と展望　　(207)
　　おわりに　　(208)

第21章　地域における子育て支援と福祉コミュニティ形成 ……… 210
　　はじめに　　(210)
　　第1節　子どもの育ちをめぐる環境の変化　　(210)
　　第2節　地域のつながりの希薄化が
　　　　　　子育ち・子育てに与える影響と問題点　　(212)
　　第3節　子育て支援施策の動向と課題　　(214)
　　第4節　子育て問題解決に向けたコミュニティ形成の必要性　　(216)
　　おわりに　　(218)

第22章　地域子育て支援拠点事業の動向と課題 …………………… 221
　　はじめに　　(221)
　　　　──問題の設定──
　　第1節　地域子育て支援とは　　(222)
　　第2節　地域子育て支援拠点事業の役割　　(224)
　　第3節　今後の課題と展望　　(227)
　　おわりに　　(228)

第23章　子どもの自己有能感を高める感覚の偏りに配慮した
　　　　　集団活動の展開 ……………………………………………… 230
　　　　──感覚統合理論を取り入れた水遊びの分析から──
　　はじめに　　(230)
　　第1節　感覚の偏りがある子どもの困り感　　(230)
　　第2節　感覚統合理論に基づく感覚の偏りがある子どもの理解　　(232)
　　第3節　感覚統合理論に基づく集団での水遊びの分析からの提言　　(234)
　　おわりに　　(237)

第24章　地域での子どもの居場所支援活動の機能と今日的課題 ····· 239
　　は じ め に　(239)
　　第1節　地域における子どもの居場所活動の
　　　　　　取り組みに至る背景と展開　(239)
　　第2節　地域での子どもの居場所支援活動の機能と動向　(242)
　　第3節　地域における今後の子どもの居場所活動の構築に向けて　(245)
　　お わ り に　(246)

第25章　当事者／支援者は「対等」になり得るか ·························· 248
　　　　　──発達障害当事者会との連携を中心とした「舞台構築支援」の
　　　　　　　実践と役割葛藤──
　　は じ め に　(248)
　　第1節　専門家主導支援の反省による「対等」への違和感　(249)
　　第2節　発達障害当事者会の活動から見る支援者の課題　(251)
　　第3節　当事者／支援者という属性による
　　　　　　無自覚な混乱、葛藤と可能性　(254)
　　お わ り に　(257)

第26章　ソーシャルワーカーに対する期待と養成教育の課題 ······ 259
　　は じ め に　(259)
　　第1節　ソーシャルワーカーに対する期待　(260)
　　第2節　ソーシャルワーカー養成教育の現状と見直しの方向性　(262)
　　第3節　求められるソーシャルワーカーと養成教育の課題　(264)
　　お わ り に　(266)

第27章　地域包括支援センターと
　　　　　コミュニティスーパービジョン ·································· 268
　　は じ め に　(268)
　　　　　──研究の背景──
　　第1節　地域包括ケアシステムの動向　(268)
　　第2節　コミュニティソーシャルワークの理論　(272)
　　第3節　コミュニティスーパービジョン　(274)
　　お わ り に　(276)

第Ⅰ部　人間形成における教育と福祉の理論

第1章

教育と福祉の史的考察
――education という "福祉"――

はじめに

本章の冒頭にあたり、まずはイヴァン・イリイチ『脱学校化の社会』の一節を引用してみることから始めてみたい。

> 古典時代の人々は、人間のものの見方の枠組みを文明開化させたのである。彼らは、運命として与えられた自然環境に挑むことはできるが、そのためには自分自身に危険の降りかかることを覚悟していなければならないことを知っていた。現代の人々は、それをさらに一歩進めるのである。彼らは自分のイメージにあわせて世界を作り、全面的に人工でつくられた環境を築き上げようとする。しかし、その後彼らは、それはむしろ環境に自分自身を適合させるよう、たえず自分を作りかえるという条件のもとでのみ可能であることに気づく。今、われわれは、人間というもの自体が危機に瀕している事実を直視しなければならない。[1]

我々人類は（多少大きな話だが、そう言っていいだろう）、長い年月をかけて自らの生活の必要（ニーズ）に合わせて社会を作り上げてきた。そしてイリイチが述べるところによれば、開発と教育によって、「動かされないと移動できない人（ホモ・トランスポルタンドゥス：輸送されるべき人間）」が作り出され、「教育されないと学べない人（ホモ・エードゥカンドゥス：教育されるべき人間）」が作り出されたのだという。[2]

つまり我々は自分たちに世界を適合させようとして、自分たちが適合しなければならない世界を作り出した。「近代は一つの『覚醒（Awakening）』であり、その目覚めは光（lumière＝啓蒙）を導き、同時にそれは能力開発言説の扉を開く悪夢の始まりでもあった」と白水浩信は言う。[3]だとするなら、自分たちが適

合するしかない世界とは、適合するための能力を教育によって開発されることを余儀なくされた世界であり、我々は教育によって能力を身につけなければその存在すら危うくされるという悪夢の中の悪夢の、その真只中にいることになる。

では自らを世界に適合させる力を十分に持たない人々はどうなるのか。そのために「福祉があるではないか」とおそらく人々は言うだろう。しかし福祉がその手段として教育による能力開発をその内側に孕み続けてきたことに、そのような人々は意外にも無頓着である。力を持たない人々こそ、能力（開発）言説に巻き込まれ、教育の渦の中に取り込まれていくことになる、という皮肉な事態を福祉の歴史は十分に論じてきたであろうか。

本章ではそのような反省を念頭におきつつ、「教育」・education 言説の系譜をたどり、education が古来その語義の中に有していた「福祉」としての様相を明るみに出すとともに、「教育」と「福祉」について、現代を経由して未来のその姿について考察してみたいと考えている。

第1節　educationの歴史

「教育」とは一体何なのか。教育学に関わるもので、このアポリアから抜け出すことができた者はおそらくいまい。もし抜け出せたと自認する者がいれば、それは自らの浅学を吹聴するに等しいことである。だが少なくともそのことを明らかにしようとするアプローチは次々と重ねられている。中でも「教育」もしくは日本におけるその訳語のもととなった education という語彙（及びその周辺）に拘って系譜学的にたどり直す作業は、「教育」または education が有していた古来の姿を明らかにしていくためには有効な手段である。

さてその言葉の起源はともかくとして、永く信じられてきた教育言説では、education は古代ギリシア語のパイデイア（παιδεία、paideia）の末裔であるとされる。そして education は、ラテン語の educere（引き出す）に語源にもち、「学習者の能力を〈引き出す〉」という意味の言葉であるとの説明がなされてきた。そしてイギリスでの研究においても「education の語源が educere か educare かは判然としない」と述べられているような有様である。しかし educere を語源とする説は明確な根拠を持たず、強いて言うならば現代の能力開発言説に阿る「神話」であったと言えるだろう。

(1) まず、腹を満たせ！

だが日本語の「教育」に翻訳された英語の education の歴史と系譜はそのような「神話」をおそらくは許していない。educatio はすでにこれまでの研究で明らかにされてきたように、educere ではなく、educare「養う、育てる」にそのルーツを持つものである[5]。そしてまたキケロによるプラトン文献の「教育と陶冶」についてのラテン語訳では、educare の名詞形である educatio もまた、ギリシア語の τροφή（trophe）と παιδεία（paideia）の訳語として educatio と disciplina が当てられたものであり、educatio に対応する語はパイデイアではなく、トロフェー（食糧を意味し、そこから（特に幼年者の）養育、ひいては生活そのものの意味）であったと明らかにされている[6]。

さらに時代を下って4世紀頃の人物であるノニウス・マルケッルスの『若者のための学説集』においては、「educere は外に引き出すことであり、educare は食物を与え養うこと」なのであり、男性をもその主語として、「常に満足するところまで」食を与え、養うことを意味していたという[7]。

またイリイチは「子孫の教育（educatio prolis）とは（中略）雌犬や雌豚であろうと、人間の女であろうと、食物を与え育てるという母親の仕事を意味する」「教育する（educate）ことは、教育学上の言い伝え（pedagogical folklore）が主張する「引き出すこと（drawing out）とは語源的に何も関係が無い」とする。

そして16世紀のイングランドにおいて、education が、「幼児を養い、育てる」ことを意味していたという事実は、家政論等の子どもの教育について書かれた文献に頻繁にあらわれ、その歴史は確認されているだけでも少なくとも17世紀の末にまで及ぶ。1694年にカンタベリー大司教ジョン・ティロットソンによって書かれた『6つの説教（*Six Sermons*）』では、education についての説教の中で実に8ページもの量が割かれ、幼児に与える最も初期の食事、すなわち授乳の必要性・重要性について述べられていた[8]。

16世紀の家政論では、子どもの education について、「それらは父のものと母のものに分かれる。母は授乳（nurse）し、父は教える（teach）」[9]という言葉に象徴される通り、education 論の筆頭に授乳が挙げられている。そして授乳を通して母の気質や性質、道徳心、敬虔さが伝わるものとされ、さらには知識を与えることまでが授乳になぞらえられる等、子どもを養い、育てる education の中核に授乳はその存在を示していた。

（2）生きること、善く生きること

16世紀から17世紀にかけてのeducationがどのような営みとして考えられていたかについては、ウィリアム・パーキンスの *Christian Oeconomia*（1609）が最もわかりやすいだろう。パーキンスは、「子どもを育てること（Education or bringing vp of children [sic.]）では、親の世話（care）は、子どもが生きられるように、また善く生きるようにすることだ」とし、「子どもが生きられる（＝命を保つ）」ために、① 母乳を吸わせなければならない。スゥオドリングにくるまなければならない。② 食事、飲み物、衣服を与える、③ 子どものために貯えをしておく、④ 子どもの傾向や才能を見抜き、それに従って仕事と生き方を授ける、ことを求める。「子どもが善く生きるように」とは宗教教育に関する部分で、子どもを敬虔な人間にすることが述べられる。[10]

すなわち17世紀の初頭までのeducationとは、まず「生きる」ための、そして次には「善く生きる」ための術を授けることであり、そのための親のcareがその具体的な行為として示されていた。そこには授乳を筆頭に、およそ今日の「教育」論では語られることの無い「貯蓄」までがeducationの内容に含まれている。つまり、この時代のeducationとは徹頭徹尾「生きていく」ことを、そして「善く生きていく」ことをその目的としたものである。「《教育》は福祉（Well-being）である」と述べられたように、[11]これが福祉ではなくていったい何であると言えるのか。[12]

第2節　転回するeducationと福祉

しかしこのeducationのあり方は、17世紀にはゆっくりとその論理を転回させていくように見える。まず17世紀初頭の授乳論は、それまでの「親の性質や気質が伝わる」という内容を徐々に脱ぎ捨てていく。またeducationが食を与えて養い、育てるという内容と結びつかなくなるというeducation論も頻繁にみられるようになる。例えばこの時代の教育書としてよく知られるジョン・ミルトンの『教育論（*Of Education*）』（1644）では、そのタイトルにeducationという言葉はあるが、授乳には一切触れない学校教育論である。

またeducationの文脈において授乳を論じるにしても、食を与えて養う、授乳を通して気質や性質、道徳心等が伝わるという議論から、愛情や衛生的観点、また捨児の防止という「社会福祉」的な観点からの議論が登場してくる。

先に挙げたティロットソンの授乳論は、まさにそのような授乳論である。彼が education として実母による授乳の必要性を論じるにあたって問題にするのは、死亡率（実母でなく乳母に預けると死亡率が極めて高い）や、教区の世話になること（捨児にされ、教区で養われる parish infant が増加する）、衛生（実母に授乳されている子どもは清潔にされている）、また愛情等の点である。

（1）17世紀における education の転回

そしてこのような17世紀という時代において、ヨハン・アモス・コメニウスの出現はイリイチにとって１つの大きなインパクトであった。中でもイリイチにインパクトを与えたのは、コメニウス『大教授学』において述べられ、その後の教育学界では人口に膾炙した「あらゆる人に　あらゆる事柄を教授する・普遍的な技法を　提示する[13]」という言葉である。イリイチは『生きる意味』において、以下のように述べている。

> 教育を受けるために学校に行くという考えは、非常にゆっくりと現れてきました。そうした考えはコメニウスによって創始せられたということを、わたしはつねづね述べてきました。かれは、物事を学校外で誤ったかたちで学ばないように、すべての人間がすべてのことを完全に教わるべきであると述べたのです。
> この世界を生きる力は、それについて指導され、教えられることによって生じるという考えは、十七世紀以降ゆっくりと広まりつつある考えです[14]（傍点筆者）。

（2）子どもの福祉と「教育」

1686年にイギリスで出版された *An Account of the General Nursery or Colledg of Infants,* [sic.] という文献は、「総合的な保育施設、もしくは幼児の共同施設の報告書」とでも訳されるだろうが、現代では児童養護施設と呼ばれるべき施設の報告書である。著者は不明（Anon）であるものの、かなり具体的なその運営の内容が読み取れる。ロンドン近郊にあり教区費用で建てられたこの施設は身寄りのない子どもの他、親が養育不能である子ども、親が仕事の都合等で子どもの面倒を見ることができない家庭の子ども等のための、今日の児童養護施設と保育所的な役割を併せ持つ施設である。

中でも注目すべきは教育についての言及の多さである。例えば「書き方の教師がいる。すべての子どもに書き方を教える」「女の子（Girls）のための教師がいる。読み方を教え、祈りとカテキズムを教えると」との文章が見られる。この施設に対する寄付を求める文章においても「この教育（Education）によって、必要とする人々に、われわれはよりよい臣民、よりよい主人、よりよい徒弟と使用人を確証できる」等、教育によって子どもの救済を図ろうとする意図がありありと読み取れる。

イギリスでは16世紀後半から17世紀にかけて浮浪者（Vagabond）が増加し、貧民への対策は重要な福祉行政の役割となっていた。そしてその対策としてはブライドウェル等の矯正施設における矯正（教育）であり、本章で取り上げたような施設における「教育」だったのである。17世紀の後半においては授乳論としてのeducation論がいまだその寿命を保ちつつも、同時に学校教育論としてのeducation論が台頭し、それと同じく知的教育の必要性を説く福祉施設でのeducationが論じられる時代でもあったのだと言えよう。

第3節　近代以降の福祉と「教育」

（1）教育は福祉か？

　教育と福祉は近年結びつきを強め、「教育福祉」の名を冠した学部、学科も見られるようになってきた（愛知県立大学教育福祉学部〔2009年設置〕、びわこ学院大学教育福祉学部〔2009年設置〕、淑徳大学総合福祉学部教育福祉学科〔20111年設置〕、大阪府立大学地域保健学域教育福祉学類〔2012年設置〕等）。そして、教育福祉の論者において教育福祉とは「社会効用論的教育福祉論」「学校福祉＝学校社会事業としての教育福祉」「学習権保障論としての教育福祉論」等の立場があり、また「一般教育福祉」「専門教育福祉」の区分けと幼児教育や家庭教育等の領域ごとの概要紹介が行われるとのことである。[15]

　しかし日本における教育福祉論の歴史的射程はそれほど長いものではなく、日本におけるその射程は、基本的には近現代の社会構造（資本主義を含めて）を前提としたものであると言えよう。現代の問題に対応するための、現代の学としての研究には一定の評価が与えられるべきであるが、人間が幸福を求め続けてきた長い歴史（おそらくそれは人間の歴史と同じ長さである）を考慮すると、近現代のみの問題として教育福祉を論じることには限界があると考えられる。学校

教育を〈教育〉として、それによる福祉をもって「教育は福祉である」とする議論は、歴史の試練に耐えうるだろうか。

(2)「生きる力」とは？

最後に本書の「人間と社会の明日を展望する」という副題に沿って考察の対象である歴史を過去から未来へと進めてみたい（この「過去から未来へ進める」という表現の妥当性から問われるべきであるかもしれないが）。

日本の教育においては「生きる力」という言葉が人口に膾炙するようになって久しい。そしてこれからの「知識基盤社会」では「幅広い知識と柔軟な思考力に基づく新しい知や価値を創造する能力が求められるように」なるとのことである[16]。社会のあり方の転換に合わせた、さらなる能力開発への志向を、ここからは読み取ることができる。

しかしながらそうではない人のあり方、社会のあり方に対する方向性も一方では生まれつつある。関廣野は20世紀初頭の人物、クリフォード・ヒュー・ダグラスの経済理論が、成長の限界にたどりつつある現在の社会には有効であると示している。ダグラスは通貨の矛盾を見抜き、今日のベーシック・インカムに相当するシステムを提唱した。その議論については関が詳らかにしているが、単なる福祉のバラマキ、福祉のコストダウンではない、経済システムの根本的な転換に、未来の可能性を見出している。そしてダグラスは労働価値説を否定し、現代人がベーシック・インカムを受け取ることを、「過去の遺産を相続する正当な権利の享受」であると位置づける[17]。

さらに関はベーシック・インカムによる「怠け者」の出現という懸念について「ある程度怠け者は必要」としたうえで「現代人は働きすぎるから環境が破壊されるので、ベーシック・インカムがあれば、あとはアルバイトくらいの収入で芸術をやりたいとか、伝統芸能の継承をやりたいとかいう人が増えることはプラス」であると論じる[18]。もし未来がこのような姿になるのなら、そのとき、教育の持つ意味は大きく転換を迫られることになるだろう。

おわりに
──明日なき教育論の未来への展望として──

教育をする、教育を受ける、という行為は実は残酷なことでもある。教育を

受けたから何かができるようになる、教育を受けたから幸せである、教育によって社会的上昇が可能になる、という楽天的な考えは、能力開発言説という悪夢の中では儚い夢に過ぎないのかもしれない。ジョージ・スタイナー、ジャック・ランシエールの以下の言葉は、その楽天主義を強烈に戒めるかのように響く。特に教えることを生業とする者たちにとって。

　　こうした得も言われぬ喜びには、しかし、教えることにまつわる危険と恐ろしさが伴う。親身に教えるということは、人間の心の最も深く敏感なところに踏み込んで直に触れることに他ならない。子供であろうと大人であろうと、その不可侵の人格の最も感じやすい深奥部に通路を穿つ試みなのだ。教師は教え子の心に侵入してそれを蹂躙する。さらにそれを破壊し、洗脳して新たに作り上げようとまでする。貧弱な教育、日常茶飯と化した形式的な授業、あるいは有用性のみを目的とした（意識的であろうとなかろうと結果的にシニカルな）教育とは悲惨な破壊行為にほかならず、生徒・学生の期待と夢を根こそぎにしてしまう。悪い教育は文字通り殺人的であり、罪悪そのものである。（中略）やる気のない教育が起こるのは、教師自らの知的欲求不満の（おそらくは無意識であろうが）捌け口となった場合であり、それは教師の知的凡庸さを証明する[19]。

　悪い教育が悪い結果を生む、という論理は当然と言えば当然である。しかしスタイナーの述べるところは、「教育」を生業とする全てものを緊張させる。そして、良心的な教育ですら、教師の思い通りの結果につながらないかもしれないということを、ランシエールはほのめかす。

　　「子供は理解しているだろうか。理解していない。彼に説明するための新しい方法を見つけよう、原理はもっと厳密で、形式はもっと興味をそそるような方法を。そしてこの子が理解したかどうか確かめよう。」
　　気高い心配りである。しかし不幸なことに、まさにこの些細な一語、この教養ある人たちの合言葉——理解する——が諸悪の根源なのだ[20]。

　「教育」は、今の世界ではまだ必要であるかもしれない。「教育」のせいで経済的な格差が生じ、それを理由として不幸になる人々がいる世界では、「教育」を渇望する人々が多く存在することだろう。しかし社会が変わり、制度が

変わり、人々の生き方が変わったとき、今の人々が普遍的なものと考えているような「教育」は歴史上の遺産となるかもしれない。かつて「授乳」や「満足に食べさせること」を education やその前史にある言葉が意味していたように。

注
1) イリイチ、I.『脱学校化の社会』東洋、小澤訳、東京創元社、1977年、194頁。なお『脱学校化の社会』日本語版では「イリッチ」と表記されているが、本稿では他のほとんどの著書で用いられる「イリイチ」で統一する。
2) イリイチ、I.『生きる思想－反＝教育／技術／生命（新版）』桜井直文監訳、藤原書店、1991年、83-86頁。
3) 白水浩信「教育言説揺籃期の education なき教育論——ジャック・アミヨとプルタルコス『子どもの教育について』——」『思想』2018年2月号、岩波書店、2018年、42頁。
4) Shield, H. S. 'The Etymology of "Education"', *Journal of the Royal Society of Arts*, vol. 92. no. 4660, 1944, p. 182.
5) 白水浩信「教育・福祉・統治性——能力言説から養生へ——」『教育学研究』第78巻第2号、2011年、50-61頁、を参照のこと。
6) 白水、前掲書、168-169頁。
7) 白水浩信「ラテン語文法書における educare の語釈と用例——ノニウス・マルケッルス『学説集』とエウテュケス『動詞論』を中心に——」『北海道大学大学院教育学研究院紀要』第126号、2016年、143-145頁。
8) 柴田賢一「17世紀イングランドにおける子どもの〈教育〉——教育という授乳と教育概念を中心に——」『研究紀要』第44巻、九州教育学会、2017年、59-60頁。
9) Tasso, Torquato, 1580, *Il Padre di Famiglia*, translated by Kyd, T. as *The Householders Philosophie*, London, 1588, fol. 13.
10) Perkins, William, 1609, *Christian Oeconomia*, translated by Pickering, Thomas, London, pp. 134-143.
11) 注5）に同じ、169頁。
12) 教育は福祉である、が、間違っても「福祉は教育（的）である」と混同してはならないだろう。この点についてはいずれ稿を改めて考察の対象とする。
13) コメニウス、J. A.『大教授学』鈴木秀勇訳、梅根悟編、世界教育学名著選2、1974年、13頁。
14) イリイチ、I.『生きる意味——「システム」「責任」「生命」への批判——』藤原書店、2005年、101-102頁。
15) 辻浩『現代教育福祉論——子ども・若者の自立支援と地域づくり——』ミネルヴァ書

房、2017年、33-34頁。
16) 文部科学省HP「生きる力」(http://www.mext.go.jp/a_menu/shotou/new-cs/pamphlet/__icsFiles/afieldfile/2011/07/26/1234786_1.pdf、2018年4月20日最終確認)。
17) 関廣野『なぜヨーロッパで資本主義が生まれたか――西洋と日本の歴史を問い直す――』NTT出版、2016年、161-173頁。
18) 関前掲書、171-172頁。
19) ジョージ・スタイナー『師弟のまじわり』、岩波書店、2011年、27頁。
20) ジャック・ランシエール『無知な教師――知性の解放について――』法政大学出版局（叢書ウニベルシタス）、2011年（Ranciére, Jacque, *Le Maître Ignorant*, Librairie Apthème Fayard, 1987)、12頁。

第2章

子どもの成長と基盤を育む「食」の福祉的意義とその役割

はじめに

　食の提供とその保障は、歴史を通じて社会福祉援助の重要な役割として位置づけられてきた。必要最小限度の栄養をすべての人に保障することは、社会福祉において重要な課題である。「食」は生活全体を支えることにつながっており、その提供や保障のされ方のなかに、社会福祉援助に関する幾つかの基本的理念と方法もまた見出されてきた。

　乳幼児期の食の営みは、身体的な栄養の摂取とともに、親子の愛情や親密さの相互伝達の場であり、子どもの発達、家族の絆と愛情を育てる上でも極めて重要な生活行為である。家族が集まり毎日繰り返される食事は、子どものしつけの場としての機能を有しており、保護者は有効な叱り方や褒め方を工夫する等意図的な配慮を行い、生涯にわたる生活習慣形成を培う重要な場面である。

　しかし、1990年頃から子どもの孤食が社会問題として指摘されるようになり、わが国の食卓風景は大きく変貌してきた。それらの背景には、産業構造の変化に伴う核家族化の進展、親族や地域社会との希薄化、女性就労率の増加、生活時間の夜型化等家庭や子どもを取りまく諸問題と密接な関係がある。近年では、こども食堂等を中心とした、家庭の枠を超えた、子どもの居場所づくりとしての実践が各地に広がりをみせている。

　本章では、子どもの成長・発達における「食」がもつ人間形成と家庭における機能を保育所給食の歴史と多領域における先行研究による見解から整理し、相対的貧困という孤立を根元とした現代社会における子どもの福祉を考えてみたい。

第1節　社会福祉における「食」の役割

(1)「食」の保障による社会福祉実践

体重は子どもの状態や生活水準を端的に示す指標である。栄養をすべての人に保障し、栄養水準の向上を図ることが病気の予防や生活水準の向上につながってきた。戦後、日本では「欠食児童」への対応は急務であったし、1947（昭和22）年の児童福祉法制定後、保育所での給食は必置となっている。さらに、1954（昭和29）年からは学校給食法によって義務教育諸学校での給食も定められている。

給食はこれまで子どもの成長と、生涯にわたる生活の基盤を育んできた。1951（昭和25）年に定められた児童憲章には「すべての児童は、適当な栄養と住居と被服が与えられ、また、疾病と災害からまもられる」と示され、子どもの福祉において「食」は中核的な役割として位置づけられて今日に至っている。

また、栄養に限らず食は社会福祉において幅広い支援の展開がある。災害等で食物を入手できない地域や人びとへの食の補給に関する社会システムの構築や、生活保護等のいわゆる生活困窮世帯への支援においても食費の確保は大きな課題となる。福祉の多領域における支援計画の作成において1日3回の食事は重要な位置づけとなり、それに合わせて食に関する栄養指導や教育も行われる。肥満対策であったり、高血圧予防のための減塩等医療的な視点が強調される例もあれば、母乳の推進であったり、給食の献立等を通しての食習慣や嗜好の変化を目指してのプログラム、「しつけ」として行われる食を通してのマナーの獲得、近年では食育等もその例である。

今日、日常生活に深く関る福祉サービスでは、「食」の内容は利用者のQOL向上において重要な位置づけとなっており、各福祉サービス事業所では食事の内容や嗜好のみならず、食する環境まで配慮するようになっている。

(2) 保育所給食からみる「食」の福祉的役割の変遷

このように、「食」への取り組みは社会福祉の第一義的な役割として展開され発展してきた。そのことからも、窪田暁子が「生活を支える営みとしての社会福祉のなかで食事がどのように取り扱われているのかをみることで、社会福

祉サービスの質を理解する可能性が開かれる」と提起するように、食を通してそれぞれの時代背景における福祉ニーズと、支援の基本的視点を捉えることができる。ここでは戦後から必置とされてきた保育所給食の保育実践における位置づけと、提供方法の変遷から子どもに関する福祉を考えてみたい。

　戦後の食糧難時代に児童への栄養補給を主目的として始まった給食制度は、言うまでもなく困窮・貧困救済がねらいであった。戦争未亡人が増え、生活のために女性も働かざるをえない時代のなかで、日中に子どもを預かり、給食という食事を保障してくれる保育所の存在は、戦後復興において大きな役割を果たしてきた。

　その後、高度経済成長をむかえ、核家族化・都市化の急速な進行、女性労働者の拡大、それに伴う生活様式の変容等様々な要因によって保育所の拡充とともに保育内容の見直しが図られ、保育所給食への考え方や質も変わっていった。例えば、母親の産休明け保育の需要が高まるなかで、乳幼児の受入れや長時間保育が実施されるようになり、授乳、集団離乳、離乳食等への配慮がなされたり、手作りのおやつ等も作られ、給食内容の中身や食する環境、衛生面も注目されるようになる。「給食も保育の一環」として捉えられるようになり、給食内容や保育プログラムとして重視されていくのも1970年代前半の頃である。

　さらに、1980年代に入ると、アトピー性皮膚炎や食物アレルギーの子どもたちが目立つようになり、皮膚疾患への対応として食材や調理法についても重要視されるようになった。集団の給食を調理する給食室ではあっても個々の疾患に配慮した給食の提供がなされるようになる。

　そして、1990年代の後半から今日に至っては、孤食の問題や生活時間の夜型化、朝食等の欠食等が指摘されるようになり、2004（平成16）年に「保育所における食育に関する指針」が示され、2009（平成21）年4月に適用された「保育所保育指針」において「食育への取り組み」が位置づけられたことから、各保育所には食育の実践が求められている。今日も、家庭状況や子どもや保護者の実情に応じたセーフティーネットとして給食が提供されている。

　このように、保育所給食の歴史を振り返ると、給食を保育の一環として位置づけ、食を土台として子どもの育ちを支えるとともに子育て家庭を支える食のあり方を考え続けてきた歴史でもあるといえる。その時代背景にあった子どもの最善の利益を追求する保育の根幹にある福祉的視点から、保育所が保護者の

願いや子どもの生活実態を的確に受けとめながら、確かな発達と安心を保障しようと発展してきた保育所の役割を給食提供のあり方からうかがい知れることができる。

第2節　子どもの成長を育む食事場面に含まれる機能

(1) 人格形成と生活を作り出す食事場面

すでに述べたように、乳幼児期の食の営みは、身体的な栄養の摂取とともに、親子の愛情や親密さの相互伝達の場であり、子どもの発達、家族の絆と愛情を育てる上でも極めて重要な生活行為である。

食事場面で親子はさまざまな交流活動を通して愛情を深め、子どもの心身の成長につなげている。窪田は、「食物は生物としての個体が、エネルギーを外界から取り込むために行なう活動の中心的なものであって、不可避的に社会的な営みであり、同時に心理的にも大きな意味を持つ。食事の仕方とその内容はその人の社会的活動の形態や水準を反映する[2]」と述べ、食事を単なる日常生活の生命維持のために営まれるのではなく、より深い意義としての「食」のありようのなかに、社会的および心理的な意味を見出すことの重要性を指摘している。子どもにとって食べるということは、苦手なもの、異質なものを受け入れる矛盾と葛藤を繰り返し体験することであり、健全な食生活を身につけるためには常に欲望をコントロールし、自分を律していくことが要求される。

さらに、室田洋子は「(いつもの家族という)特定の人と、(テーブルの幅ほどの)近い距離で、(食事が済むまでは席を立たないのが礼儀という)継続する時間の共有の中で、(毎日、毎回という高い頻度の)繰り返しを体験する、という4つの条件が関与する経験であるゆえに、人格形成から生活感覚の形成までは決定的なものとなる」とし、「食卓での家族の会話や態度、雰囲気を通して子どもたちは人の考えや価値観、物事を処理する感覚、判断基準等多くの手がかりを具体的に取り入れていく[3]」と、食卓での体験が子どもの生活と発達において多くの心的な感覚と対人関係を作り出す基盤になることを示している。

(2) 家庭における食事の機能に関する研究

家庭における食事場面の機能に関して、食卓・食生活・食事行為・食事状況・食文化といったさまざまなテーマで、文化人類学、社会心理学、栄養学、

表 2-1 家庭における食事場面の機能に関する見解

研究者	見解	学問分野
石毛直道 (1982)	それぞれに社会の側でことなる人生を送っている家族が、家庭のなかでお互いの存在を確かめ合う場は、食卓である。(中略)人間にとってもっとも重要な人間関係の場である家庭における食事は、家庭機能の外在化や外食産業の発展にもかかわらず、あるいは逆にその故にこそ残り続けるであろう。	文化人類学
井上忠司 (1989)	家族のメンバーが毎日、一堂にそろうのは、食事の場面をおいてほかにないからである。 仮にいま、食事の空間を日常生活というドラマの舞台にたとえるならば、いちばんだいじな舞台装置は「食卓」であろう。食卓をかこみながら団らんをすることで、家族のメンバーはたがいに、一家としてのまとまりを確認しあうのである。言いかえれば、食事は家族アイデンティティを確認しあうために必要な、一種の儀礼にほかならない。	社会心理学
滝川一広 (1983)	(患者から)語られる食卓の情景は、患者自身の心にうちに刻まれた食卓――いうなれば表象としての食卓にほかならない。話を聴いていくと、めいめいがぽつねんと箸を運んでいるさまとか、手で触れるほどの気まずさの雰囲気とか、その食卓の風景がありありと浮かんでくる。私たちはその風景が「客観的」にどうだったか実地検証するわけではない。ただ、それが、患者の心に強く刻まれた風景として、その家庭(家族)の関係そのものの表象として患者に体験されてきたことに気がつくのである。	臨床精神医学
フィールドハウス (1991)	空腹と食欲は、感情と深く結び付いている。憧れとか、願望または強制感等の感情的な動機は、食事の行動パターンを生み出す。そしてそれは、時には人々の怒りや不安をかき立てたり、または、安定感や満足を生んで不安や緊張を解放すると評価されている。食物に対する感情的反応は、幼少期の早い段階に発達しその後も継続する。(中略)健康な食習慣の基礎は、人生初期において精神的に良い食体験があったところに形成されるといってよいだろう。	食生態学
足立己幸 (1986)	食べる行動が、"家族といっしょ"か否かによって、食事内容や様式がことなってくること、すなわち、家族から離れて、食事をすることが、精神的に不安定な状態、不満足な状態であるのに加えて、食卓に並ぶ料理の内容を狭くし、かつ、食事作りの手伝いの機会も少ない等、食事をめぐる問題点が連鎖的につながっていることが明らかになった。	乳幼児学

出典:以下の文献を基に作成している。
　　石毛直道『食事の文明論』中央公論社、1982年、175頁。井上忠司『「家庭」という風景――社会心理史ノート――』日本放送出版会、1989年、164頁。滝川一広「表象としての食卓」『家族のフォークロア』岩波新書、1991年、95頁。滝川一広「食事からとらえた偏食障害―食卓状況を中心に」『食の病理と治療』金剛出版、1983年、59頁。Fieldhouse, P. "Food and Nutrition:Customs and Culture, A Division of International Thomson Publishing Services Ltd."1986.(フィールドハウス、1991頁)和仁浩明訳「食と栄養の文化人類学――ヒトはなぜそれを食べるのか――」中央法規、1991年、290頁。足立己幸「家族と食生活」『食生活論』ドメス出版、1986年、112頁。

乳幼児学等の多分野で研究が進められている（表2-1）。

　各分野の見解から、食事に含まれるさまざまな機能について、①食事をする場（＝食物・影響を摂取する場）、②家族としてのアイデンティティを回復する場、③家族メンバーが憩う情緒交流の場、④社会・文化的規範の学習の場、⑤家族内の伝統が伝えられる秘儀の場であると捉えることができる。

　また、食事という日常生活行為が展開する場面には、①生物としての人間が外界からエネルギーを摂取する場という意味（＝生物的存在としての人間）、②コミュニケーション活動を中心とする心理的情緒交流の場としての意味（＝心理的存在としての人間）、③社会関係形成や文化活動・生活習慣形成をも含めた社会的活動を展開する場としての意味（＝社会的存在としての人間）の統合化された意味が内包されていると理解することができる。さらに食事場面は、④家族の一体性を確認しあう共同儀式の場・表象の場であることから、⑤家族外のものに対しては秘儀性をもつ場ともなる。したがって、食生活のなかで家族の存在もしくは一緒に食事をする人の存在が、食事内容や精神的問題、さらには家族関係等の問題へと幅広く生活のなかでつながりあっていることが分かる。

　ここで提示されている食事場面の機能に関する見解は、食事は家族員が時間と空間を共有する唯一の場であり、家族の構成員が家族であることの一体感（アイデンティティ）を確認する貴重な、しかも日常的な場であること。つまり、食事は親子が集う対人接触の場であり、その家族の作法や調理法を通した文化といった生活規範に基づきながら、生命維持の場であり、親子の情緒交流の場、家族と子育て場面を象徴する場面であるという見解を示すものである。

第3節　現代社会における「食」の保障と福祉的意義

（1）相対的貧困と子どもの孤食の広がり

　子どもの成長・発達は環境によって大きく左右されるものであり、特に子どもが愛情をもって育てられる家庭という背景が存在し、また機能してはじめて成り立つものである。しかし、こうした機能の弱体化がいわれるなかで子どもの貧困が極めて一般的な社会問題として広がりつつある。日本では、子どもの貧困を「子どもの経済的困難と社会生活に必要なものの欠乏状態におかれ、発達の諸段階における様々な機会が奪われた結果、人生全体に影響を与えるほどの多くの不利益を負ってしまうこと」[4]と定義している。これらは、経済的な指

表2-2　小学生の孤食率（平日）

		a 食事をしている者 (%)	b 1人で食事をしている者 (%)	b/a 孤食率 (%)
朝食	6：30〜	20.87	1.29	6.18
	6：45〜	28.63	1.38	4.82
	7：00〜	38.28	1.82	4.75
	7：15〜30	35.13	1.85	5.27
昼食	12：15〜	18.9	0.21	1.11
	12：30〜	39.98	0.27	0.68
	12：45〜	58.76	0.51	0.87
	13：00〜15	49.22	0.45	0.91
夕食	18：30〜	23.15	0.53	2.29
	18：45〜	23.78	0.39	1.64
	19：00〜	33.87	0.34	1
	19：00〜30	33.13	0.45	1.39

出典：総務省『社会生活基本調査』（2011年）を基に作成。

標だけにとどまらず、人間が生きていくために「必要なもの・こと」が充足されないという相対的貧困の考え方を基本としている。例えば、その家庭は誰と何時に食事をしているのか、そこで何を食べているのか、最近の家族の思い出はどのようなものがあるか、休日はどのようにすごしているか、等である。2015（平成27）年の子どもの相対的貧困率は13.9％であり、17歳以下の子どものうち、270万人（7人に1人）が貧困状態にあるとされている。

　表2-2は、総務省の調査による小学生の孤食率を示したものであるが、夕食を1人で食べる小学生は10万5000人であるとされている。

（2）「食」を視点に子どもの明日を展望する

　子どもの生涯にわたる成長を育み、相対的貧困を作り出す社会での子どもへの福祉を考えるにあたり、「食」は支援における骨格をなすものであるといえる。食が単に身体を養うだけではなく、こころも養うものであること、生命を養う源であるとともに人間らしさ、人格を育てるものであることの確信を深めていかなくてはならない。

生活上必須の行為である食事は、社会的にも食材の購入、調理、共に食卓を囲む相手等々その生活の広がりを示す場面であり、その時々の情緒を反映し、かつ情緒を作り出すものとしても、生活の中心部分を構成するものである。特に幼少期は、生きる世界、人間の幅を広げる時期である。どんなものを、どのように食べていたか、それは保護者の価値観、生活姿勢に反映されるものであり、それによって子どもの一生の食嗜好と健康状態だけではなく、気質、生活行動をも方向づけるといっても過言ではない。

　今日のような社会的状況の推移がめまぐるしく、複雑な環境での子どもの育ちを考えなければならない時代だからこそ、人間形成と家庭における本質に関わる領域である「食」の機能を改めて考える必要がある。子どもの内外面の育ちを保障し、よりよい生育環境を整えるというなかで、「食」がもつ機能は支援に様々な示唆を与えてくれるのではないだろうか。

おわりに

　本章では、「食」を通して生活を支える社会的な営みとして、子どもの人間形成の土台である家庭の根幹から子どもの発達や子育て家庭を支えることの福祉的意義について述べてきた。

　食は単なる栄養を摂取するのではなく、家族を中心とした人との関係のなかで繰り返される食事という行為が人格形成に必要な栄養素を得ることにつながり、子どもの長い将来にわたっての力となる。そのことを保護者はもちろん、子どもの福祉、あるいは教育に関わるすべての大人が認識しなければならない。子どもが楽しむべき、当然の権利としての実りある体験を様々な形で得ることができるように働くことは、周りにいる大人たちの役割である。

　人間が人間になってゆくために、家族（集団）と囲む食卓が、どれほど大切で、大きな力を持っているのかを本章のおわりに改めて強調しておきたい。幼少期、その年齢にふさわしい集団のなかでの自己表現、さらにその基盤となる技能を身につける機会は、食の場面に存在する。多くの人が高齢者の孤独を言うが、高齢者よりもっと深い孤独は若者である。高齢者には思い出すことのできる過去がある。しかし、若者にはそれがない。そのことを忘れず、いずれ思い出となる今の食卓を大切にすることが求められている。

注
1）窪田暁子「食事状況に関するアセスメント面接の生まれるまで――生活の状況把握と理解の方法としての臨床的面接――」『生活問題研究』第13巻、1989年、56頁。
2）窪田暁子「心身の不調と家族へのソーシャルワーク」田村健二監修『人間と家族――21世紀へ向けて――』中央法規出版、1995年、259頁。
3）室田洋子「家族コミュニケーションを食卓からみる」『発達』第28巻、第111号、2007年、46頁。
4）この定義は、子どもの貧困白書編集委員会『子どもの貧困白書』明石書店、2009年に示されたものである。

第 3 章

子どもの貧困における保育・幼児教育の課題

はじめに

　子どもの貧困が保育・幼児教育における課題として認識されるようになって久しい。専門職をはじめ、市民レベルにおいても子どもの貧困に対する関心、理解が広がりつつある段階と言えよう。しかし、一方で子どもの貧困が生まれる社会構造は強化される状況にある。子どもの貧困の根底的な課題は、保護者等の養育者に原因及び責任があるという認識が根強く残っているところにある。全ての子どもたちは、健やかに発達、成長していくことのできる権利を生まれながらにして保障されているにも関わらず、社会福祉の観点からみると、長い間それは「恩恵」で与えられるものとして捉えられてきた。そのため、子どもの貧困が子ども及び養育者の自己責任論で片付けられてしまうという障壁が存在している。

　このような状況の中、日本においては子どもの貧困対策に関する法律の制定をはじめ、公的支援、民間による支援等の事業が取り組まれるようになってきているが、社会的認知が浅いこともあり課題は多い。

　そこで本章は、深刻化する子どもの貧困について日本の社会状況を概観し、子どもの貧困の責任を負うのは社会の責務であることを重々認識し、それぞれ子どもが平等に将来を描くことのできる社会環境の整備について政策的アプローチの必要性と乳幼児期の保育活動における支援の視点について述べていくこととする。

第1節　現代における子どもの貧困

（1）子どもの貧困に対する考え方

　子どもの貧困について考える出発点となるものは「経済的貧困」である。貧困により様々な機会の制限が表出する。その根底となるものは「お金がない」という状況である。これは各家庭による自助努力だけでは必ずしも避けることはできない社会の課題であり、産業構造をはじめ、それぞれ個人が持つ金銭の価値観等多くの影響が重なっているものである。それらを包含しながら考えていくと、子どもの貧困は言うまでもなく、子ども本人の責任ではなく、その保護者等の養育者の所得、ひいては社会により生み出されるものである。

　子どもの貧困の定義をみてみると小西祐馬は「子どもが経済的困難と社会生活に必要なものの欠乏状態におかれ、発達の諸段階におけるさまざまな機会が奪われた結果、人生全体に影響を与えるほどの多くの不利を負ってしまうこと」としている[1]。

　また、貧困は「絶対的貧困」と「相対的貧困」の2つから説明をされる。「絶対的貧困」は主として発展途上国でみられ、食べ物や住居等生きていく上で必要な生活必需品が充足されない状況を指す。「相対的貧困」とは、その地域ごとの水準において暮らしていくために必要な物が充足されない状況を指す。「相対的貧困」は主として先進国でみられることが多く、日本においてもこの「相対的貧困」が課題として認識されている。

（2）子どもの貧困の状況

　子どもの貧困率は国によって若干算定方法は異なるがOECD（経済開発機構）や厚生労働省においては、所得の中央値の半分以下の所得世帯を相対的貧困として算出し、その中で17歳以下の子どもがいる世帯を子どもの貧困として算出している。

　厚生労働省の「平成28年国民生活基礎調査の概況」によると、子どもの相対的貧困率は1985年の10.9％から2012年16.3％へと約1.5倍増加してきた。

　公表された最新のデータでは2015年の13.9％となっている。これは、17歳以下の子どものうち、貧困世帯で暮らす子どもの割合で言うと、およそ7名に1名であり、日本全国で約270万人の子どもが貧困状態にあると説明される。ま

第3章 子どもの貧困における保育・幼児教育の課題　23

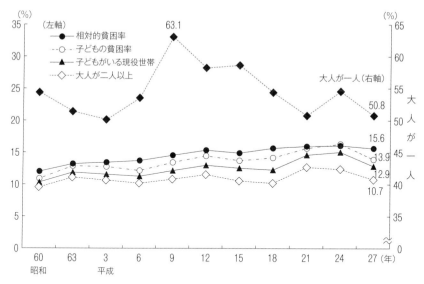

図3-1　貧困率の年次推移

注1：平成6年の数値は、兵庫県を除いたものである。
　2：平成27年の数値は、熊本県を除いたものである。
　3：貧困率は、OECDの作成基準に基づいて算出している。
　4：大人とは18歳以上の者、子どもとは17歳以下の者をいい、現役世帯とは世帯主が18歳以上65歳未満の世帯をいう。
　5：等価可処分所得金額不詳の世帯員は除く。
出典：平成28年 国民生活基礎調査の概況　15頁。

た、以前より課題となっているひとり親世帯の相対的貧困率は、2012年の54.6％から2015年の50.8％では3.8％改善されたものの約半数が貧困状態にある（表3-1）。

また、2012年5月にユニセフ（国連児童基金）が発表した子どもの貧困に関する調査においては、日本の18歳未満の子どもの相対的貧困率は、14.9％（約305万人）であった。日本は先進20ヵ国中ワースト4位であり、日本より貧困率が高く、子どもの同士の格差が大きい先進国は、アメリカ、スペイン、イタリアだけである[2]。

これら厚生労働省やユニセフは国別の実態を示しているが、別のデータを示すと、戸室健作は日本国内の都道府県別の子どもの貧困率を明示している[3]。データの公表にあたっては、総務省が5年ごとに実施する「就業構造基本調査」のデータを分析し、2012年の全国平均の子どもの貧困を13.8％と現した。

また、全国39都道府県で子育て世代の10％以上が貧困状態と示している。都道府県別で、貧困が高い順に沖縄県（37.5％）、大阪府（21.8％）、鹿児島県（20.6％）、福岡県（19.9％）、北海道（19.7％）となっている。一方で、最も低いのは福井県（5.5％）となっており10％を切っているのは8県に過ぎず、残りの都道府県においては10％以上という結果となっている。この調査においては、都道府県別、世帯人数等によって異なる最低生活費に基づいて算出しており、より貧困の実態を浮き彫りにしたことに意義がある。

（3）日本における子どもの貧困に対する法整備と支援

子どもの貧困対策を支援する法律として2013年6月成立、2014年4月に施行された「子どもの貧困対策の推進に関する法律（通称：子どもの貧困対策法）」がある。本法律において初めて「子どもの貧困」という文言が法律の中に位置付けられた。成立までの過程として、あしなが育英会で活動する高校生や大学生たちが発案し、子どもの貧困を解決するための制度化について議論が行われてきたことが契機となった。当事者である子どもたちと大人、社会が協働し制度に結びついたということは意義が大きい。

また、本法律第8条1項において政府は、子どもの貧困対策を総合的に推進するための大綱を定めなければならないとしており、それに基づいて、2014年8月に「子供の貧困対策に関する大綱」が閣議決定し、子どもの貧困対策を総合的に推進することを示した。取り組みの柱として、教育の支援、生活の支援、保護者に対する就労支援、経済的支援を掲げている。そして「貧困は、子供たちの生活や成長に様々な影響を及ぼすが、その責任は子供たちにはない」としており、改めて養育環境の整備が支援として重要であることを述べている。

これらの法施策のもと全国各地で支援がすすめられているところであるが、実践としては民間を主導とした段階といえよう。例えば、福祉団体やボランティアが居場所づくりやフードバンク、学習支援塾等の支援事業を展開、飲食店や高齢者施設、企業等が社会福祉の理念に基づいて子ども食堂に取り組む地域もみられてきた。

現在取り組まれているこれらの支援は、効果がすぐに貧困率の改善に表れるものではないと推察される。なぜならば、それらは子どもの貧困の根本的な課題として提示した家庭の所得が上がるものではないからである。また子どもの

健康や幸せの数値を示すものではないことも理由として挙げられる。これらの支援活動に対する効果が出るのは、長い年月を要するものであるが、行政機関はそれらを十分にふまえ活動の下支えをすることが求められる。具体的には、子ども食堂に関する運営ガイドラインの作成、各種事業の活動資金の交付は早急に着手することが求められる。

　さらに、先述した子どもの貧困の数値の多くは、日本全体をあらわす数値である。各国の状況を把握し、比較するための数値は重要であるが、具体的な支援に取り組んでいくためには、身近な生活圏域毎の実態把握が必要となる。先述した戸室の調査をはじめ、現在では少しずつ市区町村が実態調査を始めている。本来子どもの貧困に対する取り組みは行政が責任をもって取り組むべきであり、これらの取り組みを一過性の取り組みとして終わらせないようにしなければならない。

　子どもの暮らしは各地域社会で営まれているものであり、各地域の文化、風土との関わりも考慮する必要があろう。さらには、世帯構成、平均賃金、生活水準、労働環境等も異なっていることは当然であり、市町村区ごとの単位でできる限り小地域での把握、必要な支援の展開が望まれる。自治体の現状として47都道府県・政令都市のすべてが子どもの貧困対策に関する計画を策定しているものの、児童扶養手当、就学援助、就学支援金制度、生活困窮者自立支援事業等の紹介をするだけの既存の政策を羅列しただけの対応も散見される。

　子どもは日本の未来の社会を担う重要な存在である。今後は、地域ごとの子ども、家庭の状況に沿った政策の展開や充実が望まれる。その子どもたちが社会から大事にされ、それぞれの子どもが夢や希望を抱いて成長していくことができるよう生活の基盤が整えられなければならない。それは、養育者のみの責任ではなく、身近な地域社会や日本の子育て支援システムに目を向けていかなければ実現していくことは難しい。その中で、これまで述べてきた行政が主導とした取り組みは欠かせない。

第2節　子どもの貧困を取り巻く保育・幼児教育の諸課題

(1) 貧困がもたらす子どもへの影響

　子どもの貧困を発見、支援していくことは容易ではなく、実態を把握することさえ難しいと言える。その理由としては、相対的な貧困については、外観か

らは発見されにくいという特徴があるためである。周囲の子どもが所持している物や食事等もある程度同じ水準を保持しているため（しようとしているため）表面上では捉えづらい。

そして、子どもの貧困が引き金となり、子どもの成長、発達段階において様々な不利な状態がもたらされるとの指摘されている。例えば、不十分な衣食住、家庭内における必要な物的・文化的資源の不足、虐待・ネグレクト、低学力・低学歴、低い自己評価、他者に対する高い不安感・不信感等は多く指摘される関連項目である。それらの具体的な影響として、医療面においては、必要な医療が受けられない、学習面においては、学習の機会の制限、就職面においては、対人関係の影響から非正規雇用等の不安定な生活状況を生むと考えられている。それらが大人へ成長していく過程で就職、結婚、出産及び子育てへの不利につながることがある。まさに、全ての子どもが有する平等な機会のはく奪につながっているものであり、さらにその子どもへと連鎖が続くリスクをはらんでいる。

阿部彩らの調査では、貧困層の子どもは、自己肯定感を喪失しており、その44％は「夢がない」と回答している。子どもは未来の社会を担う存在であり、それぞれ自信を育みながら希望をもって可能性を広げていく機会は平等であるべきである。熟成化した現在の日本社会において、日本が持続可能な社会を目指していこうとする中、その担い手である子どもの暮らしに社会が真摯に目を向けていかなければならない。

（2）養育者の労働問題と子どもの貧困

子育ての社会化という考えは専門職をはじめ多くの関係者によって理解がすすめられている。これは、子育てを社会全全体で支えていこうとするものであるが、日本においては依然として母親に特に子育ての負担が偏っている状況であり、育児の負担が継続した就業を困難にし、また再就職することも難しい状況になっている。特に、子どもが2人以上になると就業は50％以下に落ち込む等、収入を得るために必要な就業と貧困の状態が生み出されるメカニズムとなっている。これらの問題を日本社会が有しているということは、子どもの貧困を断ち切る、陥らないようにするための必要な労働問題が十分に議論されていない現状があるということだ。

生活基盤となる経済的な収入は、労働の対価として得る賃金収入となるが、OECDは雇用主が求める技能を有していない家庭は貧困に陥ってしまう状況

第 3 章　子どもの貧困における保育・幼児教育の課題

にあると指摘している[6]。日本の政策の一面をみてみると、1996年に労働者派遣法の改正があり、派遣労働の対象業務が16種から26種に拡大された。また、1999年には原則自由化され、非正規労働者が急増していくこととなった。1995年には、正規労働者が約3800万人、非正規労働者が約1000万人であったが、2015年には正規労働者は約3300万人、非正規は約2000万人と2倍になっている。厚生労働省によると、男女合計の平均賃金は正規で321万円、非正規雇用者で210万円であることから、非正規の雇用増加が貧困の増大をまねいていることは明らかである。特に、女性に限定すると、正規で263万円、非正規で189万円と、社会的に自立した生活を送ることは非常に困難な状況であると言える[7]。

このように、子どもの貧困を考えていくうえで、子どもを取り巻く環境に視点をあて理解し、考えていかなければ解決の糸口はみえてこない。

第3節　子どもの貧困に対する方策と保育・幼児教育の今後の課題

(1) 数値化された政策アプローチの展開

今後の課題としては行政を中心として数値化された目標を立てて取り組むことである。子どもの貧困に対し先駆的な取り組みをしているイギリスの状況をみていく。ブレア元元首が1999年に「2020年までに子どもの貧困を撲滅する」と宣言して以降、政府は多くの対策を打ち出し、毎年政府がその実績を公表している。ブレア政権が誕生した1997年から2010年までの変化をみると、子どもの貧困率は26％から18％へ約3割低下している。おおよそ10年間で貧困率が減少してきている。特にひとり親世帯の子どもの貧困率は49％から22％へと約5割低下している。このような良い結果をもたらした要因として、数値目標を掲げて取り組んできたことが挙げられる。政策の結論を言えば、目標として掲げていた半減には至らなかったが、具体的な数値を表すことにより進捗状況等を共有でき、目標の達成のための新たな施策も考えられてきたことは有益である。さらに、子どもの貧困を根絶させるために2010年3月には「子どもの貧困法（Child Poverty Act）」が成立した。これは子どもの貧困がいかなる場合に成功したのかを定義づけて、それについての国家と地方の責任と取り組みを明確にしたものである。

前述した日本が取り組む「子供の貧困対策大綱」において数値目標は明確に

打ち出されていない。子どもの貧困は、子どもや保護者に責任があるのではないという認識を持ち、責任の主体者である行政が計画や支援をすすめ、行政と民間活動が連携を図り、地域で継続して安心した生活を営むことができる社会づくりについて推進を図ることが求められる。このように、日本においても貧困の実態を把握することのみならず、支援計画と方法その結果の見通し等を位置付けながら解決へ向けた取り組みが必要である。

　日本における子どもの貧困対策は2013年「子どもの貧困対策の推進に関する法律」が制定され5年、2014年「子供の貧困対策に関する大綱」が制定され4年とまだ萌芽期にあり、しっかりとした政策展開と支援の実践により成長期へと展開していかなければならない。

（２）保育ソーシャルワークの視点に基づく保育実践の課題

　子どもの貧困に対し、最初の「気づき」の場として保育現場が挙げられる。しかしながら、保育施設においては、子どもに対するケアを中心とした実践が主として展開されており、子どもの貧困のような生活課題に対する支援や気づきに基づいた対応は現時点で十分とは言えない。これまで、子どもの貧困等に対し、保護者支援を実践してきたのは、保育所の組織で言うと主任、園長が主であろうが、その対応として「ソーシャルワーク」を意識し、支援にあたっていることは少ないかもしれない。認定NPO法人フードバンク山梨（2018）によると山梨県内の保育施設に勤務する保育士を対象として実施した調査（有効回答数628）において「貧困世帯で育てられていると思われる園児を把握した際に、担任として十分な対応ができていると思いますか。」という設問に対し5件法の選択の結果「できている」2.8％、「ややできている」11.6％にとどまっており、「わからない」68.9％、「あまりできていない」12.3％、「できていない」4.5％となっている。[8] この結果に対する要因としてこれまでの保育者養成を振り返ると、子どものケアに関する視点に傾倒してきたことが一因であると思われ、比較的新しい社会課題である子どもの貧困に対する知識及び子どもや家庭の生活課題に対する支援の教授について課題があると思われる。

　保育士の専門性として、保護者支援や地域の子育て支援が位置づけられており、その支援の手法としてソーシャルワークの技法の活用が求められている。厚生労働省は「子どもや子育て家庭に関するソーシャルワークの中核を担う機関と、必要に応じて連携をとりながら行われるものである。そのため、ソー

シャルワークの基本的な姿勢や知識、技術等についても理解を深めた上で、支援を展開していくことが望ましい」[9]としている。

そして、さらに保育ソーシャルワークという考え方が推進されている。伊藤良高は「子どもと保護者の幸福のトータルな保障に向けて、そのフィールドとなる保育実践及び保護者支援・子育て支援にソーシャルワークの知識と技術を応用しようとするもの」[10]と定義をしている。これらのことをふまえ、子どもと保護者に対しアプローチし、地域で安心、安全の生活を営むことができる取り組みが望まれる。

今後は貧困の生活下にある子ども及び家庭の暮らしの把握、専門・関係機関等との地域のネットワーク調整を含め、民生委員・児童委員、医療機関、福祉機関、ボランティア、教育関係者等とも密に連携を図ることのできる保育ソーシャルワークの取り組みが求められる。本章において、保育ソーシャルワークを誰が、どのような立場で担うことが必要であるのか等の議論は別に譲るが、学校にスクールソーシャルワーカーが必要であり、病院には医療ソーシャルワーカーが配置されているように、保育現場においてもソーシャルワーカーの役割を果たすことができる人材が必要と考えられる。

このように、日々の保育活動で細かな子どもや家庭の状況を把握し、相談支援の役割も担い直接的支援に加え、「つなぐ」役割も果たしながら適切な支援サービスの利用、人間的、社会的な回復を共に目指す支援を大事にしなければならない。

また、保育者養成の視点から保育ソーシャルワークについて言及する。保育士養成課程等検討会（2017）に基づく整理では、「子ども家庭福祉（児童家庭福祉論から変更）」、幼稚園教諭免許状を有する者の保育士資格取得特例制度においては「福祉と養護」で貧困家庭に対する対応が位置づけられることになり[11]、知識を修得することはもちろんであるが、より一歩踏み込んだ取り組みとして、保育ソーシャルワークの考え方を用いたアプローチも学び、推進していくべきである。先述したように、子どもの貧困は外見からは「気づきにくい」という特徴を有しており、高度な専門的知識と技術をもって支援にあたらなければならず、理論と実践をふまえた保育者養成を展開が求められる。

これらの支援を通じて、支援の枠で子どもや家庭をただ囲うのではなく、地域社会の中であたりまえの生活を営み、周囲の人々とともに生きていくことを実現できる社会づくりこそ今後我々が目指すべき一展望となろう。

おわりに

　「子どもの貧困対策の推進に関する法律」が施行され、子どもの貧困の対策本格的に取り組まれるようになってきた。これに基づいた取り組みはすぐに効果があるものではないが、今だけを見つめたものではなく将来を見え据えたものでなければならない。乳幼児期の貧困が学童期につながり、成人期にまで影響を及ぼすことがあってはならない。そのような視点からも切れ目なく制度の充実や生活環境に目を向けた保育者の役割を拡充していく必要がある。子どもたちの出生や生い立ち等によって著しく不利益を被るような社会を断固として否定し、子どもそれぞれがもつ可能性や意欲的に取り組むことができる支援システムを確立しなければならない。

注
1 ）小西祐馬「子どもの貧困を定義する」『子どもの貧困白書』明石書店、2009年　10頁。
2 ）ユニセフ『先進国の子どもたちの貧困──ユニセフ報告書「Report Card 10」──』2012年、3 頁。
3 ）戸室健作「都道府県別の貧困率、ワーキングプア率、子どもの貧困率、捕捉率の検討」『山形大学人文学部研究年報』第13号、2016年、45頁。
4 ）阿部彩・埋橋孝文・矢野裕俊『大阪子ども調査』2014年、3 頁（http://gpsw.doshisha.ac.jp/osaka-children/osaka-children.pdf、2018年 4 月 2 日最終確認）。
5 ）厚生労働省『国民生活白書平成19年度版』2007年、44頁。
6 ）OECD 著 星三和子訳『OECD 白書──人生の始まりこそ力強く／乳幼児期の教育とケア（ECEC）の国際比較──』2011年、40-41頁。
7 ）厚生労働省『平成29年賃金構造基本統計調査結果の概要』2018年。
8 ）認定 NPO 法人フードバンク山梨『乳幼児期の貧困の把握に関するアンケート調査結果【保育士向け】』2018年、12頁。
9 ）厚生労働省『保育所保育指針解説書』フレーベル館、2018年、331頁。
10）伊藤良高「保育制度・経営論としての保育ソーシャルワーク」『保育ソーシャルワークの世界──理論と実践──』晃洋書房、2014年、16頁。
11）厚生労働省『「指定保育士養成施設の指定及び運営の基準について」の一部改正について』2019 年、19 頁、56 頁（http://www.hoyokyo.or.jp/http://www.hoyokyo.or.jp/nursing_hyk/reference/29-3 s 2 .pdf、2018年 4 月 2 日最終確認）。

第4章

高等学校における教育と福祉に関する現状と課題

はじめに

　福祉領域には、支援を必要としているにも関わらず、支援が受けられない「制度の狭間」が存在する。
　とりわけ高校生には、「子ども」としてこれまで受けることができていたサービスが高校生になったことで受けられなくなり、反対に本来であれば「成人」として受けられるはずのサービスが、高校生であるという理由から制限されるという、支援の"空白"状態が随所に見られる。本章では高等学校および高校生が抱える問題を教育と福祉の視点により分類し、課題について述べる。

第1節　高等学校における教育上の諸問題

（1）不登校

　文部科学省による調査では、平成28年度の高等学校における不登校生徒数は4万8565人であり、全体の1.5％を占める。不登校の要因として「学業の不振」のケース、「入学、転編入学、進級時の不適応」が原因となって「無気力」になったケース、「進路にかかる不安」や「学業の不振」から不安になったケース、また「いじめを除いた友人関係をめぐる問題」から「学校における人間関係」により不登校となったケース等が挙げられている。また別の調査では、中学校時の不登校経験者のうち85％の人が高校へ進学していることから、小学校、中学校から続く不登校状態が高校に入学してからも続くケース、高等学校に進学してから不登校が始まるケース等様々である。
　ただし高等学校の場合は義務教育期と決定的な違いがある。すなわち、進級や卒業のために所定の単位を取得することが必要であり、その単位取得にあ

たって① 履修（当該教科・科目の授業を一定時間以上受けること）、② 修得（一定の学習成績が認められること）の両方が必要となる点である。しかも出席は一日単位ではなく、科目毎に認定される。前述の調査[3]では不登校の生徒で中途退学に至るケースは 1 万2769人、原級留置は3675人であり、不登校により学校生活の継続を諦めるケースや、進級できず留年することで、次年度は全く新しいクラス環境になり、ますます学校に通いづらくなる場合もある。このように出席状況は学校生活そのものに大きな影響を与えている。

　現状の課題として、学校に「来ない」のではなく、「来れない」事由も不登校のカテゴリーに含まれている場合がある。いじめによる不登校や、一時保護による長期欠席等、本来であれば出席停止として認められるにも関わらず見過ごされているケースがある。学校は不登校の原因や背景を丁寧に探り、弾力的に捉えることが必要である。

（2）学業の不振・学業の不適応

　前述の調査[4]では、全日制高等学校における中途退学者数 2 万8770人のうち2558人、8.9％は「学業不振」、そして4.9％である1424人が「授業に興味が湧かない」とする「学業の不適応」を理由に退学している。後者には、入学前に思い描いていた学習内容と実際のギャップを感じた場合も考えられるが、一方で適切な支援が得られれば学習に「適応」できるケースもあると推測される。

　しかしながら高等学校では、高等学校教育を受けるに足る資質と能力を有する者のみが入学できるとした「適格者主義」[5]が根強く残っていること、高等学校は教科担任制であるうえ、工業や商業等職業教育として行われる一部の領域では専門性が特に重視される傾向もあり、生徒の多様性に合わせた教育が難しい側面がある。

（3）非行

　前述した調査[6]において、高等学校の中途退学者のうち問題行動等を理由に退学した生徒は1848人と全体の3.9％であった。平成29年版の犯罪白書[7]によると、平成28年の少年による刑法犯の検挙人員 3 万1516人のうち、高校生の割合は全体の37.8％と小中学生等に比べて比重が大きい。高校生になると、校区外へ通学する生徒も増え、電車やバスを利用する等行動範囲が広がる。またアルバイトを始める生徒も出てくるため金銭面での自由度が増し、学校以外の交友

関係も広がりを見せる場合が多い。そのことが背景となり、結果として非行につながる環境へ近づきやすくなり、非行がさらに深刻化する場合も推測できる。

ただし少年の非行は全体的に年々減少している。[8] 粗暴犯も7年連続で減少している。その中で、知能犯は横ばい、性犯罪は増加傾向となっている。量的に減少している一方で非行内容の変化が指摘されており、非行の背景には虐待や発達障害や貧困をはじめ、福祉的な要因が密接に関連している。

このような非行や問題行動には生徒指導として対応することになる。高等学校学習指導要領解説の中で生徒指導は「学校の教育目標を達成するために重要[9]な機能の一つであり、一人一人の生徒の人格を尊重し、個性の伸長を図りながら、倫理観や正義感などの社会的資質や行動力を高めるように指導・援助するもの」とされ、「単なる生徒の問題行動への対応という消極的な面だけにとどまるものではない」とされている。しかし実際には、行動や事象面のみに目を向け、背景を丁寧にアセスメントする視点が乏しい。その結果、問題行動に対する懲罰的対応に留まり、問題行動を改善するための背景に踏み込んだアプローチとして指導内容が不十分な場合や、自主退学という安易な方向への導きがないとはいえない現状がある。

（4）進路
中学校から高等学校への進学率は98.8%であることから、[10] 今後の進路を「選択」するのは高等学校への進学以降といえる。平成29年度の高等学校卒業者のうち、大学等の高等教育機関への進学者は80.6%、就職者は17.7%である。[11]

キャリア教育の定義が「一人一人の社会的・職業的自立に向け、必要な基盤となる能力や態度を育てることを通して、キャリア発達を促す教育」[12]であり、「キャリアの形成にとって重要なのは、自らの力で生き方を選択していくことができるよう必要な能力や態度を身に付けることにある」以上、進路指導は進学先を決めたり、職に就くことへの支援にとどまらない。生徒の個人的・家庭的状況によっては、必要に応じて社会人として自立・自活することを念頭におきながら卒業後の生活設計を含めて支援を行う必要があり、また進学も就職も難しい場合は、卒業後も社会と接点を持ち続けるために福祉的支援の枠組みを構築することが必要になる。

また、進路について考える時期は長ければ長いほど十分な準備ができるた

め、学年をまたいだ中長期的視点が必要である。しかしながら1年ごとに担任が変わるシステムの中で、支援も1年ごとに"リセット"される傾向にある。

第2節　高等学校における福祉的な諸問題

（1）虐待

　平成28年度中に児童相談所が対応した児童虐待相談の対応件数のなかで、高校生の年代（16歳から18歳）が占める割合は12万2575件のうち8176件で、全体の6.7％を占める。[13] 言うまでもなく、虐待は高校時代から始まっているのではなく、未就学期、就学期から続いていることが推測される。面前DV等の心理的虐待やネグレクトを長年受け続けることで、後述するメンタルヘルスや非行等二次的な事象につながることも多い。さらに高校生になり、アルバイトを始めることで経済的搾取という新たな虐待が加わることすらある。

　虐待対応は児童福祉法による要保護児童対策として対応がなされるため、要保護児童対策地域協議会（以下、要対協）にて個別ケース会議が開催され、複数の関係機関による支援が行われているが、高校生のケースは小中学生に比べて要保護児童として認められにくく、しかも18歳を超えると児童福祉法の対象外となってしまうのが現状である。中学生から高校生になっても、17歳から18歳になったとしても、虐待を受けている状況は変わりないにも関わらず、支援の手がさしのべられない不条理が発生している。

（2）メンタルヘルス

　学校保健の動向[14]によると、保健室を利用する高校生のうち、「主に身体に関する問題」の34.4％を超えて、「主に心に関する問題」が42.9％と、メンタルヘルスが学校保健のなかで主たる問題の位置を占めている。具体的な内容に関しては、人間関係や身体症状に基づく不安のほかに、精神疾患、発達障害をはじめとする医療的問題、自傷行為、性に関する問題が高い割合でみられる。

　メンタルヘルスに関しては、医療機関をはじめとする専門機関や専門職との連携が問題解決の大きな要素となるが、個人情報の保護を理由に機関同士の連携が進みにくい状況が一部で見られる。

　また校内においては、担任や養護教諭等個人での関わりには限界があり、組織として対応することが望ましいものの、取り組みが十分に行われていないと

いう指摘もある。

(3) 発達障害

　地域差や課程・学科による差異はあるものの、平均すれば生徒総数の約2％程度の割合で発達障害等困難のある生徒が高等学校に在籍している状況が推測されると言われている。また前述したように、義務教育と異なり高等学校は学習上の問題が進級や卒業に大きく影響を及ぼす点から、高等学校で初めて発達障害に気づくケースも見られる。

　2016（平成28）年4月より「障がいを理由とする差別の解消の推進に関する法律」が施行され、教育機関において合理的配慮の提供が義務づけられるようになり、また学校教育法第81条2項にも、運用上は「小学校、中学校、高等学校及び中等教育学校には、次の各号のいずれかに該当する児童及び生徒のために、特別支援学級を置くことができる」とあるものの、実際には特別支援級を設置している高等学校は見られず、小中学校と比較して個別の指導計画・教育支援計画が作成されていないという指摘がある。一方で、文部科学省は2018年（平成30）年度から発達障害等の生徒が通常学級に在籍しながら特性に応じて別室で一部の授業を受ける「通級指導」の導入も開始したばかりであり、今後支援の充実が期待される。

(4) 貧困

　2016（平成28）年の国民生活基礎調査では、子どもの貧困率は13.9％であり、およそ7人に1人は貧困状態にある。高等学校の授業料が無償化され、就学支援金の制度も利用できるとはいえ、制服や教科書代、実習費や修学旅行代等の諸費は自費で賄わなくてはならない。中にはアルバイトで生活費を稼ぐ必要がある場合もあり、学業とのバランスが次第に難しくなった結果、不登校となる生徒もいる。JKビジネスといわれる風俗に関わる女子生徒もいる。これまで述べてきた不登校や学力、進路、非行や虐待等、あらゆる教育上、福祉上の問題と貧困は密接な関連があることが多い。一方で、小学校や中学校と違い、生徒は広域から通学し、保護者の学校行事への参加も義務教育と比較して回数的にも少なくなるため、教師が個々の家庭に細やかな支援を行うことは物理的にも難しい現状がある。

(5) その他
① 外国にルーツをもつ子ども

2014（平成26）年の公立の小・中・高校等に在籍する外国人児童生徒数は7万3289人となっている。このうち日本語指導が必要な児童生徒数は約4割であり、日本語指導が必要な日本国籍を有する児童生徒数（7897人）と合わせると、3万7095人となっている。これらの日本語指導が必要な児童生徒数はこの10年で1.6倍に増加している[18]。

しかし彼らに必要なのは日本語指導だけではない。母語においても日本語においてもコミュニケーションや学習が困難な、いわゆる「ダブル・リミテッド」により、学習支援全般が必要な場合もある。さらに当該生徒の一部には、貧困やひとり親家庭、生活保護と密接な関連がある。必要に応じて学校や家庭での生活支援や進路・さらには就労等、あらゆる場面における支援が必要である。

しかしながら問題そのものに気づかれにくく、学校内での支援体制及び地域や社会における資源が非常に乏しいのが現状である。

② LGBT（性的マイノリティ）

LGBTとは、レズビアン（Lesbian：女性の同性愛者）、ゲイ（Gay：男性の同性愛者）、バイセクシュアル（Bisexual：両性愛者）、トランスジェンダー（Transgender：こころの性とからだの性との不一致）の頭文字から作られた言葉であり、性的少数者の総称として用いられている。LGBTは企業の調査では約8％、法務省の人権啓発ビデオの中で3～5％とも言われているが[19]、正確な実態は明らかではない。高等学校においても、申し出のある生徒はごく一部であり、実際には把握しているより多くの生徒が存在することが推測される。

調査結果[20]によると、性的マイノリティの生徒の約6割がいじめを受けた経験があり、また学校や職場等で約7割以上が「差別的な発言」を経験している。また別の調査では回答者の約7割は「身体的暴力」「言葉による暴力」「性的な暴力」「無視・仲間はずれ」のいずれかを経験しており[21]、いじめや暴力を受けたことにより、学校へ行きたくなくなり、また希死念慮や自傷行為にも少なからず影響していることが明らかとなった。

2016（平成28）年、文部科学省は「性同一性障害や性的指向・性自認に係る、児童生徒に対するきめ細かな対応等の実施について[22]」という通知を出しているものの、まだまだ学校や教員によって認識に差があり、制服や更衣、トイレ、

水泳等の個別的配慮も学校により様々である。

第3節　高校生にとっての教育的・福祉的支援の「制度の狭間」

　高校生が抱える教育的・福祉的問題を解決するためには、社会資源が必要であるが、冒頭で述べたように、高校生には「制度の狭間」がいくつか存在する（表4-1参照）。

　不登校の生徒にとって、住み慣れた地域で孤立しないためのサポートを受けられることは大きなメリットがある。また一般就労に不安がある生徒にとって地域若者サポートステーションで受けられる就労に向けた専門的な相談、コミュニケーション訓練、就労体験等のきめ細やかな支援はニーズに合ったものと言える。しかし、年齢的には利用可能であるにもかかわらず、どちらも高校生であるという理由で利用できない。一方で、中学生まで利用できていた学習

表4-1　高校生が受けられない・受けにくい支援

支援内容	法律名	事業名	支援対象	年齢上の利用	高校生の利用
ニート・ひきこもり支援	子ども・若者育成支援推進法	子ども・若者総合支援事業	子ども：乳幼児期、学童期及び思春期の者 若者：思春期、青年期の者	○	×
就労支援	根拠法なし	地域若者サポートステーション事業	15歳以上39歳以下の若年無業者本人とその保護者	○	×
学習支援	生活困窮者自立支援法	学習支援事業	小中学生・中卒者・中退者	×	△一部の自治体で高校生も可能
食の支援	根拠法なし	子ども食堂	主に小学生・中学生	×	×
虐待対応	児童福祉法	要保護児童対策地域協議会	要保護児童・要支援児童・特定妊婦	△18歳以上は不可	

出典：筆者作成。

支援や多くの子ども食堂は、高校生になると利用対象者に該当しなくなる。中学生が高校生になるとニーズがなくなるわけではないにも関わらず、利用できなくなるのである。

　高等学校は、小学校、中学校とならび、在籍する全ての生徒に対してスクリーニングを行い、生徒の抱える教育的・福祉的問題を発見できる大きな強みを持った場所である。しかも高校生が抱える問題は、その時期のみならず、その後の人生に大きな影響を及ぼすことが多い。そのことからも属性に応じた支援よりも、状況に応じた柔軟な社会資源を増やすことが何より重要である。

おわりに

　これまで述べてきた高校生が抱える教育上、福祉上の問題は、時代の流れとともに年々にわたり複雑化・多様化している。そして多くの場合、複数の要因が重なり合って起こっている。表出している事象のみに目を向けるのではなく、その背景を丁寧にアセスメントする存在、そして解決に向けて社会資源へつなぐ存在が必要である。

　アセスメントをし、必要な連携先へつなぐ存在は高等学校の教員だけで担うにはもはや限界がある。外部専門職であるスクールソーシャルワーカーやスクールカウンセラーとともに組織的に行われるべきであり、さらに学校外の機関を活用しながら、生徒の抱える問題解決に向けて、協働体制を構築することが何よりも大切である。

付　記　本執筆にあたりましては、大阪府立高等学校教諭の森本光展先生に大きなご示唆をいただきました。深謝いたします。

注
1）文部科学省「平成28年度児童生徒の問題行動・不登校等生徒指導上の諸課題に関する調査」2016年。
2）文部科学省「不登校に関する実態調査——平成18年度不登校生徒に関する追跡調査報告書——」2014年。
3）注1）に同じ。
4）注1）に同じ。

5）佐野博己「高等学校における特別支援教育の現状」『教育行財政論叢』第14巻、2017年、67-79頁。
 6）注1）に同じ。
 7）法務省『平成29年版 犯罪白書』2018年。
 8）警察庁生活安全局少年課「平成28年度中における少年の補導及び保護の概況」2017年。
 9）文部科学省「高等学校学習指導要領解説」2017年。
10）文部科学省「平成29年度学校基本調査」2017年。
11）注9）に同じ。
12）文部科学省「高等学校キャリア教育の手引き」2011年。
13）厚生労働省「平成28年度福祉行政報告例の概況」2017年。
14）日本学校保健会「学校保健の動向平成26年度版」2016年。
15）文部科学省「高等学校における特別支援教育の推進について　高等学校ワーキング・グループ報告」2009年。
16）文部科学省「高等学校における通級による指導の制度化及び充実方策について（報告）」2016年。
17）厚生労働省「平成28年国民生活基礎調査の概況」2017年。
18）文部科学省「学校における外国人児童生徒等に対する教育支援の充実方策について（報告）」2016年。
19）中西絵里「LGBT の現状と課題――性的指向又は性自認に関する差別とその解消への動き――」『立法と調査』第394号、2017年。
20）日高庸晴「LGBT 当事者の意識調査 ――いじめ問題と職場環境等の課題――」（http://www.health-issue.jp/reach_online2016_report.pdf、2018年3月10日最終確認）。
21）いのちリスペクト。ホワイトリボン・キャンペーン「LGBT の学校生活に関する実態調査（2013）結果報告書」2014年。
22）文部科学省「性同一性障害や性的指向・性自認に係る、児童生徒に対するきめ細かな対応等の実施について（教職員向け）」2015年。

第5章

介護福祉教育と介護福祉実践の課題と展望

はじめに

　1987（昭和62）年に「社会福祉士及び介護福祉士法」（以下介護福祉士法と略す）が施行され、世界でも例を見ない介護福祉業務を行う専門職として介護福祉士の国家資格が誕生した。これはとりもなおさず日本が少子・超高齢社会に向かう加速度状況を鑑み、質の高い介護実践を提供することで、たとえ要介護状態になったとしても人間として尊ばれQOLに配慮がなされた豊かな高齢期を過ごすことができるという安心、安全、安楽な高齢者福祉の充実への期待であったといえるのではないかと考える。

　介護福祉士法第2条2項において介護福祉士の定義がなされており、「介護福祉士は、第四十二条第一項の登録を受け、介護福祉士の名称を用いて、専門的知識及び技術をもつて、身体上又は精神上の障害があることにより日常生活を営むのに支障がある者につき心身の状況に応じた介護（喀痰吸引その他のその者が日常生活を営むのに必要な行為であって、医師の指示の下に行われるもの（厚生労働省令で定めるものに限る。以下「喀痰吸引等」という）を含む）を行い、並びにその者及びその介護者に対して介護に関する指導を行うことを業とする」とされている[1]。

　介護福祉士の取得方法は原則国家試験の受験が必要であり、受験資格として、指定の介護実務経験3年（1095日）以上でありなおかつ実働日数が540日以上の者となっていたが、こうした指定介護業務の実務経験がなくとも厚生労働大臣（当時厚生大臣）が指定した介護福祉士養成施設（以下養成施設と略す）を修了して介護福祉士としての登録申請を行うことで介護福祉士に成り得ることが可能であった[2]。

　本章は、介護福祉実践の課題を明らかにしていくことを目的とするが、それ

は同時に介護現場で働く介護福祉士たちの課題をも明らかにすることでもある。また、介護福祉の専門職である介護福祉士の現場での課題を考えるうえで、介護の実務経験を持たずして養成施設を卒業した学卒介護福祉士の課題を抜きにすることはできないと考える。よって養成施設における介護福祉士養成の課題を浮き彫りにして、要介護高齢者の増加に伴って必要とされる質の高い介護福祉実践に対応していくために必要な対応を検討し、養成施設における介護福祉教育のあり方を再確認するとともに実施されている教育内容の課題も明らかにし、養成施設卒業の介護福祉士の展望について述べておきたい。本来、養成施設卒業の介護福祉士は、実務経験こそ少ないものの十分な介護福祉教育を習得しているはずなので、介護実務経験のみで自学自習により国家試験を受験して合格する介護福祉士と仮に比較したとして、介護福祉士養成施設出身の介護福祉士の方が現場では利用者が望む質の高い援助を十分で行えていないならば、養成施設での2年から4年（専門学校、短大および大学）の学習の成果をどのように評価していくことができるのであろうか。介護福祉教育について触れ、次に介護福祉実践に触れて、介護福祉教育、つまり養成施設を卒業した介護福祉士の状況や課題について関連づけて整理し提起していきたい。

第1節　介護福祉教育

（1）介護福祉教育の状況

　2007（平成19）年に「介護福祉士法」の一部を改正する法律が施行された。見直し背景の中核は「近年の介護・福祉ニーズの多様化・高度化に対応し、人材の確保・資質の向上を図ることが求められている」ということである。

　具体的には、例えば認知症の介護等、これまでの一般的な身体介護技術だけでは十分な援助が実現しにくい場面にも高度な認知症ケア等で対応していくことが求められていることがある。そのため法律では、1つに、介護福祉士の「介護」を「入浴、排せつ、食事その他の介護」から「心身の状況に応じた介護」に改め、定義規定を見直した。これまで入浴、排せつ、食事の身体の3大介助が最重要とされてきたことから、認知症ケアを含む複雑多様化する介護ニーズに対応することが必要とされるようになったからといえるだろう。2つに、義務規定では「誠実義務」として個人の尊厳の保持、自立支援を加えた。「連携」においては認知症等の心身の状況に応じた介護、福祉サービス提供

者、医師等の保健医療サービス提供者等との連携について新たに規定するように見直した。これも認知症ケアとも関連するが、質の高い介護福祉実践には、個人の尊厳や自己決定の尊重は言うまでもなく、医療従事者との連携や協働が不可欠であり、在宅の要介護高齢者であれば地域の福祉関係者との連携も必務となっていくことからであろう。3つに、資質の向上を図るため、すべての者は一定の教育プロセスを経た後に国家試験を受験するという形で、介護福祉士の資格取得方法を一元化することとなったことである。介護福祉士法施行から約20年経過することとなったが資格取得について抜本的な改革提案であった。[3]

　本章の執筆の問題意識とも関連するが、国家資格の受験資格については例えば、介護福祉士よりも資格の歴史が長い保育士、栄養士では養成施設で所定の単位を修得し卒業して資格申請をすれば資格が得られることと比較すると、介護福祉士では養成施設での介護福祉教育の専門知識や技術の習得を行ってもなお介護の実務経験者と同様に国家試験を受験しなければならなくなったことが挙げられるのではないだろうか。介護福祉教育のあり方の課題である。

　ただ、このことを考えるうえで、いくつか触れておきたいことがある。養成施設における新たな教育カリキュラムも見直しが示されることとなったのである。教育内容見直しの背景は大きく4つである。

　1つめは、介護福祉士のあり方及び養成プロセスの見直し等に関する検討会報告書から「介護福祉士制度の施行から現在に至るまでの高齢者介護や障害者福祉を取り巻く状況の変化に伴う介護ニーズの変化をふまえ、現行の科目、カリキュラム、シラバスにとらわれず、今日的視点で抜本的に見直す」ことである。

　2つめは、社会保障審議会福祉部会意見から「求められる介護福祉士像」を実現していくことが最終的な目標であるという姿勢を基本とする」ことである。

　3つめは、介護福祉士のあり方及び養成プロセスの見直し等に関する検討会報告書から「介護福祉士の国家試験に求める水準は、介護を必要とする幅広い利用者に対する基本的な介護を提供できる能力とする。養成課程における教育内容も幅広く基本的な内容とし、資格取得後の現任研修等による継続的な教育を視野に入れた内容とする」ことである。

　4つめは、同上報告書で「介護のためという視点のもと、理論と実践の融合を目指す」ことである。[4]

教育内容見直しの背景を考えると、これまでの介護福祉士養成教育においては多様化する介護ニーズや連携が必要とされる福祉関係者等の求めに応じられていないという問題提起ではないのか。
　さらに、「求められる介護福祉士像」については、多様化する介護ニーズに対応でき、かつ介護福祉実践での中核的存在として機能すべく、次の12の人材養成における目標が示されることとなった。
① 尊厳を支えるケアの実践、② 現場で必要とされる実践的能力、③ 自立支援を重視し、これからの介護ニーズ、政策にも対応できる④ 施設・地域（在宅）を通じた汎用性ある能力、⑤ 心理的・社会的支援の重視、⑥ 予防からリハビリテーション、看取りまで、利用者の状態の変化に対応できる、⑦ 多職種協働によるチームケア、⑧ １人でも基本的な対応ができる、⑨「個別ケア」の実践、⑩ 利用者・家族、チームに対するコミュニケーション能力や的確な記録・記述力、⑪ 関連領域の基本的な理解、⑫ 高い倫理性の保持である。当然のことながらこの12項目の人材養成目標に合致すべく教育内容の検討がなされ、「求められる介護福祉士」に向けての到達目標の具体化が行われていくことになる。
　このことでいえば新カリキュラムの教育体系も大幅に改定がなされ、介護が実践の技術であるという性格をふまえ、その基盤となる教養や倫理的態度の涵養に資する「人間と社会」、「尊厳の保持」「自立支援」の考え方をふまえ、生活を支えるための「介護」、多職種協働や適切な介護の提供に必要な根拠としての「こころとからだのしくみ」の３領域に再構成することとなった。[5] なお、現在はこれに「医療的ケア」も加わっている。
　旧カリキュラムでは２年課程の場合の総時間数1650時間が新カリキュラムでは1800時間と増加したが、介護過程が新たに150時間必修とされたことからも複雑多様化する介護ニーズに十分向き合える良質な介護福祉実践の必要が迫られることとなったと考えられる。

（２）介護福祉教育の課題

　2014（平成26）年の第２回社会保障審議会福祉部会福祉人材確保専門委員会において日本介護福祉士養成施設協会小林会長は、介護福祉士教育の直面する５つの課題として次の提起を行っている。
　第１に、地域包括ケアシステムを実効あるものとするための、一部の医療行

為と連携した質の高い介護技術習得を目指す実践的専門教育の強化。第2に、在宅ケアの充実・向上をキーワードとした多職種協働連携等、専門性の高いサービス提供責任者の役割の担い手育成。第3に実務者研修(450時間)教育の質の担保とその実践協力。第4に、職能団体とともに、EPA・TPP等の国際協調と実践力評価の時代に向け、介護専門職のキャリアアップとしての認定介護福祉士や管理介護福祉士等の「専門介護福祉士制度」を構築し、介護プロフェッショナルとしての位置づけの確立。第5に、介護福祉士の固有の専門性の確立と、社会的評価や信頼の制度的確立による処遇改善である。

養成施設への入学者については日本介護福祉士養成施設協会の資料によると平成18年度の入学者と平成25年度の入学者では半分程度に減少している。こうした状況にあって、養成施設側も一部の介護事業所等の福祉関係者との連携だけではなく、社会全体の意識にも向き合って必要不可欠な介護福祉実践の専門家である介護福祉士を専門教育の中で育てるために鋭意努力が必要であると考える[7]。

介護福祉の専門的な知識や技術また倫理を身につけて利用者から必要不可欠とされる介護福祉士という専門職として現場実践で活躍するために介護福祉士養成施設は存在意義を高めていく必要があったのではないか。

養成施設における教育内容の見直しとしてのカリキュラムの再検討も必要であろうが、養成施設に入学して学びたいとする強い希望を支えるものを見つけて提供していく必要がある。これを考えるとき、「介護福祉士とはいったい何者なのか」という大きな命題を養成施設が検討することは言うに及ばず、現役の介護福祉士たちからの提言や提案が必要ではないのか。「介護福祉士としての働き甲斐や楽しさ」を高らかに公表していくのである。

第2節 介護福祉実践

(1) 介護福祉実践の状況

国家資格である介護福祉士が誕生して30年となった。介護行為は日常生活の支援場面が多く、在宅の場合には家族が介護を担っていたこともあり現在でも在宅、施設を問わず介護の業務においては介護福祉士の資格を持たない介護職員が存在しており、介護職員初任者研修(旧ホームヘルパー養成研修)のみの修了者や介護職員初任者研修を修了していない者も混在して介護業務を行ってい

る。

　2007年に改正された介護福祉士法による介護福祉士の定義では「介護福祉士の名称を用いて、専門的知識および技術をもって、身体上または精神上の障害があることにより日常生活を営むのに支障がある者につき心身の状況に応じた介護（喀痰吸引その他のその者が日常生活を営むのに必要な行為であって、医師の指示の下に行われるもの（厚生労働省令で定めるものに限る）を含む）を行い、並びにその者およびその介護者に対して介護に関する指導を行うことを業とする者をいう[8]」とされており、重度化、長期化する認知症ケアや医療的ケアに関わる専門職としての重要性が示されている。ただし、介護福祉実践を行う者はすべて介護福祉士でなければならないとする「業務独占資格」ではなく「名称独占資格」の段階となっている。

　社会福祉振興・試験センターが実施した2015年度社会福祉士・介護福祉士就労状況調査（以下就労状況調査と略す）[9]結果から、介護福祉士資格を取得した動機を見ると、「専門職としての知識・技術を得るため」が71.5％と最も割合が高く、次に「就職・転職に有利なため」の41.1％となっており、次に「収入の安定のため」、「職場から資格取得を求められた（勧められた）」の順となっている。複数回答ではあるものの回答した介護福祉士の7割が「専門職としての知識・技術を得るため」としていることは特出であろう。収入や雇用を中心とした有利な待遇を得ることよりも高い割合であることから国家資格である介護福祉士としての専門性を探求して資格取得を行ったと考えられる。

　介護福祉士の職能団体である公益財団法人日本介護福祉士会において検討され、明文化されたものが次の介護福祉士の専門性図（図5-1）である。

　専門性について「利用者の生活をよりよい方向へ変化させるために、根拠に基づいた介護実践とともに環境整備ができること」としており、そのために①介護過程の展開による根拠に基づいた介護実践、②指導、育成、③環境整備、他職種連携の必要を明示している。質の高い介護福祉つまり専門性を考えるうえで、介護福祉士法の第47条の2「社会福祉士又は介護福祉士は、社会福祉及び介護を取り巻く環境の変化による業務の内容の変化に適応するため、相談援助又は介護等に関する知識及び技能の向上に務めなければならない」とする条文を意識しているものと考える。これは介護福祉士としての「資質向上の責務」を明文化したものである。[10]

介護福祉士の専門性

介護福祉士の専門性とは
「利用者の生活をより良い方向へ変化させるために、根拠に基づいた介護の実践とともに環境を整備することができること」

1 介護過程の展開による根拠に基づいた介護実践
利用者の自立に向けた介護過程を展開し、根拠に基づいた質の高い介護を実践する。

2 指導・育成
自ら介護等に関する知識及び技能の向上に努めるだけでなく、自律支援に向けた介護技術等、具体的な指導・助言を行う。

3 環境の整備 多職種連携
利用者の心身その他の状況に応じて、福祉サービス等が総合的かつ適切に提供されるよう、物的・人的・制度的等、様々な環境整備を行うとともに、福祉サービス関係者等との連携を保たなければならない。

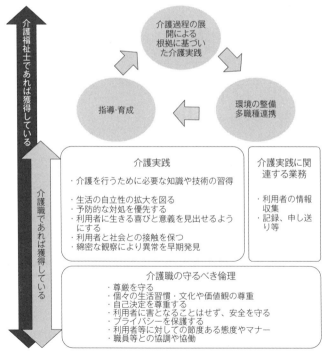

図5-1　公益社団法人日本介護福祉士会による介護福祉士の専門性図
出典：公益社団法人日本介護福祉士会HP「介護福祉士の専門性」。

（2）介護福祉実践の課題

　介護福祉実践の課題である。前述の就労状況調査結果では資格取得動機の中心が専門性の探求であることがわかった。専門性を探求した介護福祉士が、例えば日本介護福祉士会が示した介護福祉士の専門性理解あるいは熟知した介護福祉実践が行われているとすれば、介護福祉士としての働く魅力は明確になり、介護福祉士を目指して介護福祉士養成施設に入学してくる者が減少していくことはないのではないかと考える。

　就労状況調査をみてみる[11]。資格取得によるメリットを見ると、介護福祉士は「給与・手当に反映された」47％で最も高かった。次に「知識・スキルが体系化された」41％となっている。ともに40％を超えたものはこの２項目である。「知識・スキルが体系化された」については介護福祉士の専門性探求においては合致するものかもしれないが、同様に専門性として考えられる項目として「利用者、家族からの信頼度が上がった」16.6％、「後輩の指導に役立った」16.5％、「他職種との連携がしやすくなった」10.2％があるが、いずれも低い割合であった。これら３つの項目が現場実践における介護福祉士の実感として浮かび上がってこないところに介護福祉実践の課題があるのではないか。加えてメリットは「特にない」14.2％とする回答割合も見過ごせない。専門性の探求の実現を期待していたが、専門性の探求実現には至らなかったという意見も含まれるかもしれない。その原因理由は個人の探求の意識や行動力によるところもあるかもしれないが、単に介護福祉士個人の努力責任のみに押しつけてはならないと考える。

　次の設問として、過去１年間での職場の指示による外部研修（研究発表会、学会等を含む）への参加の状況を見ると、「参加したことがある」56.6％と研修の内容、程度はわからないものの半数強の介護福祉士が外部研修に参加できていることになる。だが、「参加したことがない」42.5％と回答した介護福祉士については、いまこそ専門性の構築や資質の向上に向けて邁進していかねばならない状況であると考えるので勤務シフトの問題もあると考えるが、施設、事業所において鋭意、研修に送り出す工夫がなされなければならない。また、この調査の設問にはなかったが、職場の指示ではなく介護福祉士自身が外部研修にどれくらい参加の意欲を示しているのか知りたいところだが、介護福祉士自身が自助努力することで、実践の振り返りが行われ、専門職としての「アイデンティティ」、「自己理解」が明確になっていくのではないかと考える。

次の設問として、現在の職場での就労継続の意向について「可能な限り現在の職場で仕事を続けたい」63.9％と高い割合を示している。次に「別の職場に移って現在の仕事を続けたい」12.4％、「福祉・介護・医療分野から離れたい」6.4％と続くが、この2項目に回答を寄せた介護福祉士をどのように支援していくことができるのかも忘れてはならない課題である。

次の設問として、就労継続意向ありの回答をした人の業務の希望では「現在と同じ業務を続けたい」77.6％と多くが介護福祉士として業務を行うことを望んでいる。介護福祉士を取得した意識として妥当な回答ではないかと考える。ただし、「他の業務に移りたい」13.6％については、介護福祉士としての業務ではないものを希望しているのでその理由を確かめて、介護福祉士が専門性に悩み、疲弊しているのであれば疲弊から救いだし、介護福祉士としての働く魅力を再認識できるよう利用者や上司、先輩、同僚たちと一緒になって考えて行動していくことが必要であろう。

第3節　介護福祉教育と介護福祉実践

(1) 介護福祉教育と介護福祉実践の関係性と連携

介護福祉教育と介護福祉実践の関係性と連携を考えていくために、就労状況調査結果をみてみる[12]。

設問として、現在福祉・介護・医療分野以外で就労している人または仕事をしていない有資格者の内、過去に福祉・介護・医療分野の仕事の経験がある者は、介護福祉士で85.6％であった。9割近くという高い割合で介護福祉士の資格を持ち福祉・介護・医療の分野で勤務していたにも関わらず現在は福祉・介護・医療の分野で勤務していないということは、介護福祉士資格が直接役に立つ領域の業務ではないことが考えられる。理由は多岐にわたって考えられるが、そもそも介護福祉士という国家資格をめざしたのは専門性の探求が大半ではなかったのか。それでも介護福祉士の資格が活かせない業務を行っているであれば専門性の探求は断念したか、彼らが想像していた専門性とは違いがありすぎたのではないかと考える。

次の設問として、過去に福祉・介護・医療分野で働いていたときの分野を見ると、「高齢者福祉関係」74.2％で次の「医療関係」10.9％をはるかに凌いでおり、介護福祉士が就労していた分野はほぼ高齢者福祉領域であることがわか

る。医療関係の就労についても療養型医療施設が大半であろうと推察するので、認知症ケアや医療的ケアの知識や技術の習得が不可欠であり、同時に負担感を増すことにも繋がるかもしれない。

次の設問として、過去働いていた職場を辞めた理由を見ると、「業務に関連する心身の不調（腰痛を含む）」27.1％と最も高いが、これを性別ごとに見ると、男性は「収入が少なかった」34.5％が最も高く、女性は「業務に関連する心身の不調（腰痛含む）」27.5％と分かれている。介護福祉現場の賃金が低く、夫の収入だけでは経済的な負担が増加して家庭生活に支障をきたすこともあるのだろうか、また妻の妊娠、育児の心身負担増によって男性が介護福祉士としての職業を離れてより高額な収入を得られる職場に異動している状況が考えられる。

今後は介護福祉教育と介護福祉実践の関係性と連携のさらなる強化が図られていく必要があると考えるが、現実問題として浮かび上がった低賃金低待遇の改善、心身疲労の蓄積する身体面へのケアがどのような形で実現していくのかが問われていくことになる。専門の教育機関である公益法人日本介護福祉士養成施設協会と職能団体である公益法人日本介護福祉士会の強力なタッグによる牽引力が不可欠であろう。

（２）介護福祉教育と介護福祉実践の課題と展望

介護福祉教育と介護福祉実践の関係性と連携の強化の必要を提起したが、そのために必要な課題や今後の展望について考える。ここでも就労状況調査結果をみてみることにする。[13]

設問として、福祉・介護・医療分野への復帰意欲を見ると、「条件があえば働きたい」46.6％で最も高いが、「福祉・介護・医療分野以外で働いている者」45.7％、「現在就労していない」47％で若干だが、就労していない者の方が高い割合となっている。待遇等の条件とも関係するのだろうが、就労していない者は前述の育児中の者等が考えられる。また、就労状況別でみても「是非働きたい」の割合は「現在就労していない者」10.1％、「福祉・介護・医療分野以外で働いている者」5.8％と就労していない者の割合が大きかったが、条件を加味せず是非働きたいとする者の割合が高いということは、介護福祉士としての就労に意欲を感じていると考えられるのではないか。

設問として、復帰意欲がある人で再就業する際に希望する支援策を見ると、

「就職を希望する職場の雰囲気の体験（見学や体験就業等）」52.9％、が最も高かったが、「介護や相談援助技術についての再研修」44.0％、「就職を希望する職場のケアや職場運営の考え方等についての説明」41.4％であったことから介護福祉士という専門職である自覚は持っているものの現実的には身体介護に従事するので再研修を望む意見や、これと関連して職場のケアのあり方や運営の考え方についての説明を得たいというのは専門職であるという自覚かつ介護福祉実践の重みを感じているということではないだろうか。

　介護福祉業界の人材不足は一般にも知られている。深刻な人材不足にあっても要介護高齢者への援助を先延ばしにすることはできない。それだけに過去、介護福祉士として就労していた者が復帰したいと思ったときに迅速な対応がなされることが必要である。待遇改善の問題は容易ではないかもしれないが、再研修やケア、運営の考え方を知りたいというニーズが増えれば介護福祉実践現場はもちろんのこと様々な介護機材や教育人材を揃える介護福祉教育つまり養成施設との連携協働の必要がある。養成施設修了者であるかないか等は問わない。ニーズがあればそれぞれが得意な分野を担当したり連携し合いながら最適な支援を行っていくのである。この連携協働こそ復帰意欲のある介護福祉士たちを円滑に現場へ向かわせることになると考える。

おわりに

　人材不足の要因の1つとして養成施設への入学希望者減少も考えられる。介護福祉士という職業に対する魅力が見えないことに他ならないのではないか。介護福祉士の魅力とはいったい何なのか、魅力の具現化が必要である。また低待遇低賃金ばかりが先行しているように感じることが多い。介護福祉士には、商品販売や製造業とは全く違い、要介護者への献身や慈愛が深いと感じる。それゆえに人権擁護等の人間教育や社会福祉援助技術等の習得は養成施設で実施可能ではないのか。

　介護福祉士の専門性として、ケアマネジメント能力、認知症ケアを含むコミュニケーション能力、医療的ケア、他職種連携協働、介護予防支援等が考えられるが、複雑多様化する介護ニーズに向き合うために必要なこれら専門知識と技術の習得とその結果としての利用者満足や安心安全は魅力とはなり得ないのか。

介護福祉士自身が作り上げていく誇り高き専門性、揺るがない専門性、介護援助を受けるなら国家資格の介護福祉士から援助されたいとする専門性、いずれも日々利用者サイドに立った共生に向けての意欲の歩みから介護福祉士の魅力は湧き出してくるのかもしれない。このことを実務経験により自学自習で国家試験を受験する者よりも養成施設在学中に養成教育によって見出せるヒントやアシストを行ってもらえるとすれば、介護福祉士養成施設としての魅力が高まり、介護福祉士の揺るぎない魅力の構築に繋がるのではないか。

注
1）厚生労働省 e-GOV「社会福祉士および介護福祉士法」(http://elaws.egov.go.jp/search/elawsSearch/elaws_search/lsg0500/detail?lawId=362AC0000000030_20170401&openerCode=1、2018年4月6日最終確認)。
2）社会福祉振興・試験センター受験資格（資格取得ルート）(http://www.sssc.or.jp/kaigo/shikaku/route.html、2018年4月5日最終確認)。
3）厚生労働省「『社会福祉士及び介護福祉士法』の一部を改正する法律」(http://www.mhlw.go.jp/topics/bukyoku/soumu/houritu/dl/166-13a.pdf、2018年4月5日最終確認)。
4）同上（2018年4月6日最終確認）。
5）厚生労働省 「社会福祉士及び介護福祉士養成課程における教育内容等の見直しについて」(http://www.mhlw.go.jp/stf/seisakunitsuite/bunya/hukushi_kaigo/seikatsuhogo/shakai-kaigo-yousei/index.html、2018年4月7日最終確認)。
6）厚生労働省　第2回社会保障審議会福祉部会福祉人材確保専門委員会　平成26年11月18日「介護福祉士養成教育の直面する課題」(http://www.mhlw.go.jp/file/05-Shingikai-12601000-Seisakutoukatsukan-Sanjikanshitsu_Shakaihoshoutantou/0000065767.pdf、2018年4月7日最終確認)。
7）厚生労働省　第13回社会保障審議会福祉部会福祉人材確保専門委員会　平成30年2月15日（http://www.mhlw.go.jp/stf/shingi2/0000194323_1.html、2018年4月6日最終確認)。
8）注3）と同じ（2018年4月7日最終確認）。
9）社会福祉振興・試験センター社会福祉士・介護福祉士就労状況調査結果（http://www.sssc.or.jp/touroku/results/pdf/h27/results_sk_h27.pdf、2018年4月8日最終確認)。
10）公益社団法人日本介護福祉士会「介護福祉士の専門性」(http://www.jaccw.or.jp/fukushishi/senmon.php、2018年4月6日最終確認)。

11) 注9）と同じ（2018年4月8日最終確認）。
12) 同上）。
13) 同上）。

第Ⅱ部　現代における教育の基本問題
——動向と課題——

第6章

「国民の教育権」説再論
―― 教師の教育の自由をめぐる憲法理論の再構築 ――

はじめに

(1) 問題の所在

　憲法学上、教育の自由とは多義的な用語である。明文規定のないこの教師の教育の自由が日本国憲法のどの条文を根拠に保障されるのかという点について、大学等の高等教育機関に関しては、それが第23条の学問の自由の規定から導かれるものであることに学説上争いはない。ここで問題となるのは小中高等学校等の初等中等教育機関の教師の教育の自由の法的根拠であり、学説は、小中高等学校等の教師の教育の自由も学問の自由の保障が及ぶものとして第23条を根拠に理論化するものの他、包括的人権保障規定である第13条を根拠としてその保障を提唱するものもあり、憲法理論の構築が一時期盛んに試みられたことがある。しかし、こうした学説の動向とは裏腹に、判例は、必ずしも教師の教育の自由の法的根拠について明確な判断を示してこなかったといわざるをえない。戦後の日本の教育法制においては、学習指導要領の告示化と併せ、学校教育法によって小中高等学校等の初等中等教育機関において教科書検定に合格した教科書使用義務が課され、教師がどこまで自由に教育することができるのかという論点は戦後の教育裁判で議論が積み重ねられてきた論点でもある。この論争は、教育内容を決定する権限を有するのは国家なのか国家以外（教師・親・子ども）の総体を意味する「国民」なのかが争われた国家教育権対「国民の教育権」論争としても注目され、最高裁判所は旭川学力テスト事件判決において国に教育内容の決定権限を認めつつ、教育方法等においては一定の教育の自由を教師にも認めるとする折衷説の立場を採り、これによって法的には一応の決着済みの論点として扱われることとなった。もっとも、そこでは、小中高等学校等の教師の教育の自由の法的根拠を明示しておらず、論点はなお積み残

されたままであったものの、この判決が教育権論争に一定の決着をつけたとみる多くの学説の動向からして、その法的根拠をめぐる論点は必ずしも理論の深化を見てこなかったといえるであろう。こうした背景には、「国民の教育権」という概念について、法的に対峙する関係に立ち得る様々な「国民」の立場を一体的に捉えているという法理上の難点や、「国民」といいつつも、事実上それは教師の教育の自由を意味する主張ではなかったかとの批判も相まって、「国民の教育権」理論は、その後の深化を見ることなく「停滞」の状況が指摘されるようになった。しかしながら、前述のような理論的脆弱性を抱えつつも、「国民の教育権」理論は、国家の公教育の運営に一定の歯止めをかける抑制の理論として、今日なお一定の役割を担い得る理論であるように思われる。憲法学者の樋口陽一は、フランスにおける「教育の自由」の語られ方に対し、日本におけるそれが「国家からの自由」として語られている異同を指摘しつつ、戦後の過渡期の理論として「国民の教育権」理論が果たした役割について言及している。果たして教師はどこまで自由に教育することができるのか。本章では、戦後の教育裁判において論じられてきた「国民の教育権」理論を再検討することにより、その憲法理論の再構築につき若干の考察を試みたい。

(2) 本章の構成

本章の論点は、教師の教育の自由に関する憲法理論の再検討である。その仮説として、本章では「国民の教育権」理論同様、教師の教育の自由が、国の教育権限への抑制作用として保障されるものであるとする仮説を立てる。それは、子どもの教育を受ける機会を保障する観点から国の教育内容決定権を一定程度肯定しつつも、他方で、公教育の政治的・宗教的中立性を維持するため、教師の教育の自由を保障する必要があるとの立論である。そうした理論を構築するため、教師の教育の自由がいかなる根拠に基づいて保障されるのかを検討する。前述のように、元来、教師の教育の自由をめぐる憲法上の根拠については、憲法第23条単独、あるいは第13条や第26条と併せ複合的に保障されるとする学説が通説であった。しかし近年、教師の教育の自由の法的根拠が複雑であるがゆえに君が代伴奏訴訟等の教育裁判の法的解決を迂遠にしているとの批判もなされるようになり、教師の教育の自由の法的根拠の不安定さが指摘されている。この点、本章では、教師の教育の自由が公教育の中立性の要請の下、その法的根拠を第26条にのみ求めるとする論法を採る。「国民の教育権」理論に

対し今日指摘されている理論的脆弱性とは何かをふまえつつ、近年再評価されている「国民の教育権」理論の果たした歴史的役割を再考することにより、その理論的枠組みに基づいて、教師の教育の自由が公教育の中立性の要請から導かれることの論証を試みる。

第1節　教育権論争と「国民の教育権」理論の登場

(1) 教育権論争の端緒

　1947年に施行された日本国憲法と教育基本法は、国民の教育を受ける権利を保障した。それは、大日本帝国憲法の下で臣民の育成の基本方針を教育勅語に掲げた戦前との隔絶を意味するものでもあった。しかし、1954年に義務教育諸学校における教育の政治的中立の確保に関する臨時措置法が成立し教員の政治活動が制限されると、1956年には地方教育行政の組織及び運営に関する法律が施行され、公選教育委員会制度が任命制へと移行した。また、同年に文部省（当時）設置法施行規則の一部が改正され教科書検定制度が整備されるとともに、学習指導要領の告示化や道徳の時間が新設される（1958年）など、国による教育の統制の動きが強まることとなる。こうした動きに対し、親の権利としての教育内容決定権の概念を提起したのが宗像誠也だった。教育学者の宗像は、権力は教育内容に立ち入るべきではなく、教育内容は「真理の代弁者」である教師が決めるべきもので、小中高等学校等の初等中等教育機関の教師にも教授の自由が認められるべきであるとし、内外事項区分論に基づき、国家権力が公教育の内的事項に干渉することは排除されるべきとした。「国民の教育権」理論は、この宗像の問題提起に理論の礎が築かれることとなる。[8]

(2) 「国民の教育権」理論の展開

　こうした宗像の「国民の教育権」理論は、文部省（当時）が実施する教科書検定の合憲性が争われた家永教科書訴訟における理論的支柱として展開した。杉本判決と呼ばれる第2次家永教科書検定訴訟における東京地裁判決（東京地判昭和45年7月17日）では、近代公教育制度の起源を親義務の共同化及び私事の組織化と位置づけ、教科書検定が教育基本法（旧法）第10条の禁ずる不当な支配に該当し、憲法が禁じている検閲にあたるものとして教科書検定の不合格処分の取り消しが命じられた。この判決の法理は、「国民の教育権」理論の立場

第6章 「国民の教育権」説再論　57

から提示された近代公教育法制の理解に基づくものであり、その理論をほぼ全面的に採用したものであったといえる。こうした「国民の教育権」理論の展開を支えたのが教育学者の堀尾輝久であった。堀尾は、親の教育権を本質とする親義務の共同化として公教育を位置づけ、それを受託する者が教師であるとする近代公教育法制の概念を提示し、上記の判決に大きな影響を与えた。また、教師の教育の自由の根拠を憲法第23条に求め、教育の本質、教師の専門職性そのものが教授の自由と研究の自由を要請しているとする見解を示した。こうした堀尾の立場は、同じく「国民の教育権」理論を支えた兼子仁とも共通するものだった。公法学者である兼子は、「人間教師の人権として教育権・教育の自由が保障されなければならない」とし、やはり憲法第23条を根拠として教師の教育の自由が保障されるとの見解を示した。これに対して、「国民の教育権」理論を主権者教育権の立場から支えたのが永井憲一であった。公法学者である永井は、憲法において生存権の次に規定された教育を受ける権利は、前条の具体的な手段として国民に保障されたものであり、自立して生活する基礎能力を保障するための権利として教育を受ける権利を位置づけ、その社会権的性格を強調した。そして、教師の教育の自由の法的根拠を憲法第23条に加え第26条にも求め、むしろ後者を強調する理論を提示したのであった。この理論は、教育を受ける権利は、文化的生存のために必要な教育として「個々の国民が自覚された政治主体（主権者国民）として判断し行動しうる能力をもつためのもの」でなければならないとする主権者教育権説（教育内容要求権説）として説明されることとなる[9]。こうした経緯の下、教師の教育の自由に関する学説は、第23条を基軸としつつ、次第に第26条との関係をも認める複合的な性格を有する権利として位置づけられるようになったのである[10]。

第2節　国民の教育権説への批判と旭川学力テスト事件最高裁判決

（1）国家教育権説との教育権論争

こうした「国民の教育権」理論が展開する中で、第1次家永教科書検定訴訟における東京地裁判決（東京地判昭和49年7月16日）が下された（高津判決）。この判決では上記の第2次訴訟第1審判決（杉本判決）とは異なり、議会制民主主義の下での多数意思である国家の教育内容決定権限を肯定する国家教育権説が採用され、教科書検定は検閲に該当しないとする判断が下された。その論拠

は、親の教育権に由来する公教育は国民全体に責任を負う国家が付託を受けるものとされ、教育の自由を認めることにより、教師の主観的な真理や思想の押し付けが児童生徒になされることは許されないとして教師の教育の自由が否定されたのであった。公法学者の伊藤公一（いとうきみかず）が「国民の教育権」理論について「国家を警戒し危険視するあまりに公教育の教育内容決定について国家の法的関与を全面的に否定するのは行き過ぎ」であると批判するように[11]、双方の説が互いの対抗理論として角逐した結果、戦後の日本の教育裁判の中で、長く激しい論争を巻き起こすこととなったのである。

（2）旭川学力テスト事件判決

長らく続いた教育権論争を経て、1976年に先述の旭川学力テスト事件判決が下された。最高裁判所は、国家教育権や「国民の教育権」といった「2つの見解はいずれも極端かつ一方的であり、そのいずれをも全面的に採用することはできない」とし、まず、憲法第26条の教育を受ける権利の規定の背後には「みずから学習することのできない子どもは、その学習要求を充足するための教育を自己に施すことを大人一般に対して要求する権利を有するとの観念が存在していると考えられる」として学習権の概念を読み込んだ。そして、教育を受ける権利の保障のうち、とりわけ、機会均等を保障する観点から教育内容決定権を国家に認めつつ、教育方法等に関しては初等中等教育機関の教師にも一定の教育の自由を認めるとする折衷説の立場を表明したのである。もとより、先述のように、ここでは教師の教育の自由に関する法的根拠は明示されておらず、またその領域も不明確であったため、論争の火種は依然残されたままであったものの、学界においてはこの判決が教育権論争に一定の決着がつけたものとみなされ、以降、「国民の教育権」理論も膠着化し、教師の教育の自由に関する理論も次第に停滞することとなる。

（3）「国民の教育権」説に対する樋口陽一の分析

この最高裁判所の旭川学力テスト事件判決をふまえ、憲法学者の樋口陽一は、子どもが自由かつ独立の人格として成長することを妨げるような国家的介入が憲法第26条及び第13条違反になるものと指摘している[12]。樋口の分析は、日本国憲法の下での公教育像を「自由かつ独立の人格の形成」を目的とするものと捉え、この公教育像の実現を妨げるような国家の教育への介入を憲法違反と

見立てるものである。そして、この観点から、戦後の日本で展開した「国民の教育権」理論は「選挙民を背景とする国家意思による公教育がその掲げる理念から逸脱しているとして、あるべき『国家的介入』を充填しようとするもの」であったと評する。すなわち、前述のように、「国民の教育権」理論が、主にフランスとの比較において、教師の教育の自由として主張されてきたという異同を指摘しつつ、それは国家からの「自由」を要求していたというよりは、日本国憲法の掲げるあるべき教育内容を充填する権利を問題としてきたものと見立て、「国民の教育権」理論における教師の教育の自由は、こうした公教育像の実現に資するために主張されたものであると評するのである。樋口の見立ては、教師の教育の自由を、あるべき教育内容を要求する権利として捉えるという点において、永井の主権者教育権説（教育内容要求権説）と親和性を有するように思われる。また、このように捉えるならば、教師の教育の自由の法的根拠はむしろ第26条にのみ求め、立論することも可能となろう。

第3節　教師の教育の自由の再定位

（1）フランスにおける「教育の自由」

「国民の教育権」理論をふまえ、憲法第26条のみを根拠として教師の教育の自由の法理論をどのように構築することが可能であろうか。この点に関しては、1970年代にフランスとの比較を通じて「教育の自由」の意義を説いた憲法学者の中村睦男の整理が重要であろう。中村は、フランスにおける教育の自由の要素として、私教育（私学教育）の自由（＝国家からの自由）と公教育における自由という双方の側面があることを示したうえで、後者には教師の教育の自由が含まれることを指摘した。これは、フランスの行政法の概念である公役務（service public）の中立性（neutralité）の原則から導かれるものであり、公役務である公教育には政治的・宗教的な中立性が求められ、それを担保する観点から教師の教育の自由が保障されるとする立論である。中村は、この意味での教育の自由を「政治権力に対する教師の独立および生徒の思想信条の自由を尊重するための教育の中立性および非宗教性の原則を内容と」するものとして説明し、公教育の政治的・宗教的中立性の要請から教師の教育の自由が導かれるとした。また、そもそも「教育の自由」とは、「親の家庭教育の自由および学校（教育）選択の自由、教師の教育の自由、子どもの学習の自由、国民の教科書執

筆および出版の自由、国民の私立学校開設の自由、私立学校の教育の自由など」の異なった内容を包含するものであり、これらの教育の自由が「国家の具体的教育内容への介入を排斥するという点において共通の性格を有している」とも評している。こうしたフランスにおける「教育の自由」の概念の整理は、日本国憲法の下で公教育像とそれを実現する法体系を画定し、その実現を妨げる国家介入を憲法違反とする樋口の理解と共通するもののように見受けられる。

（2）教師の「教育の自由」に関する憲法理論

かくして、フランスの公役務の中立性の原則から導かれる教師の教育の自由の理論をふまえ、日本の教師の教育の自由に関する憲法理論として以下のような立論が想定されよう。まず第1に、公役務として要請されるフランスの公教育の中立性の原則は、（日本国憲法の下で想定される）公教育の実現を妨げる国家の介入を排除する原則として読み替えることができる。つまり、フランスにおいて教師の教育の自由が認められるのは、公教育の政治的・宗教的中立性を担保するためであり、こうした国家の教育権能に対する抑制の理論として教師の教育の自由の保障を求めることができるはずである。さらに、第2には、そうした理解に基づくならば、教師の教育の自由の憲法上の根拠は第26条によるものと理解されるべきである。最高裁の旭川学力テスト事件判決が示すとおり、小中高等学校等の初等中等教育機関においては、児童生徒の発達状況とそれに呼応する批判能力の熟達さの観点から第23条を根拠として教師の教育の自由が保障されるとする論法は、初等中等教育機関において子どもの教育を受ける権利をひとしく保障する観点からの論難を伴う。また、これまで教師の教育の自由の憲法上の根拠を複合的なものとして捉えてきた結果、教師の教育の自由の法的論拠があいまいかつ不安定なものとなり、教育裁判の法的解決を迂遠にしてきたとの批判も、一面では当を得た指摘であろう。であるならば、日本国憲法の掲げる公教育像の実現を妨げる権力的介入への抑制作用として機能するためには、公教育に求められる政治的・宗教的中立性の要請から教師の教育の自由が保障されるものと理解されるべきであり、そう解する以上、その法的根拠は第26条にのみ求められるものと解することが妥当である。

(3)「国民の教育権」理論についての再評価

　戦後の教育権論争の過程で生成した「国民の教育権」理論は、教育内容決定権の所在について最高裁が示した折衷説によって、以後、その理論的脆弱性への批判だけが際立つようになった。しかし、樋口が指摘するように、その理論は、教育を受ける権利を保障した日本国憲法、教育基本法の理念から乖離して行く戦後の教育行政に対する抑制の理論として一定の役割を果たしてきたこともまた否定することのできない事実である。教師・親権者・子ども等の「国民」の側に教育内容決定権があるとした「国民の教育権」理論の主張は、あくまで国家教育権理論への対抗理論として打ち出されたものであり、その主張には克服すべき点があるとしても、樋口が見立てるように、日本国憲法の下で描かれる公教育像の実現に背く権力的介入を抑止する理論として果たした役割を再評価することに躊躇する必要はない。仮にそう理解するならば、公教育の政治的・宗教的中立性を確保し、教育に関する国家の意思決定に一定の歯止めをかける観点から、教師の教育の自由が保障されるものと解することも可能となろう。

おわりに

　フランスにおける教師の教育の自由と日本のそれとを対比するとき、文部科学省が告示する学習指導要領に基づいて教育を行い、教科書検定制度に合格した教科書を使用する義務を課されている日本の教師の裁量は、現状、遥かに狭量といえる。しかし、先述のようにフランスにおいて教師の教育の自由が保障されるのは、公役務の中立性の原則から、公教育の政治的・宗教的中立性を担保する目的を有する法の理念に鑑みれば、日本においても同様の論理によって教師の教育の自由の法的根拠を見出すことは可能であるように思われる。公教育の政治的・宗教的中立性を確保し、日本国憲法の下で描かれる公教育像の実現に沿うよう教育行政に一定の歯止めをかける観点から教師の教育の自由が保障されると理解することが可能となろう。教師の教育の自由は、あくまで子どもの教育を受ける権利を保障するために必要な公教育上の法理であり、もとより、教育の自由を有する教師自らがその使命を深く自覚することが求められることはいうまでもない。

付　記　本章は平成29-31年度科研費助成事業（学術研究助成基金助成金）基盤研究（C）（JSPS KAKENHI 17K04830）による研究成果の一部である。なお、本章においてはすべて敬称を省略した。

注
1 ）野中俊彦・中村睦男・高橋和之・高見勝利『憲法Ⅰ（第 5 版）』有斐閣、2012年、340-346頁。児童生徒の批判能力の欠如や教育を機会均等の要請から初等中等教育機関における教育の自由について学問の自由の保障規定から導くことはできないとする学説に対し、中村睦男は「学問の自由という場合の学問の内容」には「児童生徒の発達段階に対する科学的認識と経験に基づく教育学の学問的実践である教育を含む」ことを理由に批判する（同345頁）。
2 ）学説においては、第13条を根拠とする説（佐藤幸治『憲法〈第 3 版〉』青林書院、1995年、626頁）、第23条を根拠とする説（兼子仁『教育法〈新版〉』有斐閣、1978年、203頁）、第26条を根拠とする説（永井憲一『憲法と教育基本権〈新版〉』勁草書房、1985年、64頁）に大別される。この点、荒井誠一郎『教育の自由』日本評論社、1993年、228-250頁参照。
3 ）こうした経緯については、内野正幸『教育の権利と自由』有斐閣、1994年、99-130頁、成嶋隆「国家の教育権と国民の教育権」『ジュリスト』第1089号、230-236頁、大西斎「教育権論争の回顧と近時の動向——新国民の教育権説の検討を踏まえて——」『九州法学会会報』2008年、48-53頁等参照。
4 ）こうした指摘として、戸波江二「国民教育権論の現況と展望」『日本教育法学会年報第』30号、2001年、36-45頁、西原博史「愛国主義教育体制における『教師の自由』と教育内容の中立性」『日本教育法学会年報第』32号、2003年、105-114頁等がある。
5 ）樋口陽一『憲法という名の作為「人」と「市民」の連関と緊張』岩波書店、2009年、86-99頁。
6 ）君塚正臣「社会権としての『教育を受ける権利』の再検討——その過拡大再考の提言——」『横浜国際社会科学研究』第15巻第 5 号、 1 -26頁。
7 ）この点以下の文部科学省の URL を参照（http://www.mext.go.jp/b_menu/hakusho/html/others/detail/1317858.htm、2018年 4 月17日最終確認）。
8 ）宗像誠也『教育と教育政策』岩波書店、1961年。
9 ）中村睦男・永井憲一『生存権・教育権』法律文化社、1989年、182-183、282-286頁参照。
10）同上書、286頁。
11）伊藤公一『教育法の研究』法律文化社、1981年、53頁。

12) 樋口陽一『五訂 憲法入門』勁草書房、2013年、92-94頁。
13) 注5)に同じ、87-88頁。
14) 中村睦男『社会権の解釈(オンデマンド版)』有斐閣、2013年、157-163頁。
15) 公立学校においてイスラム教徒の宗教的標章であるスカーフの着用を認めるか否かが争われたイスラム・スカーフ事件において、フランスの行政最高裁判所であるコンセイユ・デタ(Conseil d'État)は、1992年11月2日の判決において、「公役務である公教育にはそれを利用する児童・生徒の良心の自由を保障するため、教育課程の中立性と、公務員である教師の中立性の義務によって公役務全体の中立性が実現されるべき」であるとの判断を示している。

第7章

学校教育における宗教教育のあり方に対する視点
——宗教教育の史的考察をふまえて——

はじめに

　信教の自由は、日本において変則的な歴史を負ってきている。その影響を受けて、学校における宗教教育も変則的な歴史を辿ってきている。
　本章では、日本の学校における宗教教育がいかなる位置と扱いとを受けてきたかを歴史的に素描し、その現代における正しいあり方についての視点を提案することを目的とする。

第1節　明治憲法と「信教ノ自由」

(1) 明治憲法と「信教ノ自由」
　1889年制定の大日本帝国憲法 (以下、明治憲法) は、一応、臣民の「信教ノ自由」を保障していた。

　　　第28条　日本臣民ハ安寧秩序ヲ妨ケス及臣民タルノ義務ニ背カサル限ニ
　　　　　　　於テ信教ノ自由ヲ有ス

　一応と言ったのは、「信教ノ自由」は、他の自由権と異なり、法律の留保を伴わず、その限界は「安寧秩序ヲ妨ケス及臣民タルノ義務ニ背カサル限ニ於テ」という基準付きの自由に過ぎなかったからである。したがって、当局による命令によっていつでも「信教ノ自由」を制限することが許されると解釈された。制限された「信教ノ自由」の下では、学校教育における宗教教育も制限され抑圧されざるを得なかった。
　一方、神社は「宗教にあらず」とされ、神社神道 (国家神道) は国教 (国から特権を受ける宗教) として扱われ優遇された。神社に与えられた国教的地位とそ

の教義は、やがて国家主義や軍国主義の精神的な支柱となった。

(2)「教育勅語」と「信教ノ自由」

1890年に渙発された「教育ニ関スル勅語」(教育勅語)は、儒教主義的国民道徳を確定したものであった。

その内容は、まず日本の教育の淵源が天皇の徳化と臣民の忠孝を基礎とする国体にあると言い、次に臣民の遵守すべき14の徳目を列挙し、最後にこれらの徳目の普遍性を強調していた。しかし教育勅語の至高目的は、「一旦緩急アレハ義勇公ニ奉シ以テ天壌無窮ノ皇運ヲ扶翼スヘシ」というところにあり、臣民が天皇と天皇制国家にその命を奉げるというものであった。

教育勅語の特色は、すべて臣民の一切の行動や心情の規準とされたということである。このことは、教育勅語は単なる道徳律ではなくて、政務詔勅という国家の法規であったからである。これは、政治上の最高権力としての天皇が、同時に道徳生活の基準を与えるもの、道徳立法者として現れるということであった。[1]

しかし、国民道徳の基準を法的に決定することは、「君主ハ臣民ノ心ノ自由ニ干渉セス」とする立憲政治の建前に抵触するものであることは勿論のこと、およそ近代の教育原則をも否定するものであった。

教育勅語は、その後久しく戦前日本の教育指針となった。教育勅語はとりわけ修身教育において著しい影響を及ぼし、修身教科書はほとんどその徳目に準拠したものとなった。

第2節　宗教と教育の分離

(1) 宗教と教育の分離の訓令

わが国で官公立学校等における宗教と教育の分離について示されたのが、1899 (明治32) 年8月3日の文部省訓令第12号「一般ノ教育ヲシテ宗教外ニ特立セシムルノ件」[2] (いわゆる宗教教育禁止令) であった。同訓令は私立学校令を公布した同じ日に出されたもので、官公立学校等における宗教教育の禁止のみならず、私立学校における宗教教育をも禁止することを目的とするものであった。

一般ノ教育ヲシテ宗教ノ外ニ特立セシムルハ学政上最必要トス依テ官立公立学校及学科課程ニ関シ法令ノ規定アル学校ニ於テハ課程外タリトモ宗教上ノ教育ヲ施シ又ハ宗教上ノ儀式ヲ行フコトヲ許ササルヘシ

　訓令のいう学校には、当時、小学校、中学校、高等女学校が該当した。しかも、この学校段階に相当する私立学校もこの学校の中に含まれるものと解され、この訓令に従わなければならなかった。このため、もし各学校で宗教教育を行おうとするならば、私立の各種学校とならなければならなかった。
　加えて訓令では「課程外タリトモ」とあることから、正規の学科課程の枠外の活動も含めて、学校内でのすべての「宗教上ノ教育」や「宗教上ノ儀式」を禁止するというものであった。
　一方、国家神道は祭祀であり、宗教ではないというのが政府の見解であったので、国家神道、教育勅語の精神に則った修身教育、教育勅語奉読儀式は、宗教教育禁止の対象とはされなかった。要するに文部省は、宗教ではない（と位置づけた）国家神道による学校教育を強行する一方、政府（文部省）にとって無用であるか、ときには有害ですらある宗教教育を学校から締め出したのであった。[3]

（2）「宗教的情操ノ涵養」の通牒

　1920年代後半から1930年代にかけて、日本の教育政策は急速に軍国主義的・超国家主義的性格を濃くしていった。これらの動きの中で、軍部が学問研究や教育施策の世界に露骨に介入し始めた。その1つとして、軍部や一部の宗教団体等が国家神道に基づいた「国体明徴」や「教育刷新」を要求し、学校教育を通して「宗教的情操ノ涵養」を図るべきであると言い出した。
　そこで文部省は、1935（昭和10）年11月28日、「学校ニ於ケル宗教的情操ノ涵養ニ関スル件」[4]（文部次官通牒発普160号）を地方長官宛てに発した。

明治三十二年文部省訓令第十二号ハ当該学校ニ於テ特定ノ教派宗派教会等ノ教義ヲ教ヘ又ハ儀式ヲ行フヲ禁止スルノ趣旨ニ有之宗教的情操ヲ涵養シ以テ人格ノ陶冶ニ資スルハ固ヨリ之ヲ妨グルモノニアラズ然ルニ従来之ガ運用ニ関シ往々其ノ適正ヲ欠キ為ニ教育上遺憾ノ点無シトセザルヲ以テ今般此等学校ニ於ケル宗教的情操ノ涵養ニ関シ留意スベキ要項ヲ左ノ通定メタリ依テ学校当事者ニ対シ篤ト其ノ趣旨ヲ示達シ以テ遺憾無キヲ期セラ

第7章　学校教育における宗教教育のあり方に対する視点　67

レ度此段依命通牒ス

　通牒の内容は、文部省訓令第12号は「当該学校ニ於テ特定ノ教派宗派教会等ノ教義ヲ教ヘ又ハ儀式ヲ行フヲ禁止」しているが、「宗教的情操ヲ涵養シ以テ人格ノ陶冶ニ資スルハ固ヨリ之ヲ妨グルモノ」ではない、しかし、これまでは同訓令の運用の適正を欠き、教育上「遺憾ノ点」があった、そこで「学校ニ於ケル宗教的情操ノ涵養ニ関シ留意スベキ要項」を以下に示すので、「学校当事者」は「其ノ趣旨」を「遺憾」なきように実行されたい、というものであった。

（3）「宗教的情操ノ涵養」に関する要項

その「宗教的情操ノ涵養ニ関シ留意スベキ要項」とは、以下の通りである。[5]

一、宗派的教育ハ家庭ニ於ケル宗教上ノ進行ニ基キテ自然ノ間ニ行ハルト共ニ宗教団体ノ活動ニヨル教化ニ俟ツモノニシテ学校教育ハ一切ノ教派宗派教会等ニ対シテ中立不偏ノ態度ヲ保持スベキモノトス

二、学校ニ於テハ家庭及社会ニ於ケル宗派的教育ニ対シ左ノ態度ヲ保持スベキモノトス

　1、家庭及社会ニ於テ養成セラレタル宗教心ヲ損フコトナク生徒ノ内心ヨリ発現スル宗教的欲求ニ留意シ苟モ之ヲ軽視シ又ハ侮蔑スルガ如キコトナカランヲ要ス

　2、正シキ信仰ハ之ヲ尊重スルト共ニ苟モ公序良俗ヲ害フガ如キ迷信ハ之ヲ打破スルニ力ムベシ

三、学校ニ於テ宗教的教育ヲ施スコトハ絶対ニ之ヲ許サザルモ人格ノ陶冶ニ資スル為学校教育ヲ通ジテ宗教的情操ノ涵養ヲ図ルハ極メテ必要ナリ但シ学校教育ハ固ヨリ教育勅語ヲ中心トシテ行ハルベキモノナルガ故ニ之ト矛盾スルガ如キ内容及方法ヲ以テ宗教的情操ヲ涵養スルガ如キコトアルベカラズ

　宗教的情操ノ涵養ニ関シ学校教育上特ニ留意スベキ事項大凡左ノ如シ

　1、修身、公民科ノ教授ニ於テハ一層宗教的方面ニ留意スベシ

　2、哲学ノ教授ニ於テハ一層宗教ニ関スル理解ヲ深メ宗教的情操ノ涵養ニ意ヲ用フベシ

　3、国史ニ於テハ宗教ノ国民文化ニ及ボシタル影響、偉人ノ受ケタル宗

教的感化、偉大ナル宗教家ノ伝記等ノ取扱ニ留意スベシ
4、其他ノ教科ニ於テモ其ノ教材ノ性質ニ応ジ適宜宗教的方面ニ注意スベシ
5、宗教ニ関スル適当ナル参考図書ヲ備ヘ生徒ノ修養ニ資セシムルモ亦一方法タルベシ
6、追弔会、理科祭、遠足、旅行等ニ際シテハ之ヲ利用シテ宗教的情操ノ涵養ニ資スベシ
7、授業ニ差支無キ限リ適当ノ機会ニ於テ高徳ナル宗教家等ノ修養談ヲ聴カシムルモ亦一方法タルベシ
8、校内又ハ校外ニ於ケル教員及生徒ノ宗教ニ関スル研究又ハ修養ノ機関ニ対シ適当ナル指導ヲ加ヘ寛容ノ態度ヲ保持セシムベシ
9、以上各項ノ実施ニ際シテハ一宗一派ニ偏セザル様特ニ注意スベシ

（4）「宗教的情操ノ涵養」に関する要項の内容と疑問点

この「要項」の内容について筆者なりに解説し、その疑問点を指摘してみる。

「一」は、宗派的教育と学校教育とについて述べている。ここでは、宗派的教育は家庭と宗教団体の活動に任せるが、学校教育は一切の宗派教会等に対しては「中立不偏ノ態度」を保持すべきであるというのである。

疑問点は、国家神道である神社神道や教育勅語に基づく宗教的儀式が、宗教でないとして学校教育の中で堂々と行われている事実を不問にしていること、また、誰が何を基準にして「中立不偏ノ態度」であると判断するのかが問われていない、ということである。

「二」は、学校が家庭や社会における宗派的教育に対して保持すべき態度を述べている。

1つは、学校は、家庭社会において養成された生徒の宗教心を損なうことなく、生徒の内心より発現する宗教的欲求に留意し、それを軽視したり侮蔑をしたりすることがないようにすることが必要であるという。

疑問点は、学校がそもそも「生徒ノ宗教心」や「生徒ノ内心ヨリ発現スル宗教的欲求」に関わったり、介入したりすること自体が許されないのではないか、ということである。

2つは、正しい信仰は尊重するとともに、「公序良俗」を害するような「迷信」については打破するように努めるべきであるという。

疑問点の1つは、何が「正しい信仰」であるのか、また、何が「公序良俗」を害するような「迷信」であるのか、ということである。疑問点の2つは、それを判断する者は誰であるのかということである。「学校ニ於テハ」は場所であって主語ではないとすれば、この場合、主語は国家権力（政府・文部省）であろう。国家権力が判断者であるというのは、「臣民」の「信教ノ自由」を侵すことになるのではないか、ということである。

「三」の前半では、まず、「学校ニ於テ宗教的教育ヲ施スコトハ絶対ニ之ヲ許サザルモ」のであるが、「人格ノ陶冶ニ資スル為学校教育ヲ通ジテ宗教的情操ノ涵養ヲ図ルハ極メテ必要」であるという。

疑問点の1つは、この箇所では、明治32年の訓令第12号の再確認に加えて、さらに宗教教育に「宗教的情操ノ涵養」という機能を追加しているが、これでは宗教教育が個人の内心の自由の領域にまで介入することになるのではないかということである。

疑問点の2つは、「人格ノ陶冶ニ資スル為」に「学校教育ヲ通ジテ宗教的情操ノ涵養ヲ図ル」ことは「極メテ必要」であるというが、「人格ノ陶冶」の内容や「極メテ必要」であることの理由が説明されていないということである。

「三」の「但シ」以降については、1つは、「教育勅語ヲ中心トシテ行ハ」れる学校教育において、生徒の「宗教的情操ヲ涵養」することができるのか、2つは、その「宗教的情操」とはどういう内容であるかという疑問がある。

それは、教える内容や方法が限定された下での「宗教的情操ノ涵養」となり、国家神道教義を押し付けることに他ならないのではないかということである。

つまり、文部次官通牒160号の「宗教的情操ノ涵養」に関する要項は、学校教育のすべての分野、すなわち教科、学校行事、学校内外における教員生徒の修養等を通して、国家神道教義である教育勅語の精神を児童・生徒たちに教え込もうとしたと言えよう。

以上、戦前の学校教育における宗教教育は、1899年の文部省訓令第12号「一般ノ教育ヲシテ宗教外ニ特立セシムルノ件」と1935年の文部次官通牒160号「宗教的情操ノ涵養ニ関スル件」との下に進められてきたのであるが、その教育は、宗教教育という名の教化であり、児童・生徒の内心・価値観にまで介入

第3節　日本国憲法と「信教の自由」

(1) 敗戦と「国体護持」と「宗教的情操ノ涵養」

　太平洋戦争の敗戦が決定的になっても、日本政府が降伏の条件としたのが「国体護持」であったが、無条件降伏を受諾した日（1945年8月15日）に文部省が出した文部省訓令第5号「終戦ニ関スル件」も国体護持を謳っていた。

　8月30日から米軍による日本統治が始まったが、9月15日に文部省が発した「新日本建設ノ教育方針」も、相変わらず「今後ノ教育ハ益々国体ノ護持ニ努ムルト共ニ軍国的思想及施策ヲ払拭シ平和国家ノ建設ヲ目途」（傍点筆者）とするというものであった。

　この「教育方針」は全11項目の新方針を示しており、「九　宗教」は次の通りであった。

> 国民ノ宗教的情操ヲ涵養シ敬虔ナル信仰心ヲ啓培シ神仏ヲ崇メ独リヲ慎ムノ精神ヲ体得セシメテ道義新日本ノ建設ニ資スルト共ニ宗教ニ依ル国際的親善ヲ促進シテ世界ノ平和ニ寄与セシメンガ為メ各教宗派教団ヲシテ夫々其ノ特色ヲ活カシツツ互ニ連絡提携シテ我国宗教ノ真面目ヲ一段ト発揮セシムルヤウ努メテキル、尚近ク管長教団統理者協議会及宗務長会議ヲ開催シ其ノ趣旨ヲ図ルコトトシタ

　ここには、「宗教的情操ヲ涵養」して国民の宗教心を誤った道（軍国主義と極端な国家主義の道）へ導いたことに対する何の反省もない。むしろ「国体ノ護持」に努めながら「国際的親善ヲ促進シテ世界ノ平和ニ寄与」するために「各教宗派教団」の特色を活かすという無反省なものであった。

(2) GHQの指令による「信仰の自由」と「国家と宗教の分離」

　日本の態度にとどめを刺したのが、米国政府の「降伏後ニ於ケル米国ノ所期ノ対日方針」（9月22日）であった。同方針は、「個人ノ自由及民主主義過程ヘノ冀求ノ奨励」として「宗教的信仰ノ自由ハ占領ト共ニ宣言セラルベシ同時ニ日本人ニ対シ超国家主義的及軍国主義的組織及運動ハ宗教ノ外被ノ陰ニ隠ルルヲ得ザル旨明示セラルベシ」と示した。

米国政府のこの方針に対して、日本政府は「学校ニ於ケル宗教教育ノ取扱方改正要領」(昭和20年10月12日、閣議決定)を出し、明治32年の文部省訓令第12号は生きているけれども、今後は「私人ノ設立シタル学校ニ於テハ課程外ニ於テ」宗教教育を実施することができる旨の改正内容を示した。

さらに、この閣議決定を承けて出された「私立学校ニ於ケル宗教教育ノ取扱方改正に関する件」(昭和20年10月15日文部省訓令第8号)と「学校ニ於ケル宗教教育ノ取扱方改正に関する件」(昭和20年10月15日発国第210号)により、私立学校は宗教教育を実施することができるようになった。

宗教については、1945(昭和20)年12月15日の国家と宗教の分離に関する指令(総司令部渉外局発表)が示される。これが「国家神道、神社神道ニ対スル政府ノ保証、支援、保全、監督並ニ弘布ノ禁止ニ関スル件」であった。

この指令により、「神道ノ教義、慣例、祭式、儀式或ハ礼式ニ於テ軍国主義的乃至過激ナル国家主義的『イデオロギー』ノ如何ナル宣伝、弘布モ之ヲ禁止スル」ことが示された。

また、1945年10月4日に連合国軍最高司令官により発せられた基本的指令「政治的、社会的並ニ宗教的自由束縛ノ解放」によって、「日本国民ハ完全ナル宗教的自由ヲ保証」されるようになったが、それに伴って、「宗派神道ハ他ノ宗教ト同様ナル保護ヲ享受スルモノデアル」こと、「神社神道ハ国家カラ分離セラレ、…(中略)…一宗教トシテ認メラレル」とした。

宗教的自由が認められる社会では、宗派神道(神社神道)の信仰の自由も認められるということである。

(3) 憲法第20条の「信教の自由」と「国家と宗教の分離」

1946年11月3日に公布された日本国憲法(以下、憲法)は、国民主権・平和主義・基本的人権尊重主義を三大基本原理とするもので、それは明治憲法の基本原理の全面的批判と否定の上に確立された民主主義の原理であった。

> 第20条 信教の自由は、何人に対してもこれを保障する。いかなる宗教団体も、国から特権を受け、又は政治上の権力を行使してはならない。
> 2 何人も、宗教上の行為、祝典、儀式又は行事に参加することを強制されない。

3　国及びその機関は、宗教教育その他いかなる宗教的活動もしてはならない。

　この規定は、すべて国民に対して「信教の自由」を保障するとともに、同憲法第89条の規定（公金その他の公の財産は、宗教上の組織若しくは団体の使用、便益若しくは維持のため、又は公の支配に属しない慈善、教育若しくは博愛の事業に対し、これを支出し、又はその利用に供してはならない）と相まって、政教分離の原則を貫いているところに特徴がある。

　国家と宗教の分離の原則は、普通は政教分離の原則と呼ばれ、伝統的な人権としての信教の自由と密接不可分の関係にある。国家が宗教に対してどのような態度をとるかは、国により時代により異なるが、日本の憲法における政教分離原則は国家と宗教との間を厳格に分離するように定めている。[15]

（4）教育基本法と宗教教育規定

　信教の自由を保障しつつ、宗教教育を行うことは、教育上も必要且つ重要なことと考えられている。そのため、教育基本法も、宗教教育について一条を有している。

　ただし、教育基本法には2つの教育基本法がある。1つは、憲法の制定と同時期に制定された教育基本法（1947年3月31日制定）である。もう1つは、2006年12月22日に全面的に改正された現行の教育基本法である。

　まず、旧教育基本法第9条は次の通りであった。

第9条　（宗教教育）宗教に関する寛容の態度及び宗教の社会生活における地位は、教育上これを尊重しなければならない。
　　　　2　国及び地方公共団体が設置する学校は、特定の宗教のための宗教教育その他宗教的活動をしてはならない。

　この条文を簡潔に解説するならば、次のようになろう。[16]

　第一項は、憲法の「信教の自由」の精神を承けて、宗教の社会生活における地位（存在）を認めようという意味であって、宗教の意義や社会生活における宗教の存在意味についての知識や理解力の教育は、学校教育においても尊重しなければならないということである。

　第二項は、国公立の学校においては、特定の宗教を支持したり、又は反対し

たりするような宗教教育をしてはならないし、宗教的な儀式や行事等をしてはならないという意味である。

ここで重要なことは、次の2点である。

その1は、宗派が設立する私立学校（例えば仏教系の学校やキリスト教系の学校）では、その学則やカリキュラムに定めをするならば、その宗派の宗教教育を行うことができるということである。ただし、他の宗派や宗教を批判したり、否定したりすることは、本条の歪曲として認められない。

その2は、「宗教的情操ノ涵養」等というあいまいで、禍根を残した言葉は、本条第9条案の審議過程で省かれたということである[17]。この詳細な検証は今後の課題であるが、おそらく「宗教的情操ノ涵養」の教育が国民を軍国主義的超国家主義的方向へ誘導したことの反省、憲法が保障する個人の「信教の自由」に抵触する危険性があること、個人の宗教的価値観への介入の恐れがあること等と考えられる。

次に、改正教育基本法第15条は次の通りである。

> 第15条　宗教に関する寛容の態度、宗教に関する一般的な教養及び宗教の社会生活における地位は、教育上尊重されなければならない。
> 　　　　2　国及び地方公共団体が設置する学校は、特定の宗教のための宗教教育その他宗教的活動をしてはならない。

本条にかかわる改正の論点については、次の2点のみを指摘しておきたい。

改正意見の1つは、第15条第1項の後段に「宗教的情操の涵養」という文言を盛り込むかどうかであった。

この意見は、与党教育基本法改正に関する協議会で「宗教的情操が宗派による宗教的実践と不可分だ」とする公明党から強い反対を受けた。その結果、同党協議会の最終報告では「宗教に関する一般的な教養」という文言が使用された。その後、国会に提出された政府案においても、「宗教的情操という概念が多義的である」ことを理由に「宗教的情操の涵養」の盛り込みが見送られ、第15条には「宗教に関する一般的な教養」という文言を追加することで決着をみたという[18]。

「宗教的情操の涵養」の教育の危険性と反動性とについては、それは宗教教育という名において、国民（児童・生徒）の「信教の自由」を侵すのみならず、国民の精神的自由の領域である「思想・信条の自由」をも侵し、国民の倫理

観・価値観を統制しようとするものであって、こうした改正意見には絶対に反対しなければならないということである。

改正意見のもう1つは、第15条第1項の「尊重」を「重視」に変えようということであったという。[19]

しかし、「尊重」と「重視」の違いは歴然である。「尊重」とは「（宗教を）価値あるもの、尊いものとして大切に扱うこと」である。これに対して、「重視」とは「（宗教を）重要なものとして注目すること」「実績を重視すること」である。つまり後者には、宗教の押し付け、押し売りという意味合いが強いということである。したがって、「重視」と「宗教に関する寛容の態度」とは連動した改正意見であると批判しなければならない。第15条によって、宗教教育における「信教の自由」が、着実に侵されようとしているのである。

おわりに

わが国における宗教教育の歴史の素描を終えて、ここでは現代の学校における宗教教育のあり方についての視点を指摘することにしたい。

現代の学校における宗教教育は、憲法第20条と改正教育基本法第15条の精神をふまえて行われなければならないということである。ただし、もう少し詳細に言えば、つぎのように細分化することができる。

その1は、学校の宗教教育においては、何よりも憲法第20条が規定している国民（児童・生徒・学生を含む、以下同じ）の「信教の自由」を尊重する宗教教育に努めなければならないということである。

その2は、学校における宗教教育とは、宗教に関する真実と真理とを教えること、その教育においては宗教的中立性を守ることである。

その3は、学校のおける宗教教育において国民の「宗教的情操の涵養」を図ることは厳禁であるということである。それは、国民の「信教の自由」を侵害することであり、国民の内心自由を侵害することであり、国民に一定の価値観を注入することになるからである。

その4は、宗派立の私立学校における宗教教育においては、国民の「信教の自由」を尊重するとともに、宗派の教義の授業や行事や儀式等を行うに当たっては強制や強要をしてはならないということである。

その5は、宗派立の私立学校にける宗教教育においてさえ、「宗教的情操の

第7章　学校教育における宗教教育のあり方に対する視点　　75

涵養」を図ることは厳禁であるということである。「宗教的情操の涵養」の問題は、個人の「信教の自由」の領域の問題であるからである。

　その6は、学校における宗教教育においては、明治憲法・教育勅語体制下の「信教ノ自由」の否定の歴史、教育勅語の徳目の教え込み、国教たる神社神道の強制、「宗教的情操ノ涵養」という名の児童・生徒・学生の内心の支配と統制等々に対する批判と反省とを忘れてはならないということである。

注
1）宗像誠也『教育と教育政策』岩波新書、1961年、70-71頁。
2）文部省内教育史編纂会（関屋龍吉代表）『明治以降　教育制度発達史』第4巻、教育資料調査会、1938年、662頁。
3）村上重夫『国家神道』岩波書店、1970年、132頁。
4）近代日本教育制度史料編纂会（石川謙代表）『近代日本教育制度史料』第26巻、講談社、1964年、366-367頁。
5）同上、366-367頁。
6）『戦後日本教育史料集成』（第一巻　敗戦と教育の民主化）、三一書房、1982年、26頁。
7）同上、27頁。
8）同上、121頁。
9）同上、121-122頁。
10）同上、29頁。
11）同上、126-127頁。
12）同上、127頁。
13）同上、38頁。
14）同上、39頁。
15）芦部信喜・高橋和之補訂『憲法』第三版、岩波書店、2002年、149頁。一々引用を示していないが、本章執筆に際して同書からは多くの引用をさせていただいた。
16）例えば堀尾輝久は、「教育上、尊重されるべき宗教教育は、特定の宗教教育ではなく、人類の歴史における多様な宗教の果たした役割、社会生活上の役割についての、歴史学的・文化人類学的知見であり、さらに、神を求め続け裏切り続けてきた人間への問いを含む、信教の自由の意味と寛容の精神であり、国家と宗教の分離もそのなかに含まれます」（『いま、教育基本法を読む』岩波書店、2002年、177頁）と的確に説明している。兼子仁『教育法』（新版）、有斐閣、1978年等も参照されたい。
17）教育基本法案の変遷過程については、中谷彪編著『教育基本法の成立過程』タイム

ス、1985年を参照されたい。
18) 市川昭午『教育基本法改正論史』教育開発研究所、2009年、171-173頁。
19) 同上、171-173頁。

第8章

教育と社会移動
――教育格差問題を考える――

はじめに

　今日の日本社会は、「格差社会」「不平等社会」であるとよく指摘される。それはどのような状態を指しているかは後で詳しく述べるが、一言でいえば「貧富の差が大きくなり、その状況が固定化している」ということである。そして、この経済的な格差が、そのまま子どもの学力に反映されることが「教育格差」と言われている。

　最初に、筆者が高校生に対して「格差社会」「教育格差」に関する内容の授業を行ったときの経験を述べる。大半の者が系列大学に入学する私立高校の3年生に、「家の経済的な事情で、大学進学をあきらめる高校生」を扱ったテレビ番組の録画を見せ、グループディスカッションした後、教育格差についての意見を発表してもらう、という授業である。約半数のグループが「資本主義の世の中で、お金がある人もない人もいるのだから、お金がないから大学へ行けない人がいるのは、仕方のないことだと思います」という意見を発表した。

　この意見について、「大学にエスカレーターで入れるお坊ちゃんお嬢ちゃんは、世間知らずだ。自分と境遇が違う人の気持ちが分かっていない」と批判するのは簡単であろう。しかし、よく考えてみると、この高校生の意見を「論理的」「感情論を抜きにして」に「間違っている」と決めつけることは難しい。唐突だが、この高校生の意見で「大学へ行けない」の箇所を「外車が買えない」という言葉に置き換えてみれば、違和感は下がるという人もいるではないか。つまり、「教育制度、入試制度はこうあるべきだ」という価値やイデオロギーが1人1人のなかにあり、それを「前提」「土台」として「教育格差」が語られる、すなわち「教育格差」が語られるときは、何らかの価値判断やイデオロギーが必ず入っていると言える。本章では、この点に注目して「教育格

差」を考えていくことにする。

第1節　教育格差が問題とされる理由

（1）教育格差とは何か？

まず、「教育格差」とはどのような状態を表しているのか、という点からおさえていくことにする。耳塚寛明は、子どもの1人1人がテストの点数が違うということは、「差異」であり、それが「格差」として認識されるには、次の3つの観点があるとしている。[1] 1点目は「優劣を伴うまなざし」である。高い学力は低い学力より望ましいというように、そこに優劣をつけているということである。2点目は「告発性」で、「その差異が問題だ。よくないことだ」と見なすことである。3点目は「行動要求」である。「現在ある格差が、今後は是正、縮小、緩和されることを求める」のである。このような特徴を持った格差が、教育の世界にあり、それを「教育格差」と呼ぶということである。

本章で特に重点を置くのは、2点目である。ある「価値判断」「イデオロギー」に立てばそれは「格差」だということになるが、別の「価値判断」「イデオロギー」からみてみると、それは「差異」でしかない、ということも、大いにあり得るであろう。

では、具体的に何が違っているから、「教育格差」と言われるのか。大きく分けて「学力」と「学歴」の2つの側面が語られることが多い。前者は「学力格差」という用語がよく使われ、学力の指標としては、国語や算数の「学力テスト」の点数が使われることが多い。そして「学歴」とは、高校卒業と大学卒業との違いといった校種の差と、「大学入試時にどのくらいの難易度の大学に入るか」「公立か私立か」といった同じ校種の中の違いがある。そして、「学力」と「学歴」は極めて相関が強い。学力が高い者が、社会的威信が高い学歴（もっと平たく言えば「難関大学合格」）を得るわけである。

（2）社会移動と教育

社会的威信が高い学歴を得た者は、その後の人生において、高い収入や地位を得るということは、一般的な常識としても認識されているが、実証的な調査分析でも明らかである。このような実態を「学歴社会」いう。「学歴社会」というと、ネガティブな響きに聞こえるかもしれないが、親と同じ職業に就くの

が基本の社会に比べて「1人1人の能力が発揮される」「健全で望ましい社会」という意味が実は大きい。

この「学歴社会」という前提の上で、社会移動（social mobility）という概念についておさえておきたい。簡潔にまとめると、「親より高い地位や収入を得る」ことが、上方への社会移動とみなす。社会移動に最も大きく影響するものが、学歴社会においては「学歴」ということになる。したがって、学歴を獲得する競争に、誰もが平等に参加できて、公平なルールで競争が行われなければならないという理念は、強いものがあるといえる。

（3）「機会均等」という概念

「平等な競争」「公平なルール」という言葉を先に使ったが、一般的に使われる概念は、「教育の機会均等」である。「教育の機会均等」とは、日本国憲法や教育基本法にもある理念で、様々な含意があるが、小林雅之の定義によると、「個人が人種・社会・経済的出身階層などの属性によって差別されないことによって、さらに偶発性によって支配されることを最小にすることによって、教育を受ける機会が、国民として平等に保障されること」である[2]。すなわち、高校進学や大学進学等の、教育を受ける機会が、人種や生まれた上の経済状況等、個人の努力ではどうしようもないこと（属性）によって左右されず、すべての人に保障されている、ということである。

やや単純な構図だが、「教育格差」が何らかの形で存在していれば、「教育機会の均等」が達成されていないと考えてよいであろう。学術的な議論にくわえて社会一般においても大体そのように認識されているのではないか。一例を挙げれば「外国籍の子どもは、日本国籍の子どもと比べて、日本の大学への進学率が低い」ということは、人種が影響しているので「教育機会の均等」が実現できていないし、「大学進学はいいことだ」というイデオロギーに立てば、大学進学率の国籍による差は「教育格差」とみなせるのである。

ここまで考察してきたことをまとめると、「高い学力 → 高い学歴 → 親より高い地位や収入を得るようになる（社会的上昇移動する）」という構図があり、本人が選択することができない、生まれた家や地域によって、高い学力を得られるかどうかの可能性が変化することが、不平等であり、それが教育格差（学力格差）として認識されるということである。

第2節　教育における社会移動の実態

（1）教育格差や学力格差の実態

それでは、実際はどの程度の教育格差（学力格差）が存在しているのか、代表的な調査をもとに考察する。

文部科学省が実施した「平成25年度 全国学力・学習状況調査（きめ細かい調査）」においては、学力調査の実施対象となった小学校6年生、中学校3年生の保護者を対象としていて、「家庭の所得」「父親学歴」「母親学歴」がアンケート調査項目に入っており、この3つの変数を合算したものを、社会経済的背景とし、SES（Socio-Economic Status）と呼んでいる。SESは連続変数（数値の変数）であり、上（Highest SES）から下（Lowest SES）まで4つのグループに分けて、学力調査の国語A・B、数学A・Bのグループごとの正答率をみたものが、図8-1である。

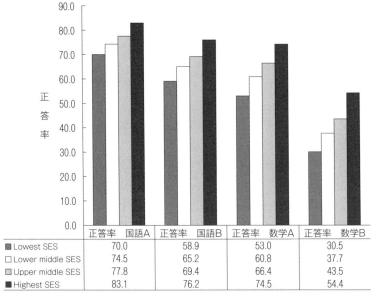

	正答率 国語A	正答率 国語B	正答率 数学A	正答率 数学B
Lowest SES	70.0	58.9	53.0	30.5
Lower middle SES	74.5	65.2	60.8	37.7
Upper middle SES	77.8	69.4	66.4	43.5
Highest SES	83.1	76.2	74.5	54.4

図8-1　社会経済的背景と正答率
出典：国立大学法人お茶の水女子大学『平成25年度全国学力・学習状況調査（きめ細かい調査）の結果を活用した学力に影響を与える要因分析に関する調査研究』2014年、85頁。

SESが高ければ、正答率（すなわち学力）が高いという傾向がはっきりと出ている。なぜこのような学力差が発生するのか。1つの説明は、お金があれば、学習塾等の学校外教育や私立学校等の様々な教育機会に恵まれ、学力が高くなる、ということがある。それに加えて、「文化資本」についてもよく指摘される。文化資本とは、フランスの社会学者ブルデュー（Bourdieu, P.）が提起した概念であり、言語や教養や趣味等「身体化された文化資本」と、書物や絵画や楽器等の「客体化された文化資本」があり、この資本を持っていると学力が高くなるのである。

（２）格差の固定化についての様々な言説・調査の特徴

　続いて、このような格差は時代の流れとともに、どのように変化しているのかを考察する。教育社会学、社会学、経済学等様々な分野で、「格差の固定化」「階層の固定化」、すなわち教育を手段とした社会的上方移動が減少してきたとする研究は、2000年前後から非常に多く蓄積されていた。格差が社会的関心を集める大きなきっかけになったのは、橘木俊詔『日本の経済格差』（岩波書店、1998年）や、佐藤俊樹『不平等社会日本』（中央公論新社、2000年）等である。「どのような家に生まれるかによって人生が大きく決定づけられる。努力しても報われない人が増える傾向にある」という論調で、日本社会の変質を指摘した。橘木や佐藤の分析は、学歴や収入、地位等客観的に計量できるデータに特化していたが、苅谷剛彦『階層化日本と教育危機――不平等再生産から意欲格差社会へ――』（有信堂高文社、2001年）や、山田昌弘『希望格差社会』（筑摩書房、2004年）等の分析においては、青少年1人1人の勉学に向かう意欲がどの程度あるのかや、今後の人生において明るい未来を描けるか否かといった、主観的な指標をもとに、階層の固定化を明らかにしている。

　これらの研究で共通しているのは、格差の実態を明らかにすることに力点が置かれており、格差がなぜ起こったのか、なぜ拡大するのか、という理由についてはあまり考察されていない。景気が停滞しているという経済状態であったり、新自由主義的な政策をすすめた政治にその原因を求めたり、家族や地域の変容を強調したり、様々な説明はされているが、おおむね仮説的で部分的な説明となるにとどまり、「これが格差の原因だ」とどの分析においても指摘されるものは、ないと考えてよいであろう。

　もし明確な理由があり、それを変化させることが可能であれば、それが改善

されれば格差は改善されるはずである。しかし、そのような「明確な理由」がないために、格差を改善する「特効薬」はなく、識者によって改善策は様々に分かれているのである。

(3) 格差に関する先行研究に通底するイデオロギーの考察

ここまで扱ってきた先行研究は、基本的に「格差が拡大している」という論調であるが、これとは違う見解もある。数理社会学者の盛山和夫は、階層的不平等研究をレビューした知見として、次のように述べている。[5] 調査が多く行われ、データベースの整備から実証的な研究が蓄積された結果として、ある意味で皮肉なことに「階層間の機会格差の趨勢は安定的である」という結論に至った。時代的な変化は見出せないのである。マルクス主義等からの「階級の固定化」「階級の閉鎖化」論からの問題提起を受けて、または「近代社会の理念を背景にした『規範的望ましさとしての機会の平等化』」という理念に支えられて、社会移動に関する研究は展開してきたのであるが、そのような根幹にある理論の絶対性がゆらぐことになった、という知見である。

この現象を盛山は「大きな物語の消失」と呼んでいるが、この指摘は教育における不平等を考える教育格差の研究にもそのままあてはまる。「教育格差はいけない」「みんな平等であるべきだ」「社会移動がさかんになるべきだ」という前提が、何となく、場合によっては研究者本人も気づかないうちに置かれていることが多い。このような前提は、批判されるべきものではない。そして、まったく前提がない社会科学の研究等あり得ないことも事実である。その上で、「親から子への学力や地位の再生産」は、時代変化のなかで増えも減りもしないと段々と明らかになってきたことは、教育格差や社会移動をめぐる前述のような前提は、極端に言えば「ないものねだり」「教育に対する誤った過度の期待」とも解釈できるわけである。

第3節　機会均等の理念の実現に向けての方策

(1) 実施されてきた方策

ここまで、研究の知見や調査結果というレベルで教育格差について述べてきたが、本節ではそれをふまえて、実際の施策をどのように考えればよいのかについて述べていく。まず、現在までに実施された施策を概観する。いわゆる

「高校無償化」である「高等学校等就学支援金の支給に関する法律」が2010年に施行され、国公立高校は授業料相当額、私立高校は所得に応じて国公立高校授業料の2倍までが、学校設置者に対して支給されることとなった。大学生等高等教育機関に在籍する学生には、日本学生支援機構の奨学金として、変換する必要のない給付型奨学金が2018年度から本格的に開始された。学習成績が優秀で経済的に厳しい状況にある学生を対象にしたもので、返還の義務がある従来からの貸与型奨学金と比べて、より手厚い支援となったということができる。

このような施策はこれからも増えていく可能性はある。もし、盛山のいうところの「大きな物語」が存在していれば、このような施策を充実させればさせるほど、社会全体が今より良いものになるのだという論理で、このような政策は正当性を持つ可能性はあるだろう。しかし、「大きな物語」が消えている以上、このような施策が万人に納得されるわけではなく、場合によっては1つのイデオロギーとも批判されかねないと言える。

(2) 検討されるべき方策について

先に述べたように、「教育の機会均等のあるべき形にむけて行う方策」の理想的な解はない。その上で、どのような方策が望ましいのかを政策的、具体的に考えるのは、輪をかけて難しいといえる。ということで、明快な答えがあるわけではないが、教育と社会という観点からして、次の点を指摘しておきたい。

非常に抽象的な議論となるが、「大学卒業者は、社会一般のために、人々の幸福のためにどのような貢献をしている（または、するべき）なのか」という点をより真剣に考えることが重要である。高等教育を受けることによって得られる知識や技術が、社会一般に還元されると認識されれば、税金を原資とした奨学金を拡大することに理解が得られるのではないか。

この議論を狭めて考えれば「人出不足の業界に関連する大学、学問分野への進学を促すため、実学志向を助長し、それでは大学本来の形ではない」といった、方向性に対する批判も聞こえてきそうであるが、避けては通れない観点であると考える。

やや別の角度からの提言としては、「日本社会において、エリートとはどのような資質を持つべきなのか。どのように養成すべきか」ということである。

エリートの辞書的な意味は、「社会の指導的地位を独占する特別に優秀な能力を持つ人または集団」であるが、あいまいなままである。これまでの機会均等や教育格差の議論は、貧困層に偏りがちであった。もちろん貧困層をめぐる観点も重要であるが、「エリートを目指す者には、当事者の経済状態に関係なく援助する」という方向性も、あり得るのではないか。実態として「エリート≒富裕層」という傾向が強いので、「エリート志望者に援助するなんて、ますます貧富の差が広がるだけだ」という反対意見は出るであろう。しかし、教育と社会の関係を考えるにおいて、1つの観点であることは間違いない。

おわりに

「お金がないから大学へ行けない人がいるのは、仕方がない」という高校生の意見を冒頭で紹介したが、「仕方ない」という意見の人が増えているという最近の調査結果がある。「所得の多い家庭の子どもの方が、よりよい教育を受けられる傾向」についての意見を、全国の小中学生の保護者9079人に、「当然だ」「やむを得ない」「問題だ」の三択で聞いたところ、「当然だ」と「やむを得ない」を回答した者の割合は、62.3％となり、もう1つの選択肢「問題だ」は34.3％にとどまった。

前述の定義によれば「告発性」「行動要求」がなければ、格差ではないということになる。「教育格差が存在しているので問題だ」と決めるのは、研究者ではなく社会一般の価値観、世論のようなものかもしれない。本稿では華々しい結論は出ないが、「教育格差」という言葉で実態を切り取る、あるいは「教育格差」という言葉を使い、何らかの主義主張を唱える際には、多くの「前提」「価値」「イデオロギー」のうえに成り立っていることを認識し、それを見抜くことが重要であることを、本章のまとめとして指摘しておきたい。

注
1）耳塚寛明編『教育格差の社会学』有斐閣、2014年、2頁。
2）小林雅之『大学進学の機会　均等化政策の検証』東京大学出版会、2009年、12頁。なお本章では、属性を「個人の努力ではどうしようもないもの」と定義したが、（個人の努力で大なり小なり手に入れ得るであろう）「学力」や「能力」を属性に含める考え方もある。しかし、本章のテーマである「教育格差」を論じるにあたっては、学力は説明

変数ではなく、被説明変数と考える必要があり、学力を規定しているものを考え、その因果関係をさぐるという構図の分析が多いので、「学力」や「能力」は属性には含めなかった。

3）対象者は、無作為に抽出された全国の公立学校の児童生徒の保護者で、対象者は、小学校で1万6908人、中学校で3万54人で、有効回答者数（回答率）は小学校で1万4383人（85.1％）、中学校で2万5598人（85.2％）である。詳しくは、http://www.nier.go.jp/13chousakekkahoukoku/kannren_chousa/pdf/hogosha_summary.pdf を参照のこと。

4）岩間暁子「文化資本」大澤真幸・吉見俊哉・鷲田清一編『現代社会学事典』弘文堂、2012年、1131-1132頁。

5）盛山和夫「階層的不平等研究の最近の動向と課題」『海外社会保障研究』第177巻、2011年、52-64頁。

6）宮台真司「エリート」大澤真幸・吉見俊哉・鷲田清一編『現代社会学事典』弘文堂、2012年、113-115頁。

7）『朝日新聞』2018年4月5日の記事。

第9章

現代保育・幼児教育政策の動向と課題

はじめに

　近年、生涯にわたる人格形成の基礎を培う「幼児期の教育」(以下、「幼児教育」という) に対する社会的な関心が広がっている。その直接的な契機の1つは、2006年12月に全部改正された教育基本法において、新設条項として、幼児教育の重要性とそれに係る国及び地方公共団体の責務 (努力義務) が規定されたことにある (第11条)。これ以降、国及び地方公共団体において「幼児教育の振興」という名目で様々な政策が打ち出されているが、はたしてそれらは、すべての乳幼児期の子どもの心身ともに健やかな成長・発達・自立に対し、いかなる意味を持ち、どのような影響を及ぼすのであろうか。

　本章は、現代日本における保育・幼児教育政策の動向と課題について、国レベルを中心に検討することを目的としている。この目的を果たすため、構成は以下のようになる。まず、現代における国家教育戦略の思想と国家教育戦略としての保育・幼児教育論について分析する。次に、保育・幼児教育政策の動向と問題点について考察する。そして、最後に、保育・幼児教育振興をめぐる論点と課題について整理し提示する。

第1節　現代における国家教育戦略と保育・幼児教育

（1）現代における国家教育戦略の思想

　日本では、1990年代以降、「ゆとりと個性」をキーワードに、「規制改革」、「地方分権改革」をはじめとする構造改革の枠組みのなかで、公教育制度の新自由主義的再編成が企図され、「集中と選択」による競争力人材の効率的産出や公教育の市場化・商品化が推進されてきた。それは、必然的に、教育の私営

化をもたらし、私費負担・応益負担が拡大するなかで、教育の機会均等の理念は失われ、出身階層による教育格差・貧困格差が拡大している。こうした傾向にさらに拍車をかける契機となったものが、先述の教育基本法の全部改正であり、同法を根拠とする教育政策及び教育実践の展開である[1]。2000年代半ば～2010年代初めにおける国による教育政策のマクロトレンドについて、佐貫浩は、① 国家、行政による教育目標設定、管理システムの形成、② 教育基本法による「教育目標」の規定（第2条）、③ 新学習指導要領による教育内容支配、④ 学力テスト体制、⑤ 教育現場へのPDCAサイクルの導入、⑥ 教育への成果管理主義の6つを掲げ、これらは、「市場的な競争システムを組み込んだ教育価値に対する強力な国家管理システムの形成を意味」[2]するものであり、その狙いが、グローバル競争対応の学力形成と国家への国民統合の教育にあったと指摘している。このように、新自由主義教育政策は、学校現場への国旗・国歌や「ボランティア活動」の強制等を通じ、新保守主義と呼ばれる側面を内包しつつ、展開されている。

　では、これらの国家教育戦略にある思想とはいかなるものであろうか。その一端が垣間見えるのが、「教育振興基本計画」である。同計画は、教育基本法第17条（教育振興基本計画）に基づいて作成されているが、その性質として、政府が定め、「国会に報告する」（同条第1項）ものとなっている。また、地方公共団体（以下、「地方自治体」という）にあっては、同計画を「参酌」（同条第2項）し、その地域の実情に応じて作成されることが求められている[3]。2008年7月に策定された第1期計画では、「今後10年間を通じて目指すべき教育の姿」として、① 義務教育修了までに、すべての子どもに自立して社会で生きていく基礎を育てる、② 社会を支え、発展させるとともに、国際社会をリードする人材を育てる、の2つが示され、前半の5年間に取り組むべき重点施策として、確かな学力の保証や豊かな心と健やかな体の育成、教育が子ども1人1人に向き合う環境づくり等を掲げた。続く第2期計画（2013年6月）では、上記2つの姿の達成は「いまだ途上にある」と指摘し、より未来志向の視点に立った改善方策が必要であるとした。そして、「自立・協働・創造」をキーワードに「一人一人が生涯にわたって能動的に学び続け、必要とする様々な能力を養い、その成果を社会に生かしていく」ことが可能な生涯学習社会をめざし、① 社会を生き抜く力の養成、② 未来への飛躍を実現する人材の養成、③ 学びのセーフティネットの構築、④ 絆づくりと活力あるコミュニティの形成の4つの基

本的方向性を打ち出した。国の教育行政として、教育基本法の理念をふまえた「教育立国」の実現に向け、「教育の再生を図り、何より、責任を持って教育成果の保証を図っていく」と述べている点が特徴的である。こうした国家教育思想と呼ぶべき国家の教育スタンスが、国によって策定された計画とともに、それをベースにした地方自治体の計画を通じて広く浸透、展開されていくという構図となっている。

(2) 国家教育戦略としての保育・幼児教育論

上述の国家教育戦略は、2000年代半ば以降、保育・幼児教育の世界にも、急速な広がりを見せ始めている。すなわち、国は、しきりに就学前教育または幼児教育の重要性を提唱するようになり、「幼児期からの人間力向上」または「就学前を含めた幼少期の人的資本形成」といったスローガンのもと、具体的な施策として、「幼保一体化」や幼稚園・保育所・小学校等の相互連携、さらには幼児教育の無償化や義務教育化等を提示している[4]。

例えば、その直接的な契機となった内閣府「経済財政運営と構造改革に関する基本方針2005」（2005年6月）は、21世紀の日本経済にとって最も重要な環境変化である少子高齢化とグローバル化を乗り切る基盤をつくるために、「何よりも人間力を高めなくてはならない」と述べ、その取り組みの1つとしての「次世代の育成」について、「幼児期からの人間力向上のための教育を重視」することを提案している。また、経済産業省「経済成長と公平性の両立に向けて――『自立・共生社会』実現の道標」（2007年10月）は、経済成長と公平の両面に強い影響を持つ「人的資本」の充実を経済政策の主な目標に掲げ、基礎能力を充実する幼少期（出生から義務教育修了まで）における就学前教育、義務教育の重要性を指摘している。そして、就学前から義務教育課程までの育児・教育制度、サービスの総合的な運用をめざす包括的なプログラムのもとで、幼保一元化、充実した幼小教育や基礎学力の底上げを実現するための幼稚園、保育所、小学校・中学校における相互連携や就学前・幼小教育の無償化または義務教育開始年齢の引き下げ等を提言している。

さらに、2015年5月に発表された自由民主党「幼児教育の振興について」は、質の高い幼児期の教育（幼児教育）をめざし、「国家戦略の一環として取り組み、幼児教育分野への思い切った重点的な資源投入を行うことが必要」という観点から、幼児教育の振興方策として、① 幼児教育の質の向上、② 質の高

い幼児教育の提供体制の確保、③ 幼児教育の段階的無償化の推進、④ 幼児教育の充実のための財政支援の充実、⑤ 子ども・子育て支援新制度の検証、⑥「幼児教育振興法（仮称）」の制定の6つを掲げている。国家戦略の一環という観点から、「幼児教育の一層の振興が図られるよう、各般の振興方策について取り組むとともに、新制度施行後の運営状況について把握し、必要な法改正も視野に入れつつ、見直しを図っていく必要がある」と述べている。そして、2016年5月には議員立法として「幼児教育振興法案」が衆議院に提出され、また、2017年12月には幼児教育の無償化や待機児童解消等を謳う「新しい経済政策パッケージ」が閣議決定される等、幼児教育振興策に向けた動きが活発化している。これらにおいては、国家教育戦略として、幼児期からのグローバル競争対応能力・学力の基礎的形成が志向されており、それがゆえに、従前からの政策トレンドをその基盤からより一層強化するものとなっている。端的にいえば、幼児期からの「人的資本」開発に向けた競争原理と市場原理の導入、拡大、貫徹である。

第2節　保育・幼児教育政策の動向と問題点

（1）保育・幼児教育政策の動向

　国家教育戦略としての保育・幼児教育論は、いかなるかたちで、国における保育・幼児教育政策として策定され、実施されているのであろうか。別の機会に述べたように[5]、2000年代における国家保育・幼児教育政策は、少子高齢化やグローバル化を背景として、さらなる規制緩和・改革とそのパラドクスとしての規制強化が織り交ぜられながら、多面的かつ重層的に展開されてきた。

　すなわち、前者については、保育・幼児教育行政における国の事務事業の減量・簡素化や国庫補助負担金の廃止・縮減等国の公的責任が大幅に縮減される動きのなかで、保育・幼児教育における競争原理の導入や多様な経営主体の市場参入が推し進められてきた。例えば、幼稚園における預かり保育等多様な保育サービスの充実や学校（園）評価の導入・推進、「3歳未満児入園事業」による2歳児入園の広がり、保護者による選択利用への保育所入所制度の転換、保育所における苦情解決制度の導入や第三者評価事業の実施、保育所への株式会社等民間企業の参入の容認・促進、保育所を設置する社会福祉法人による幼稚園設置の容認等が主な施策として挙げられる。また、後者については、保

育・幼児教育のサービスの充実や公教育の質の向上という観点から、「生きる力」ないし「生涯にわたる人間形成」の基礎や豊かな心と体を育成することが、保育・幼児教育の基本理念として強調されてきた。例えば、「子どもの発達や学びの連続性」、「保・幼・小の連携強化」をスローガンに、2008年版文部科学省「幼稚園教育要領」(以下、「教育要領」という)及び厚生労働省「保育所保育指針」(以下、「保育指針」という)における教育機能の拡充や保育・教育内容における「道徳性(規範意識)の芽生え」「生命及び自然に対する興味」「相手の話を聞こうとする態度」等の重視、「保育指針」の告示化を契機とする「規範性を有する基準」としての性格の明確化(「遵守しなければならないもの」をはじめ、全体として法的拘束力の付与)等が主な内容として挙げられる。

こうした動きをさらに加速化させることになる/なるであろうものが、2015年4月にスタートした「子ども・子育て支援新制度」(以下、「新制度」と略)である。同制度は、「子ども・子育て支援法」を核とする「子ども・子育て関連3法」を法的根拠として、幼児期の学校教育・保育、地域の子ども・子育て支援を総合的に推進することをめざすとされているが、そこでは、①認定こども園、幼稚園、保育所を通じた共通の給付(施設型給付)及び小規模保育等地域型保育への給付(地域型保育給付)の創設、②認定こども園の改善(幼保連携型認定こども園の改善等)、③地域子ども・子育て支援事業の創設(地域子育て支援拠点、一時預かり等)等が主なポイントとなっている。新制度については様々な期待と批判が交錯しているが、「子ども・子育て支援法」における「教育」と「保育」の規定は、前者を「学校教育」(第7条第2項)、また、後者を「一時預かり」(第7条第3項。関連条項として、児童福祉法第6条の3第7項)と相異なる概念ととらえるともに、「保育」を「託児」と同義に位置づける等、頗る問題が多い。「幼児教育の振興」を錦の旗に、国家保育・幼児教育政策として、保育・幼児教育における小学校教育の準備機関化・下請け機関化を推し進めていこうとするものとなっている。[6]

(2) 保育・幼児教育政策における問題点

上述の国家保育・幼児教育政策における問題点とは何であろうか。以下では、子ども、保護者、保育者(保育士・幼稚園教諭・保育教諭)の幸福の実現という視点から、2点指摘しておきたい。

第1点は、1990年代以降、日本の教育政策の基調となっている新自由主義及

び新保守主義の思想が保育・幼児教育の領域にも広がりと深まりを見せているという点である。その背景にあるものは、「聖域なき構造改革」というスローガンの下、「小さな政府」を志向するために提起された「三位一体改革」である。公費を抑制し保育を市場化するという政策に起因して、「少子化や過疎化により、地方によっては、施設運営の効率化などの観点から、保育所と幼稚園について、一体的な設置・運営が求められている」といった保育制度としての存続が問われる状況が全国的に招来した。こうした動きのなかで、保育所・幼稚園等保育施設間の「生き残り」を賭けた経営競争の激化やそれに付随しての保育者の非正規化、労働条件の悪化が進行するという事態が広がってきている。他方では、保育所・幼稚園等保育施設における保育・教育内容に対する国家管理システムが構築されつつある。新制度の下で「改善」されたと称される幼保連携型認定こども園にあっては、内閣府・文部科学省・厚生労働省「幼保連携型認定こども園教育・保育要領」（以下、「教育・保育要領」という）で示される教育・保育内容を遵守することが義務づけられるまでに至っている（就学前の子どもに関する教育、保育等の総合的な提供に関する法律第10条第3項）。また、2017年版「教育要領」、「保育指針」及び「教育・保育要領」では、「幼児期の終わりまでに育ってほしい姿」の1つに「道徳性・規範意識の芽生え」が掲げられるとともに、さりげなく、例えば、「保育指針」では、保育所内外の行事等において、国旗・国歌に親しむことが盛り込まれる等している。

　第2点は、国家保育・幼児教育政策における保育・幼児教育概念について、子どもの「最善の利益」を考慮するという観点から、子どもの生命・生存・生活、成長・発達をシームレスにとらえていく姿勢に欠けているということである。いいかえれば、一個の人格ある存在としての乳幼児の生命・生存・生活及び成長・発達のトータルな保障という視点に立つことが十分にできていないということである。こうした立法的、政策的な問題状況が、幼児教育と保育の分離や幼児教育の学校教育化、さらに、それらとの関わりにおける幼児教育の重視と保育の軽視・差別化へとつながっているということができる。その背景にあるものが、前述した近年における幼児期からの「人的資本」開発に向けた競争原理と市場原理の導入、拡大、貫徹という潮流である。渡辺治は、安倍改革の3つの柱の1つとしての教育改革について、「安倍教育改革の最大のねらいは、新自由主義の競争に勝てるような国民づくり、あるいは、世界的なグローバル競争に役立つような労働力づくり」であり、「そのため、教育の抜本的な

改革、格差と選別、その教育の競争のなかで、一部の勝ち組の子どもたちに徹底したエリート教育を行う。子どもたち全員をグローバル競争の担い手となることをめざす競争に巻き込みながら、そのうえで一部のエリートとそうではない子どもたちを幼児期から選別していく。これが教育改革の大きなねらいである[9]」と指摘している。こうした意味での幼児教育の重視が、子どもの最善の利益に適うものでないことは言うまでもない。

第3節　保育・幼児教育振興をめぐる論点と課題

（1）保育・幼児教育振興をめぐる論点

　教育基本法第11条に規定された「幼児教育の振興」とはいかなるものとして理解されている／されるべきものであろうか。同条は、「幼児期の教育は、生涯にわたる人格形成の基礎を培う重要なものであることにかんがみ、国及び地方公共団体は、幼児の健やかな成長に資する良好な環境の整備その他適当な方法によって、その振興に努めなければならない」と規定しているが、幼児教育の振興について、国及び地方自治体を主体とする「幼児の健やかな成長に資する良好な環境の整備その他適当な方法」による責務（努力義務）を定めているのみであり、そのあり方についてまで具体的に示しているわけではない。したがって、その解釈をめぐっては、多義的な議論が展開されている[10]。では、保育・幼児教育振興をめぐる論点とは那辺にあるのであろうか。ここでは、3点記しておきたい。

　第1点は、国及び地方自治体の保育・幼児教育振興に対する責務に係る法的規定をめぐる論点である。そもそも「振興」とは、辞書的には「さかんになること。ふるいおこすこと。さかんにすること[11]」等と定義づけられているが、いま、保育・幼児教育を、次世代を育てる社会公共的な営みであるととらえるならば、「国家には、社会国家的理念の下で、教育権や学習権の充実のために一定の権限と責務がある[12]」と解することが必要ではないだろうか。そうであるならば、子どもの「保育を受ける権利」に対する国及び地方自治体の保育・幼児教育振興に対する責務が努力義務に留まっていることは、法的欠缺もしくはきわめて不十分な規定であるとの誹りを免れないといえよう。

　第2点は、国及び地方自治体の努力義務の対象として措定されている「幼児の健やかな成長に資する環境の整備その他の方法」の内容をめぐる論点であ

る。同規定は、いわば「誰もが賛成するきわめて抽象的な表現¹³⁾」となっており、その意味では、狭義にも広義にもいかようにもとらえることのできるものとなっている。しかしながら、国及び地方自治体の責務として、子どもの「保育を受ける権利」保障に向けて、保育・幼児教育の目的・目標の達成あるいは保育者の豊かな保育・教育実践を支えるために必要な諸条件の整備確立にあることを確認しておくことが大切である。なかでも、保育・幼児教育制度の枠組に関する高い水準の全国的基準の設定やそれを実現できる十分な財政措置がその中核となるものであるといえよう。

　そして、第3点は、第2点とも深くかかわるが、国及び地方自治体の保育所・幼稚園等保育施設における保育・教育内容に対する関わり方をめぐる論点である。すでに述べたように、近年、保育所・幼稚園等保育施設における保育・教育内容に対する国家管理システムが構築されつつある。それは、「質の向上」をスローガンとするものであるが、中谷彪が指摘するがごとく、「幼児教育の充実と振興に国と地方公共団体が条件整備すべきことは認められてよい。しかし、そのことと、国が幼児教育の内容を決定して、国民に押し付けることとは、全く意味が異なる¹⁴⁾」のである。国及び地方自治体の保育・教育内容への関わり方として、保育施設の主体的な創意工夫や保育者の自主的・創造的な実践が保障される環境をこそ整備していく必要があるといえよう。

(2) 保育・幼児教育振興の課題

　近年における幼児教育振興の基本施策について、無藤隆は、以下のようにとりまとめている。すなわち、「質の向上」について、① 幼児教育の内容・方法の改善・充実（幼児教育施設における幼児教育の基準の見直し、施設整備の支援、情報提供、教材の開発）、② 人材の確保（各幼児教育施設における賃金その他の待遇の実態を考慮した待遇の改善、適切な配置、研修の充実）、③ 質の評価の促進（必要な手法の開発、その成果の普及）、④ 家庭・地域における幼児教育の支援（保護者に対する学習機会・情報の提供、関係機関相互の連携強化、幼児教育施設による支援の促進）の4つを、また、「体制の整備」について、① 国における調査研究の推進、② 都道府県における幼児教育センター（調査研究、研修等の拠点）の設置、③ 市町村による幼児教育アドバイザー（状況により都道府県も確保）の3つを、そして、「無償化の推進」を掲げている¹⁵⁾。無藤が述べているように、幼児教育の振興とは、本来、「幼児教育の水準の維持向上が図られること」、「全ての子供がひとしく幼児教

育を受けることができるような環境の整備が図られること」、「障害のある子供がその特性を踏まえた十分な幼児教育を受けられるよう配慮すること」、「幼児教育と小学校における教育との円滑な接続に配慮されること」、「幼児教育に携わる者の自主性が十分に尊重されること」[16]等が基本的にふまえられる必要があろう。しかしながら、実際にはこのようなかたちではなく、保育・幼児教育の領域においても、その時々の政治的状況の影響を強く受けてきており、近年ではとりわけ、保育所・幼稚園等保育施設における保育・教育内容、さらには家庭における幼児教育（以下、「家庭教育」という）[17]への介入・支配の程度が一段と増してきている。

　すでに述べたように、2017年版「教育要領」、「保育指針」及び「教育・保育要領」は、ともに「質の高い幼児教育の提供」に向けて、幼稚園教育・（幼児教育を行う施設としての）保育所保育において「育みたい資質・能力」や「幼児期の終わりまでに育ってほしい姿」を明示している。また、それらについて、幼稚園では、幼児1人1人の理解に基づいた評価の実施やその妥当性・信頼性を高めるための組織的かつ計画的な取り組みが、また、保育所においては、保育の質向上に向けた組織的な取り組み（マネジメント機能の強化）が求められている。さらに、前者にあっては、その手法として、写真や動画等に残し可視化したいわゆる「ドキュメンテーション」「ポートフォリオ」等の活用が推奨されているが、他方では、国レベルにおいて、一定の数値目標の開発・活用等「幼児教育の質を評価する指標に関する研究」にも取り組まれようとしている。

　こうした動きをどのように見ればよいのであろうか。また、そこにおける課題とは何であろうか。遵守が義務づけられている教育・保育要領はいうに及ばず、全体として法的拘束力があるとの位置づけがなされている教育要領や保育指針において、国が望ましいと考える「育みたい資質・能力」と「幼児期の終わりまでに育ってほしい姿」が（努力義務または考慮するものであるとはいえ）詳細に示され、それらが「カリキュラム・マネジメント」という名のPDCAサイクルに乗せられ、一定の数値目標等の指標によって評価の対象とさせられていく。「主体的・対話的で深い学び」というワードにより、「何がわかるか、できるか」が優先され、その可視化（見える化）とも相まって、特定の資質や能力を短期間に習得していくことが子どもにも保育者にも求められる。こうした状況を、保育・幼児教育の望ましい姿としてとらえることができるのであろうか。答えは明らかに否である。国及び地方自治体にあっては、上述のような方

向（大綱的基準を超えたオーバーラン）に向かうのではなく、子どもの「貧困」問題が鋭く投げかけているように、すべての子どもの生命・生存・生活保障をベースとした成長・発達・自立のための教育的、文化的、経済的、社会的な環境を十全に整備していくことが必要である。幼児教育の無償化の推進とは、日本も批准している国連・国際人権規約（A規約・B規約。1966年12月）をふまえ、子どもの「保育を受ける」権利の実現に向けてのステップの１つであるべきである。

おわりに

国及び地方自治体にあって、幼児教育の振興に熱心であること自体は好ましいということができよう。しかしながら、問題は、中谷彪が鋭く指摘しているように、子ども、保護者、保育者の「権利」（日本国憲法の条項では、「生命、自由及び幸福追求権」（第13条）、「思想・良心の自由」（第19条）、「家族生活における個人の尊厳と両性の平等」（第24条）、「生存権」（第25条）、「教育を受ける権利」（第26条）等）を保障するものであるかどうかである。「環境整備」または「家庭教育支援」という名による国及び地方自治体の保育・幼児教育への介入・支配が決してあってはならないのである。

注
1）伊藤良高「教育基本法全部改正が教育界にもたらしたもの」伊藤良高・大津尚志・永野典詞・荒井英治郎編『教育と法のフロンティア』晃洋書房、2015年、11頁。
2）佐貫浩「教育の『地域主権』と教育格差──小中一貫教育、学校選択制、学力競争に即して──」『日本教育法学会年報』第41号、有斐閣、2011年、112頁。
3）参照：荒井英治郎「教育行財政と法」伊藤他編前掲書。
4）参照：伊藤良高「認定こども園制度の改革」日本保育ソーシャルワーク学会監修、伊藤良高・櫻井慶一・立花直樹・橋本一雄責任編集『保育ソーシャルワーク学研究叢書 第３巻 保育ソーシャルワークの制度と政策』晃洋書房、2018年。
5）伊藤良高『幼児教育行政学』晃洋書房、2015年。
6）伊藤良高「保育・幼児教育の新展開とその展望」伊藤良高・冨江英俊編『教育の理念と思想のフロンティア』晃洋書房、2017年。
7）次世代育成支援システム研究会監修『社会連帯による次世代育成支援に向けて──次世代育成支援施策の在り方に関する研究会報告書──』ぎょうせい、2003年、76頁。参

照：伊藤良高『幼児教育の明日を拓く幼稚園経営——視点と課題——』北樹出版、2004年。
8) 渡辺治「憲法を生かした日本の社会と教育をめざして」『教育』第854号、かもがわ出版、2017年、79頁。
9) 同上。
10) 注5)と同じ。
11) 金田一京助他編『新選国語辞典（第8版）』小学館、2002年、597頁。
12) 植野妙実子「教育目的と公共性」日本教育法学会編『日本教育法学年報　教育における公共性の再構築』第34号、有斐閣、2005年、43頁。
13) 坂田仰『新教育基本法〈全文と解説〉』教育開発研究所、2007年、51頁。
14) 中谷彪『子どもの教育と親・教師』晃洋書房、2008年、82頁。
15) 無藤隆「3法令改定とこれからの保育・幼児教育」日本保育協会『平成29年度改定保育所保育指針セミナー（大阪開催）——テキスト——』2017年。
16) 同上。
17) 教育基本法第10条（家庭教育）を根拠として、2010年代初め以降、家庭教育支援に係る立法化の動きが表面化している。いくつかの地方自治体における条例（「くまもと家庭教育支援条例」2013年、「和歌山市家庭教育支援条例」2016年、他）制定や国における議員立法による「家庭教育支援法案」の立案等がその例である。

第10章

幼児期における科学教育に関する現状と課題

はじめに

　昨今、世界的に幼児期における科学教育に注目が集まっている。例えば、全米科学教師協会の基本表明では、幼児期の子どもたちが科学概念を獲得したり科学的なスキルを育んだりできる機会の重要性について指摘している[1]。アメリカでは、アメリカ次世代科学スタンダードが作成され幼児期から高校までの科学教育の学習内容が示された。イギリスでも、幼児期から算数や言語と同様に科学教育に焦点をあてて小学校との接続が図られている[2]。同様に日本でも幼児期における科学教育の充実が求められている。

　本章では、幼児期における科学教育の意義について、また、幼児期における科学教育についての現状と課題について先行研究を示しながら考察していく。

第1節　幼児期における科学教育

(1) 幼児期における科学教育とは

　最初に幼児期における科学教育がどのようなことを指すのかについて述べる。科学教育と聞くと、講義や授業等で科学の知識を子どもに教授することがイメージされるかもしれない。実際、『広辞苑』(第6版)には、「科学教育」とは「自然科学に関する知識・態度を養う教育。通常は小・中・高校における理科教育、大学その他における自然科学教育を指す」と示されている[3]。しかし、本章では、対象は幼児期であり、教科「理科」の知識を教えることと全く同義というわけではない。

　科学教育の研究会や公開を全国的に行っている団体としてソニー教育財団があるが、ソニー幼児教育支援プログラムの幼児教育保育実践サイトによると、

「科学する心」を育てるとは、豊かな感性と創造性の芽生えを育むこととし、「科学する心」を具体的に次の7項目であるとしている。

表10-1　科学する心

① すごい！　ふしぎ！　と身の回りの出来事に驚き、感動し、想像する心
② 自然に親しみ、自然の不思議さや美しさに驚き、感動する心
③ 動植物に親しみ、様々な命の大切さに気付き、命と共生し、人や自然を大切にする心
④ 暮らしの中で人、もの、出来事と意欲的にかかわり、ものを大切にする心、感謝する心や思いやりの心
⑤ 遊び、学び、共に生きる喜びを味わう心
⑥ 好奇心や考える心、その心の動きから生まれる創造性や分かったときの喜びを味わう心
⑦ 自分の思いや考えを表現し、考え・つくり出していく楽しさの体験や、やり遂げる心

出典：公益社団法人ソニー教育財団（http://www.sony-ef.or.jp/、2018年4月30日最終確認）。

表10-1から、子どもたちが「不思議だな」「すごい」と感じたり、遊びを繰り返すなかで発見したことを喜んだりすること自体が科学する心と捉えることができると考える。

また、ハーレンとリプキンは、全米乳幼児教育協会（NAEYC）がまとめたプロセス（『核となる科学概念を理解するための基盤』）が含まれている体験活動をすることで、後に子どもたちが学校の授業科目である科学を楽しみ、科学分野における自分の能力に自信をもつことができると述べている。

表10-2　核となる科学概念を理解するための基盤

・身の回りの事象や現象について問を立てる。
・事物や現象に実際に働きかけて、どうなるかを調べる。
・五感全てを使って、事物や現象を細かく観察する。
・観察できる特徴や特性を記述したり、比較、系列化、分類、整理したりする。
・観察の幅を広げるため、各種の簡単な道具を使う（虫めがね、定規、スポイト等）。
・簡単な調査を行う。つまり、最初に予想をし、データを集めて解釈し、単純なパターンを見つけ出し、結論を導く。
・観察したことを記録し、それに説明を加えたり、自分の考えを表現したりするときに、いろいろな表現方法を用いる。
・他の子どもたちと共同で作業し、考えを共有したり話し合うとともに、新しい見方に耳を傾ける。
(NAEYC, 2001, p.24)

出典：J.D.ハーレン・M.S.リプキン『8歳までに経験して起きたい科学』深田昭三・隅田学訳、北大路書房、2007年。

表10-2から、科学概念を理解するための基盤には、仮説、調査、観察、実験、分類、比較、考察等といった、学習の基盤となるスキルを含んでいること

が分かる。

　子どもたちが表10-1のような「科学する心」をもって自ら人やもの、自然と関わる中で、物質の種類を比較していたり、「こうしたらこうなるのではないか」といった仮定を立て実行したり、動植物等の観察を行ったりする。このように、「科学する心」が育まれるような子ども自身の興味・関心を基にした遊びや活動、また、その中で「核となる科学概念を理解するための基盤」が含まれているような遊びや活動が、幼児期における科学的な活動だと考えることができる。例えば、冬に氷が張っているのを見つけ「すごい」「面白い」「作ってみたい」と感じたり、空の雲が動く様子を見て「なぜ？」と不思議に思ったり、動植物を見つけて「もっと探したい」と思い探索すること等は「科学する心」が育まれている遊びや活動だと考えられるだろう。また、泥団子を作っていて水をさらに足した方が固まりやすいと気づいたり、斜面で物を転がすことに夢中になって様々な素材を転がしてみたり等、遊びや活動に没頭する中で、比べる、調べる、友達に教えるといったことを行うことは「核となる科学概念を理解するための基盤」を含む遊びや活動だと考えられるだろう。冒頭で、幼児期の科学教育とは知識を教えることと同義ではないと述べたが、このような科学的な活動の中で、子どもの疑問に答えたり遊びや活動を広げたりするために、保育者が科学の知識に言及したり子どもに紹介することはある。それは後節でも言及するが、幼児期の科学教育における保育者の役割として重要なことである。例えば、自分たちでも氷を作りたいと発言した子どもがいたら、「どうやって作ろうか」と問いかけて見たり日の当たらないところに置いて置くことを提案し、子どもが水の入った容器をどこに置くか保育者と考え、比べたり試したりする機会を提供することが考えられる。そうすることによって、子どもたちの「科学する心」をもとにした遊びや活動が「核となる科学概念を理解する基盤」が含まれる活動へと展開したりより継続したりしていくのである。本論では、以上のような活動全体を指して、幼児期の科学教育と捉えることとする。

（2）幼児期における科学教育の意義

　幼児期は好奇心や探究心が旺盛な時期であり、「不思議だな」「面白い」「やってみたい」と思う好奇心や探究心をもって自ら環境に関わり遊びの中で様々なことを体験しながら知識や概念を獲得・発達させていく。ハーレンとリプキン

によれば、幼児期の子どもの興味や関心に沿った科学体験のプロセスに含まれる「問いを立てる・比較する・分類する」等の能力が身につくことによって、科学を学ぶ上での基盤ができ、加えて他の科目を学ぶ上での基礎も培われるという[5]。

コーラル・キャンベル（Campbell, C.）らは、オーストラリアの幼児期のカリキュラムにおける科学について着目しており、幼児期において遊びの中で触れる科学が「子どもの育ちに表れてくる。自然や環境、生物に関わることだけでなく、探究や仮説、質問、調査といったような科学の基礎となるものから引き出される学習のプロセスを用いることにもつながる」[6]と、科学を学ぶ基盤だけでなく学習に必要なプロセスを経験できること、そしてその経験をすることの重要性について述べている。

実践研究としては、北野と中川が、幼児の興味や関心に沿った科学絵本の読み聞かせの実践を行ったところ、その実践中や実践後の子どもの遊びの中で「動植物以外の多様な科学にも興味を持ち、発見や疑問を抱いたり、自分なりに試したり考える姿が多く観察され」[7]、科学絵本の内容を取り入れたりする姿が見られたこと等が報告されている。

このように幼児は、興味や関心があることについて、自分なりに考えたり試したり取り入れたりといった行動をとることができる。そしてそのこと自体が事象に対する学びの基盤であり、その姿勢が後の学習に繋がっていくと考えることができるだろう。

幼児期の科学教育とは、小学校以降で学習する知識を前倒しで教えていくことではないということは強調しておきたい。小学校以降の学習の準備を目的として幼児期に学習のスキルを身につけておくために幼児期の科学教育が重要なのではなく、物事に対する興味や好奇心が旺盛な幼児期において、それらをもとに周囲の環境に関わり、感動したり探究したりすること自体を楽しみながら、科学の基礎、学びの基礎となる力を身につけていくことができるという点で、幼児期における科学教育に意義があると考えられるのである。

第2節　幼児教育における科学教育の現状と課題

（1）実践における科学教育の現状

ハーレンとリプキンは、幼児期に経験しておきたい科学として13分野（植

物、動物、ヒトの体、空気、水、天気、岩石と鉱物、磁石、重力のはたらき、簡単な機械、音、光、環境）を挙げている。幼児期には、幼児の興味・関心に沿ってこれら多様な科学分野と、生活や遊びの中で関係性を育むことが重要であることが指摘されている。しかし、いくつかの研究によると、幼児教育において科学的な活動がほとんど行われていないということが示されている。

　北野が幼児の好きな遊び場面を分析し、子どもが保育者に尋ねたり友達同士で教え合ったりしている内容を小学校学習指導要領の内容と比較し分析した結果においては、理科に関わる内容は2％と他と比較して（「体育」(38％)、「図画工作」(21％)、「生活科」(18％)、「音楽」(10％)）大変低いということが明らかになっている。また、トウ（Tu）の調査では、20の幼稚園での活動を分析し、保育者が子どもと関わる時間が科学的な空間で最も少なかったこと、植物以外の科学の素材がある保育室がほとんどなかったこと等が明らかにされ、幼児期において有意義な科学的な活動に関わる機会の少なさが指摘されている。

　また、日本の科学絵本398冊について分析したところ、13の科学分野のうち動植物に関する絵本が全体の約70％を占めており、物理や化学分野の絵本は少なかったということが報告されている。このことから、保育者が日常で用いる科学絵本には、動植物が多く用いられるという偏りが生まれる可能性があることが推察できる。

　以上のように、幼児期における科学教育は重要だとされながらも、実践において行われることは少なく、実践されていても動植物に関することに偏っているのではないかということが考えられる。

（2）科学教育に関する保育者の意識や認識

　ハーレンとリプキンは、科学教育には、「科学への前向きな態度が教師に必要ですし、子どもたちを触発し、助言し、促進する役割を果たす能力もそなわっていなければなりません」と述べており、科学に対する教師の態度の重要性に言及している。幼稚園教育要領や保育所保育指針、認定こども園教育・保育要領（以下、要領・指針）でも、子どもが興味や関心を持って主体的に関わりたくなるような環境を保育者が構成していくことの重要性が述べられており、幼児期の子どもたちの学びに保育者が果たす役割は非常に大きいことは明白だ。さらにヘーゼゴーとチェイクリン（Hedegaard and Chaiklin）も、毎日の遊びの中で科学的概念をともなうことについて保育者が取り入れることができた

ら、子どもの思考や実践はまったく変わるだろうと教師の気付きの重要性について述べている[13]。キャンベルらも、子どもたちの日常の発見から生まれる偶発的な学びから、知識を得たり理解したりできるように保育者が促すことの重要性を指摘している[14]。偶発的な学びとは、「物事や何か特定のこと（例えば、いもむしがどのように動くかを見る）を観察したり、問題を解決したり（切り株から落ちないようにどうバランスをとるか試す）」する中で生じるものであり、保育者がそれらを科学として捉えることが１つのアプローチであるとしている[15]。先ほどの例で言えば、氷を見つけ「氷を作ってみたい」という子どもがいた場合に、その子どもの興味を、科学する心だと捉え、科学的な遊びにつながりそうだと考えることができれば、氷を一緒に作ろうと提案したり、どこに置くのがいいかを考える機会を与えたりすることにつながるということである。

　以上のように幼児期に科学教育を行う上で欠かせないのが保育者の科学に対する興味・関心や認識であると言える。子どもの興味・関心を基にした遊びの中での行動や発言を科学的な活動として捉え、遊びを広げたり子どもが考えたり試したりする機会を提供しなければならないからである。しかし、保育者の科学に対する意識や認識に関しては、以下のようなことが明らかになっている。

　斉藤・宇野が、保育者養成校に入学した学生の自然科学に対する興味・関心・意識並びに基礎知識の内容を調査し、分析した結果、科学一般に対しては、約61％の学生が「興味・関心がない（「あまり興味・関心がない」「全く関心がない」の合計）と回答していた。また興味があっても、化学や物理分野への興味・関心が、生物や地学分野へのそれよりも低いことも明らかにされている[16]。また、浅木は、保育士を目指す学生を対象に昆虫のセミの知識に関する質問紙調査を行った結果から、学生の「理科離れ」が顕著な結果として表れたと結論づけている[17]。その質問紙調査の中の１つ、「セミの生態を幼児に教えたいですか？」という質問に対しては８割以上の保育士を目指す学生が幼児にセミの生態を教える意欲がないと答えたという結果になっていた。このようなことからも、将来、保育者になる可能性が高い学生の科学に対する興味や関心の低さがうかがえる。

　また、小谷が、幼稚園教諭に対して、科学に対するイメージについて半構造化の個別面接調査を行ったところ、科学に対するイメージとしては、小学校までは興味があったが、中・高等学校で論理的になるにつれて興味が薄れていっ

たこと、調査対象者である幼稚園教員4名全員が、幼児期における科学教育を小学校以降の「理科」学習と同様に捉えていたこと等が明らかになっている[18]。そのため、科学に対する苦手意識を持っていたり、「どのように科学を保育に導入して良いのかに苦慮していた」[19]りしていたこと等が述べられている。いずれも、調査対象が非常に限定的で少数であることから一概に結論づけることはできないが、先行研究からは、保育者もしくは保育者になる可能性が高い学生の幼児期の科学教育に対する認識には、興味・関心の低さや苦手意識において課題があると推察でき、日常の生活や遊びの中での科学的な活動に対して、保育者がより意識して着目していく必要性がうかがえる。

第3節　今後の展望

　幼児期における科学教育の意義や現状、課題について述べてきた。幼児期の科学教育は重要であるが、実践においてあまり注目されないことや保育者の意識や認識という点で課題があることがうかがえた。以上をふまえ、ここでは、どのようにして幼児期の科学教育の充実を図っていくことが可能か、2つの視点から考察する。

　1つめは、幼児期のカリキュラムから考えていくことである。日本の幼児期のカリキュラムは、2017年に、幼稚園教育要領、保育所保育指針がそれぞれ改訂（定）された。その中で「幼児期の終わりまでにそだってほしい姿」が新たに明示された。その中の「思考力の芽生え」「自然との関わり・生命尊重」に着目すると、「思考力の芽生え」は「身近な事象に積極的に関わる中で、物の性質や仕組みなどを感じ取ったり、気付いたりし、考えたり、予想したり、工夫したりするなど、多様な関わりを楽しむようになる」等と示され、「自然との関わり・生命尊重」は、「自然に触れて感動する体験を通して、自然の変化などを感じ取り、好奇心や探究心をもって考え、言葉などで表現しながら、身近な事象への関心が高まるとともに、自然への愛情や畏敬の念をもつようになる」等と示されている。また、保育のねらい及び内容において科学教育に近いと考えられる領域「環境」を見ても、「身近な環境に自分から関わり、発見を楽しんだり、考えたりし、それを生活に取り入れようとする」等、「科学」ということばこそ用いられてはいないが幼児期の科学教育に関連する内容が示されている。以上のように、これまで述べてきた幼児期の科学教育において育ま

れると考えられる力が含まれた記述が日本の要領・指針にあるのである。アメリカのように科学教育に特化したカリキュラムがあるわけではないが、今一度、保育者が要領や指針を見直し、自覚し、保育において実践していく必要があるのではないだろうか。

　もう1点は、保育実践において科学教育に関する一定の基準や指標の活用することである。欧米では、保育の質や子どもの発達と育ちに関する評価スケールが開発されており、保育の質の向上のため等の大規模縦断研究に用いられてきた。国際的に広く使用されてきた評価スケールとして代表的なものは、ECERS-R（Early Childhood Education Rating Scale-Revised Edition）[20]、ITERS-R（Infant/Toddler Environment Rating Scale）[21]、SSTEW（Sustained Shared Thinking and Emotional Well-being Scale）[22] 等が挙げられる。それぞれの評価方法や内容については割愛するが、ECERS や SSTEW の評価の項目には科学教育に関するものが含まれている。それを保育者が自分の保育の振り返りをする際に用いることで、科学教育について保育者が意識するきっかけとなり得ると筆者は考える。例えば、ECERS-R の評価項目には、「自然／科学」「砂／水」「思考力を育てる語りかけ」等があり、それぞれに細かい指標が設定されている。「自然／科学」であれば、「自然／科学の2つ以上の分野で、発達にふさわしいゲームや教材が使える」かどうか、「毎日の日課として自然／科学のことがらを取り上げている（例：天候について話す、虫や鳥を観察する、季節の移り変わりについて話し合いをする、風のある日にシャボン玉を吹いたりたこ挙げをしたりする、雪が溶けて凍るようすを観察する）」かどうか等保育者の行動や環境構成に関する具体的な指標が示されている。SSTEW には、「子どもたちの行為や興味について、それが生じた時に指し示し、共有し、説明している。シンプルな科学的概念、説明的概念を紹介している」かどうかを問う指標等がある。また、この指標に関しては、「例えば、素材や表面の性質の違いについて、また、それらの違いが遊びや動きにどのような違いをもたらすかについて、話し合うこと（例：ざらついた手ざわりのモノだと、ボールがゆっくり走ったりするが、なめらかな手ざわりのモノだと、速くなる）。他にも、音の大きさと距離の関係、影、動物、虫、植物等がどのように動いたり大きくなったりするか等」と、具体的な補足と例が示されていて、使用する人がイメージしやすい指標となっている。以上のように、一定の基準や指標のうち科学教育に関連している部分を用いて、保育者が自分の日々の保育実践を振り返ることで、普段の保育において科学的な活動について意識を向

ける機会を生み出すことができるのではないだろうか。埋橋は、一定の基準や指標を用いて自分の保育を客観的に見直すことは保育者の意識や保育の質の向上につながると述べている[23]。科学教育に限定して指標を用いて保育を振り返ることで、保育者自身の科学に関する意識が向上し、その後の保育実践で保育者の環境構成や行動が変わっていくということにつながる可能性も考えられる。

おわりに

　幼児期の子どもは、好奇心、探究心が旺盛で、「なぜ？」「どうして？」と疑問をもつ。そこに対して保育者はどう関わるかが非常に重要である。その姿を見逃してしまうか、科学する心だと捉えて科学教育につなげていくかは保育者の気付きや行動に左右されるところが大きく、やはり幼児期における科学教育の意義を保育者が認識することは重要だろう。もちろん、要領・指針にもあるとおり、保育は総合的、一体的に進めていくものであり、科学教育だけを取り入れればいいというわけではない。総合的に保育をする中で、保育者が科学教育に関する意識をもって子どもと関わり、子どもの学びの姿勢を育む機会を提供することが重要なのである。

注

1) National Science Teachers Association. NSTA Position statement Early childhood science education（http://www.nsta.org/about/positions/earlychildhood.aspx, 2018年4月30日最終確認）。
2) Organisation for Economic Co-operation and Development. Starting strong II Early childhood education and care, OCED pubrications, 2006.
3) 新村出『広辞苑　第六版』岩波新書、2008年。
4) J. D. ハーレン・M. S. リプキン『8歳までに経験しておきたい科学』深田昭三・隈田学訳、北大路書房、2007年。
5) 同上。
6) Coral Cambell and Wendy Jobling, *Science in Early Childhood*, Cambridge University Press, 2012, p. 14.
7) 北野幸子・中川茜「絵本を通じた幼児期の科学教育実践――子どもの視点から考える――」『日本科学教育学会研究会研究報告』第29巻第3号、2014年、78頁。
8) 注5と同じ。

9）北野幸子「遊びの援助における保育者の専門性の確立：小学校教育との学びの連続性を図るために」『科学研究費補助金研究成果報告書』2011年。

10）Tu, T. "Preschool science environment: what is available in a preschool classroom?", Early Childhood Education Journal, 33, 2006, pp. 245-251.

11）Akane Nakagawa & Sachiko Kitano, Science Picture Books for Early Childhood in Japan: How can we use from children's perspectives, EECERA ポスター発表 , 2012年。

12）注5と同じ、27頁。

13）Hedegaard, M. and Chaiklin, S. Radical-Local Teaching and Learning A Cultural-Historical Approach, Aarhus University Press, 2005.

14）注7と同じ。

15）注8と同じ、3頁。

16）斎藤健司・宇野文夫「保育者養成校入学者の自然科学に対する意識と基礎知識」『新見公立大学紀要』第32巻、2011年、86-86頁。

17）浅木尚美「保育者養成校における学生の理科離れの課題と提言――科学リテラシーとブックトーク――」『淑徳短期大学研究紀要』第50号、2011年。

18）小谷卓也『幼稚園教員から見た幼児期の科学教育に対する意識分析』研究論文、2009年。

19）同上、14頁。

20）幼児を対象とする保育環境評価スケール。

21）乳児を対象とする保育環境評価スケール。

22）「保育プロセスの質」評価スケール。

23）埋橋玲子「『保育環境評価スケール』（T、ハームス他著）にみる「保育の質」の評価（保育の歩み（その2））――保育フォーラム　保育の質の評価」『保育学研究』第46巻第2号、362-365頁、2008年。

第11章

中国都市における乳幼児の家庭保育・教育の現状と課題

はじめに

　この30年、中国は、社会主義計画経済から市場経済への転換により、急速な経済成長を遂げている。それに伴い、中国の教育も飛躍的に発展しており、幼児教育の領域では、近年、幼児の人格と権利を尊重し、幼児の発達の法則や学習の特徴をふまえた遊びを中心とする保育・教育が展開されている。

　中国では、1990年代までは、子どもの年齢によって保育・教育の行われる施設が分かれており、0～3歳の子どもは主に、衛生部門が主管する「託児所」で保育を受け、3～6歳の子どもは主に、教育部門が主管する「幼児園」で教育を受けていた。しかし、1999年以降、「一人っ子政策」による子どもの数の減少や早期退職、解雇等による専業主婦の増加等を背景に、0～3歳児の保育需要そのものが少なくなってきたことから、託児所を廃止して、託児所と幼児園を一体化する「託幼一本化」が進行している。

　現在、0～3歳児の大半は自宅で育てられているが、社会経済情勢の変化とともに働く女性が増えており、祖父母や家政婦が子どもの面倒を見ることも多くなっている。また、2015年に、「二人っ子政策」が実施されたことを契機として、乳幼児に対する家庭保育・教育の大切さが強調されている。

　本章では、中国都市における乳幼児（ここでは、0～3歳をさす）の家庭保育・教育の現状と課題について考察することを目的としている。そのために、まず、中国都市における乳幼児の家庭保育・教育の現状について概観する。次に、乳幼児保育・教育に対する保護者ニーズの内容と特徴について明らかにする。そして、最後に、今後の課題について整理することにしたい。

第1節　中国都市における乳幼児の家庭保育・教育の現状

（1）乳幼児のいる家庭の形態と子育て

　1970年代末、中国の人口過剰を抑制するために、「一人っ子政策」が実施された。それにより、2010年まで、一人っ子の家庭がおよそ1億5000万世帯に達した。政府は2015年10月、「一人っ子政策」を改め、全国の夫婦に第2子までを認める「二人っ子政策」へ転換した。現在、中国では、図11-1に示すように、「4・2・1／2」（両家の祖父母4人・親2人・子ども1人あるいは2人）という家族形態が普及している。

　家庭において子どもの面倒を見ることについては、主に、次の3つ類型が存在する。すなわち、第1には、祖父母や家政婦が親に替わって子どもの面倒を見るというものである。第2には、母親が専業主婦として自分で子どもの面倒を見るというものである。そして、第3には、子どもが通常民間機関が運営する乳幼児早期教育センター（以下、「早期教育センター」という）に入園するというものである。

　うち、第1の類型では、祖父母や家政婦は、ほとんどが過去の子育て経験に基づき、子どもの面倒を見ている。親よりも時間的、精神的に余裕を持ち、丁寧に子どもの世話に当っている。いわば、「いたれりつくせり」の育児である。しかし、その方法については、非科学的な考え方ややり方であったりすることが少なくない。例えば、「赤ちゃんは塩を摂らないと、手足に力が出な

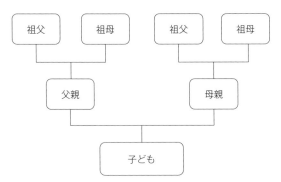

図11-1　中国における4・2・1／2育児モデル

い」、「１歳以降も子どもが母乳を吸えば、その母乳には栄養がなくなる」、「冬は寒いから、家のなかにいたほうがいい」等というように、である。子どもが過保護に育てられることで、自主性に欠け、わがままで、自分だけが大切であると思う「小皇帝」に育ってしまう等の問題が指摘されている。

　また、第２の類型では、現代の若者たちは、子育ての経験や知識もほとんどないまま、親になることが多い。母親は、自信が持てず、育児不安や子育ての負担感を感じることも少なくない。そうした不安を取り除くために、インターネットによる情報収集や啓蒙書の読書、育児講座への参加、日々の子育てを通して、多くの知識や経験を積んでいる。また、わが子に栄養豊富な食べ物を用意し、多様な遊び環境を提供することに努力している。しかし、現代社会は物資や情報に溢れ、生活が便利になった反面、多くの情報や豊かな環境に振り回されることもある。親は、育児について一定の理解が深まるとともに、困惑することも多い。

（２）乳幼児の家庭保育・教育の実態

　「一人っ子政策」以前の時代は、親は仕事や家事に忙しく、兄弟姉妹は互いに面倒を見あっていた。また、血縁者や近隣の人たちが助けてくれることもあった。しかし、現代の親は、高度経済成長期に生まれ、競争社会のなかで育っている。兄弟姉妹や地域における人間関係も希薄になり、多様な人間関係のなかで育ちあうという経験をほとんどしてきていない。

　子育て期にある男性は、社会において働き盛りの世代にあたり、仕事のストレスも大きい。多くの男性は長時間、労働し、残業や出張も多い。そのため、家族と過ごせる時間が短く、家事・育児の分担や家族間のコミュニケーションが十分にとれていない。父親は、子どもとともに育つ環境や日常の付き合いが奪われやすい状況にある。また、多くの「１人っ子」としての男性はそれまでは親から、現在は妻から世話をされているため、責任感が弱く、家事もできず、育児のことからほとんど遊離しているという現状も見られる。

　近年の社会経済情勢の変化とともに、働く女性が増えてきているが、家庭では就労の有無に関わりなく、主に女性が育児や家事を担っている。女性は、仕事と家事・育児がうまく両立できず、身体的、精神的、時間的に余裕を無くしやすい。

　中国では、０～６歳の教育は包括的に「学前教育」[1]と呼ばれている。「幼児

教育」は、3〜6歳までの幼稚園教育を指すのが通常である。最近では、0〜3歳の教育を「早期教育」と称するようになっており、0〜3歳の乳幼児教育がますます重視されている。親は、家庭保育・教育の足りない部分を外部の資源で補うことを考えており、それに応える早期教育センターは親たちに人気が高い。

早期教育センターは、おおよそ0〜6歳の乳幼児を対象として、スポーツや音楽、芸術、英語等のカリキュラムを提供している。一部は、3歳未満児向けの保育を展開している。しかし、その費用がとてもかかる。あるチェーン組織が運営する早期教育センター[2]において、最も安いサービスは、96回の課程で21,980元[3]（約37万円）である。1回45分の課程が229元（約3800円）で、2年間有効である。2017年現在、中国都市の人口1人当たりの国民年間総収入は36,396元（約60万円）、また、1人当たりの国民年間総支出は24,445元（約40万円）[4]であることを考えれば、非常に高額であるといわざるを得ない。しかし、こうした状況にあっても、親たちの子どもに対する教育熱は高まるいっぽうである。

第2節　乳幼児保育・教育に対する保護者ニーズの内容と特徴

（1）地域における保護者の成長支援システム

「ヒトの赤ちゃんは感覚器官の発達はともかくとして、運動機能の発達はきわめて未熟といえます。自分で立って歩くことはもちろん、自分の首を支えることも、また、腕や足をうまくコントロールすることさえあまりできません。自分で食べ物を食べることすらできないのです。赤ちゃんは人の世話がなければ生きていけませんし、また、育たないのです。赤ちゃんは、はじめから人の養育を前提として生まれてきます。はじめから人の中で、人の世話を受けながら育つようになっているのです[5]。」

ここに述べられているように、人間形成の最初の段階である乳幼児期の子どもの育ちは、保護者または家庭保育・教育と切り離してとらえることはできない。この時期における親のかかわりや家庭保育・教育は、子どもにとって非常に重要な要素であると考える保護者が増えている。しかし、前節で指摘したように、現代の若者たちは、子育ての知識や経験もほとんどないまま、親になることが多い。それゆえ、保護者自身の育児能力を高めることがきわめて大切に

なっている。

現在、地域における保護者向けの乳幼児保育・教育サービスは、きわめて限られている。例えば、子どもの身体について、地域から指定されている病院では、乳幼児の予防接種や定期身体検査が無料で実施されている。しかし、0～3歳の子どもの身体はまだまだ弱く、病気に罹りやすい。病院に行けなればならない場合が時としてあるが、多くの場合は、自宅にて療養することになる。筆者が2歳児の母親として、そうしたときが親として一番辛い。十分な経験を持たない親にとって、病気の子どもの看護は、模索しながらやっていくしかないのである。

こうした状況をふまえ、家庭保育・教育の自主性を尊重しつつ、保護者に対する学習の機会や情報の提供等家庭保育・教育を支援するための取り組みが求められているといえよう。具体的には、保護者の保護者としての資質と養育力の向上を目指して、保護者学校や保護者指導センター、家庭保育相談室等の設置や家庭保育研究講座の開講等、地域における保護者の成長支援システムを構築していくことが大切である。

（2）地域における乳幼児の保育サービス

前節で述べたように、近年における社会経済情勢の変化とともに、働く女性が増えている。しかしながら、家庭では就労の有無に関わりなく、女性は育児と家事を一手に担っている。そのため、多くの働いている母親は、仕事と家事・育児が両立できず、過重負担になり、精神的・身体的・時間的に余裕をなくしやすい。そこで、女性のストレスを解消するためのアプローチとして、地域における乳幼児と保護者に対する保育サービスを充実していくことが必要となっている。

例えば、保護者の急な用事や医療施設への通院等により家庭で保育できない場合または育児疲れ等でリフレッシュしたい場合には一時的に利用したいときに、施設緊急一時保育や一時預かり、ひととき保育等が提供される。多様な仕事形態の保護者にとって、夜間や日曜・祝日に仕事のため家庭で保育できない場合には、夜間保育や休日保育が提供される。子どもが病気のとき、保護者が仕事のため家庭で保育できない場合や自身が看護できない場合には、病児・病後児保育が提供される。また、育児の援助を受けたい保護者たちに対しては、ファミリーサポートセンターや訪問育児サポーターが提供される。このよう

に、多様な保育サービスは保護者の支えとなり、今後、さらに子育て支援体制を構築していくことが求められている。

しかしながら、地域において、一時保育や訪問型保育サービス、子育て短期支援事業、特定保育事業等0～3歳児向けの保育サービスを提供する公的な機関はほとんどないのが実情である。子ども活動館や子ども遊園、早期教育センター等は一定程度存在するが、基本的には利益を優先している状況にある。このため、子ども活動センターや子育て家庭支援センター等子ども福祉施設を増設し、地域の保育施設と家族のつながりを深くする、また、0～6歳までの乳幼児保育ネットワークをつくり、保護者のニーズにより多様な保育サービスを提供することがきわめて大切になっている。すなわち、乳幼児の育ちと子育てを、地域社会をはじめ社会全体で支援していくことが必要であり、家庭、保育施設、地域社会と連携しつつ、乳幼児保育・教育全体の質的向上を目指していくことが不可欠である。

第3節　今後の課題

近年、中国では、急速な経済成長が達成されるとともに、教育も飛躍的な発展を遂げている。そのなかで、保育・幼児教育は、高校教育までの基礎教育の一環として非常に重視されている。人間形成の最初の段階である乳幼児期において、保護者による家庭保育・教育は子どもにとって重要な要素である。

特に、0～3歳児の保護者として、子育ての知識や経験もほとんどないまま親になり、自宅で子どもを育てているなかにあって、保護者が保護者としての資質と養育力の向上を目指していくことが大切である。保護者に対する多様な乳幼児保育・教育サービスを展開することをめざし、保護者学校や保護者指導センター、家庭保育相談室等の設置や家庭保育研究講座の開講等、地域における保護者の成長支援システムを構築することが求められる。このことを、今後の課題の第1点目としておきたい。

次いで、課題の第2点目は、育児負担を軽減するため、保護者のニーズにより多様な保育サービスを提供していくということである。施設緊急一時保育や一時預かり、訪問型保育サービス、子育て短期支援事業、特定保育事業等を行い、0～6歳児を持つ保護者に早期教育サービスを提供すること、また、子ども活動館や子ども遊園、子ども家庭支援センター等子ども福祉施設を増設する

ことが必要である。

そして、課題の第3点目は、子ども家庭福祉の視点から、乳幼児保育ネットワークを構築するということである。中国の福祉事業は、北欧諸国や日本のような福祉国家と比べ、まだまだ長い道程があるが、様々な社会問題を解決するため、福祉社会を早めに構築しなければならない。特に、乳幼児保育・教育における社会福祉は不可欠なものであり、乳幼児の育ちと子育ては、家庭の責任だけではなく、社会全体で支援していかなければならない。子ども家庭福祉の対象は、子どもだけではなく、その親や家族、さらには、地域社会まで拡大すべきである。すなわち、家庭、保育施設、地域社会と連携しつつ、乳幼児保育ネットワークを構築することが大切であるといえよう。

おわりに

14億人口を有する中国にとって、教育は国の未来をかける重要な事業である。特に、乳幼児保育・教育は、基礎教育中の基礎であり、豊かな人生を送る基盤を築き、国民の全体的な資質向上と社会の進歩に大きな意義を有するものであると認識されている。子どもが健やかに生まれ育つ環境として、家庭環境がその1つとして、ますます重要視されている。子どもが幸福に生きるため、子どもと保護者の多様なニーズに対して、地域における十全な子育て支援システムを構築することが望まれる。

注
1）中国では、就学前の乳幼児に対する保育・教育を「学前教育」と呼んでいる。
2）MY GYM（米国）乳幼児早期教育センター。
3）中国の貨幣単位。
4）sina news（https://news.sina.cn/2018-01-18/detail-ifyqtycw9488146.d.html、2018年4月19日最終確認）。
5）落合正行『子どもと教育——子どもの人間観——』岩波書店、1996年、20頁。伊藤良高・中谷彪・北野幸子編『幼児教育のフロンティア』晃洋書房、2009年。伊藤良高・伊藤美佳子『子どもの幸せと親の幸せ——未来を紡ぐ保育・子育てのエッセンス——』晃洋書房、2012年、等を参照。

第12章

敏感すぎる子どもの育ちを支援するために

はじめに

　子どもは１人１人異なる個性や特性をもっており、子どもの育ちを支援する立場にある保育や教育の専門職者はそれらの理解をベースに子どもとかかわることが求められる。近年、「特別な配慮」を要する子どもが臨床現場において増加傾向にあり、彼らの行動理解や対応の難しさが課題となっている。このような子どもたちの背景には、発達障害等の疑い、養育環境の問題等、いくつかの要因が指摘されている。

　一方、「恥ずかしがり屋」、「人見知り」、「引っ込み思案」等内向的行動を示し、さまざまな事象に敏感に反応する子どもの存在は、以前から保育や教育現場では一定数存在しており、多くは子どもたちの成功体験を通じて自信を得ていくプロセスの重要性が主張されてきた。しかし、近年の研究では、この高い過敏性を示す子どもの中には生まれつきその気質をもつ子どもが含まれていることが明らかになっている。エレイン・N・アーロン（Aron, N. A.）は生得的に敏感すぎる子どもを Highly Sensitive Child（以下 HSC と略す）と称し、彼らの特性を明確化すると共に、HSC の子育てや教育のあり方を提言している[1]。

　本章では、日本においては比較的新しい HSC の概念を取り上げ、考察を試みるものである。まず、HSC について先行研究から概観し、不登校ケースを例に HSC への支援のあり方を考察する。そして、最後に HSC をめぐる課題と展望について検討したい。

第1節　敏感すぎる子どもをめぐる現状

（1）敏感すぎる子どもとは

　感覚情報を脳内で処理するプロセスの生得的個人差は感覚処理感受性（sensory-processing sensitivity、以下 SPS と略す）と呼ばれ、SPS が高い人々は刺激に非常に敏感で、刺激過剰になりやすく、行動を決める前にこれまでの経験と照らし合わせ確認する傾向があるとされる。アーロンは SPS を内向性や神経症傾向等とは異なる概念であることを明らかにし、このような高い敏感性を示す気質を持つ人を HSP（Highly Sensitive Person：以下 HSP と略す）と命名した。日本ではこれまで HSP に関する書籍が翻訳され出版される等、生得的にさまざまな刺激に過剰に反応する、いわゆる「過敏な」人々の存在について関心は高まってきている。これらに関する先行研究としては、SPS に関連した研究や、HSPS（Highly Sensitive Person Scale）の邦訳版を作成したもの等がある。

　さらにアーロンは HSP の知見に基づき、生まれつき過敏性の高い子どもである HSC の特徴として以下6項目を挙げている。① 細かいことに気づく、② 刺激を受けやすい、③ 強い感情に揺さぶられる、④ 他人の気持ちにとても敏感、⑤ 石橋を叩きすぎる、⑥ よくも悪くも、注目されやすい。具体的には、身体面での敏感さでは「かすかな音や臭いに気づく、人込みや騒がしい場所を嫌う、痛みに強く反応する」、感情面では「人の機嫌を察知する、複雑で鮮明な夢を見る、よく泣く」、新しいものに対する敏感さでは「ささいな変化に気づく、大きな変化を怖がる、新しい環境には常に気後れする」、社会的に新しいものへの敏感さでは「よく知らない人であるほど躊躇する、知らない人の中で注目を浴びるのを嫌がる」等である。このように生得的に過敏な子どもたちは子ども全体の15〜20％を占め、その割合に男女差や人種間の差はないとされる。一方、HSC は自閉症スペクトラム障害、AD/HD、精神疾患等と誤診されるケースがあるものの、明確に異なる概念であるとされている。これら HSC を評価するチェックリストを表12-1に示した。

　以上、HSC 概念について概観すると、敏感すぎる子どもたちは他児よりもはるかに多くの感覚的な刺激を受けながら生活しており、時に不快感や疲労感を伴いながら、日常生活を送っていることが理解できる。また、HSC の場合、鋭敏すぎるゆえに表出される行動は内向的、環境に慣れにくく怖がり等、ネガ

表12-1 HSCかどうかを知るための、23のチェックリスト

次の質問に、感じたままを答えてください。子どもについてどちらかといえば当てはまる場合、あるいは、過去に多く当てはまっていた場合には「はい」、全く当てはまらないか、ほぼ当てはまらない場合には「いいえ」と答えてください。

1	すぐにびっくりする	はい・いいえ
2	服の布地がチクチクしたり、靴下の縫い目や服のラベルが肌に当たったりするのを嫌がる	はい・いいえ
3	驚かされるのが苦手である	はい・いいえ
4	しつけは、強い罰よりも、優しい注意のほうが効果がある	はい・いいえ
5	親の心を読む	はい・いいえ
6	年齢の割りに難しい言葉を使う	はい・いいえ
7	いつもと違う臭いに気づく	はい・いいえ
8	ユーモアのセンスがある	はい・いいえ
9	直感力に優れている	はい・いいえ
10	興奮したあとはなかなか寝つけない	はい・いいえ
11	大きな変化にうまく適応できない	はい・いいえ
12	たくさんのことを質問する	はい・いいえ
13	服がぬれたり、砂がついたりすると、着替えたがる	はい・いいえ
14	完璧主義である	はい・いいえ
15	誰かがつらい思いをしていることに気づく	はい・いいえ
16	静かに遊ぶのを好む	はい・いいえ
17	考えさせられる深い質問をする	はい・いいえ
18	痛みに敏感である	はい・いいえ
19	うるさい場所を嫌がる	はい・いいえ
20	細かいこと（物の移動、人の外見の変化等）に気づく	はい・いいえ
21	石橋をたたいて渡る	はい・いいえ
22	人前で発表するときには、知っている人だけのほうがうまくいく	はい・いいえ
23	物事を深く考える	はい・いいえ

〈得点評価〉13個以上に「はい」なら、お子さんはおそらくHSCでしょう。しかし、心理テストよりも、子どもを観察する親の感覚のほうが正確です。たとえ「はい」が1つか2つでも、その度合いが極端に高ければ、お子さんはHSCの可能性があります。

出典：『ひといちばい敏感な子』エレイン・N・アーロン著　明橋大二訳　1万年堂出版　2015年28-29頁より筆者作成。

ティブに印象付けられることが少なくない。したがって、子どもの「敏感さ」を正確に理解し、特性に配慮した働きかけがなければ、子育ちや子育てに負の影響を与えることになる。日本では、子どもの生得的な「過敏」に関する問題を扱った先行研究は少ないが、雑誌『児童心理』(2016年70巻第3号)では「敏感すぎる子」と題し、特集が編まれている。次節では、本誌を中心に教育現場からこの問題を概観する。

(2) 教育現場における敏感すぎる子どもの実態

根本橘夫は現代の子どもの示す過敏性の特徴について、自分自身に対する評価への過敏性であると述べている。自分に向けられた低評価への受け止めは、内的反応型(神経質、内気、動揺しやすい、傷つきやすい等)の子どもでは容易な心の傷つきやすさとして、また外的反応型(過度の自己主張、対抗的行動、物事への過度の執着等)では過敏な防御反応として現れると説明しており、この過敏さの背後には自己に対する「無価値感」が存在することを指摘する[11]。

また、本誌では敏感すぎる子どもへの学校での具体的事例として、対人関係に傷つきやすい子[12]、教師の言葉に敏感な子どもへのかかわり方[13]等、その対応方法について言及されている。これらの事例は教育現場における敏感すぎる子どもへのかかわりに際し、その敏感さを否定するのではなく、子どもたちのありのままの感情を受容すること、個々の背景や状態を正確に理解し、彼らの敏感さをストレングス視点からとらえる必要性を示唆している。

昨今、教育現場ではいじめや不登校等への対応、特別支援教育の充実等、さまざまな課題が存在する。それらの解決には、家庭や学校における環境、子どもの要因等複合的に理解する視点と対応が必要となる。そのうち、不登校については2016年文部科学省通知[14]において「取り巻く環境によっては、どの児童生徒にも起こり得ることとして捉える必要がある」とされ、不登校の長期化により支援が受けられない状況が継続しないよう、そのあり方を検討する旨が示された。藤井靖は、不登校事象を「子どもの敏感さ」の視点から取り上げ、不登校に特徴的な過敏さを①集団から受ける圧力に対する過敏さ、②ことばに対する過敏さ、③環境刺激に対する過敏さ、④身体の過敏さ4パターンに類型し、「過敏さ」が不登校の子どもの登校や教室復帰の障害になると指摘している。さらに、不登校のタイプ別からみる過敏さが強く影響すると考えられる類型として、親子ともに過敏さをもつ「分離不安が強いタイプ」、「対人関係に問

題があるタイプ」、「良い子エネルギー不足タイプ」等を挙げている[15]。

子どもの過敏性と不登校の関連について、発達障害や自閉症スペクトラムと関連付けて報告された文献は散見されるものの、日本においてHSCの視点から言及されたものはきわめて少ない。そこで、次節ではHSCが考えられる児童の不登校事例から、支援のあり方について検討する[16]。

第2節　不登校事例にみる敏感すぎる子ども

(1) ケースの紹介と支援経過

X年9月より、A子（小学3年生）より「学校に行きたくない」との訴えが保護者にあった。理由についてA子は「わからない」の一点張りであったが、訴えから10日を経過した頃初めて「クラス全員の女子が私を無視したから」と話す。保護者が担任に相談するも、周囲の子どもたちとは笑顔でコミュニケーションをとっており、1学期の様子も含め、いじめ等の事実は確認できないとのことであった。A子も「無視ではなかったかも」「私の思い過ごしかもしれない」とあいまいである。9月当初は数日欠席し、数日学校に行くパターンの繰り返しであったが、次第に「教室の雰囲気がつらい」「みんなの視線が怖い」「声や音がうるさくて頭が痛くなる」等の訴えが増え、11月頃からは保健室への登校がメインとなった。

A子は幼少期より関係が浅い他者の前で発言することはなく、恥ずかしがることが多かった。一方で、慣れた場所や人の前では活動的でユニークな言動を見せ、場面によって変化が大きかった。幼児期は保育所への登園を拒むことが数回あったが、実際に欠席が続いたことはなく、保育士からは周囲のことによく気づき、責任感が強くしっかりした子どもという評価であった。小学校入学後は新しい環境下で緊張した状態が続いていたが、教師の指示に従順で、帰宅後にはまず宿題等の課題を済ませ、絶対に忘れ物がないよう何度もランドセルの中身を確認する等、学校に関する事柄に対しては生真面目すぎるくらいの行動が見られていた。1、2年次の担任からは、学業成績も良く、何事にも丁寧、友達にもやさしく気配りができ、全く問題が見られない模範的な生徒であるとの評価であった。A子は先生から注意されること（A子本人にではなく、クラス全体または他児に対する叱責）や、周囲から注目されること（例えばリレー選手になる、絵画作品等が入選する等）と苦手な給食には拒否反応を示すものの、特段の問

題なく登校していた。しかし、3年次のクラス替え以降、安心して一緒に過ごせる友人がクラスにいなかったことがA子の不安を強めた。加えてクラス内の女児同士が陰で悪口を言いあう姿や、グループ内での無視等を目の当たりにするようになると、帰宅後に「クラスの雰囲気が怖い」、「みんなの声がうるさい」、「ケンカに巻き込まれたくない」、「いつも疲れる」等不満を口にするようになった。しかし、当初母親はA子の言葉を重く受け止めず、そのようなときにどう行動すればよいかを一緒に考えるというかかわりをもった。担任もA子は学校生活において全く問題ない生徒であると認識しており、A子は1学期の間、1日も学校を欠席することなく夏休みを迎えた。

X年9月〜翌年の3月までの期間に見られたA子の変容と保護者等のはたらきかけについて**表12-2**に整理した。

(2) 事例考察

母親による、A子のHSCチェックリスト評価では、23項目中20項目が当てはまるという回答を得た。さらに、当てはまった項目は日常的かつ頻繁にA子が示す行動特性であり、環境の変化や不安が高い場面ではより強く現れるとのことであった。これらをふまえると、A子はHSCの可能性が高いと判断できる。つまり、A子の「不登校」は、単にA子のわがままや忍耐力の乏しさ、弱さではなく、生得的に高い敏感性や感受性から派生する事象としてとらえる視点が必要であることを意味する。

事例経過に伴い、HSCの特性と関連付けて大きく3点のポイントを指摘する。まず、A子の過敏性に対する周囲の誤った見立てである。3年次の担任はA子について、学習成績もよく、常に温和で協調性があり、色々なことによく気が付き、行動に移してくれるため、頼もしく信頼がおける生徒としてとらえていた。家庭では学校に関すること以外では大雑把で片づけが苦手、自己主張が強く、踊ったり歌ったり自由に表現することを好む等、A子が見せる姿は場面によって大きく乖離していた。しかし、保護者も担任もそのようなA子の姿を「学校で頑張っている分、家庭ではリラックスしている」「メリハリがある」等、肯定的にとらえていた。この点が、A子が長く抱えていた学校での生きづらさに対し、周囲の共感が遅れた要因であると考えられる。

次に、友人との関係が不登校を引き起こす1つのきっかけとして作用した点である。HSCの子どもは、1対1での友情を築くことができる親友がいるこ

表12-2　不登校の経過（X年9月～3月）

期	登校状況	A子の姿	母親および周囲のはたらきかけ
Ⅰ期 不登校初期	・9月初旬、数日欠席。以降、1週間に2～3日程度の登校となる	・クラスの複数の女児から無視されたと訴え、「教室が怖い、行きたくない」と話す。 ・朝の起床が困難となり、制服を着ることができない。 ・欠席した日はベッドで眠り続けることが多い。 ・学校に行かなければならないが、体が思うように動かない。「これまでがんばってきたのに、自分がこんなことになるとは思わなかった」と涙をこぼす。学校への恐怖感と欠席が続くことに対する焦燥感との間で葛藤している様子。 ・「自分は何にもできない」「生きていてもしょうがない」と否定的な言葉を発する。 ・登校した日は疲れ果てて帰宅する。宿題も手につかず、ぐったりしている。半面イライラした様子を見せ、物を乱暴に扱ったり、家族に対して暴言を吐く等の行動が見られる。 ・学校では音が異様にうるさく、ひどく頭痛がすると話す。 ・もともとの偏食が一層強くなり、給食が苦痛で学校に行けないとの訴えが多くなる。	・初めての欠席後は、保護者が学校に行くよう強く促す。 ・担任による家庭訪問。 ・保護者・学校とも欠席の長期化を心配し、焦りを募らす。 ・母親が大学教員へ相談。教員より、「A子本人の気持ちの優先」と「自己選択を尊重」するよう助言。父母とも、登校はA子自身で決めることを尊重する。 ・担任、校長、養護教諭、保護者間で協議。A子の状況を見守り、思いに沿うという方針を共有。 ・欠席の際は学校へ連絡を入れ、その都度、保護者は担任とA子の状況について情報共有する。
Ⅱ期 不登校中期	・10月下旬以降、1週間に1日程度の登校 ・教室に入れず、保健室登校へとシフト ・12月は終業式前日と当日2日間のみ登校	・初期は周囲からの噂や評価を気にし、苦痛の表情で登校していたが、欠席が続くようになると、「みんなが不登校と思っている。変な子と言われている」と話すようになり、次第に登校への意欲を失くしていく。送迎時、車から降りることができない日は体を震わせ、涙を流す日もある。 ・次第に自ら教室へは一歩も入れなくなる。一週間に一日程度は保健室に登校する。保健室登校	・家族はA子が学校に行かないことについて否定的な言葉をかけないようかかわる。 ・母親はA子の語りを傾聴し、繰り返される不安についての訴えに対しては「だいじょうぶ」等、安心できる声かけをする。 ・教員やクラスメイトのかかわりが時々ストレスになっている状況を担任に伝え、学校でのA子への接し方について意見交換をする。

第12章　敏感すぎる子どもの育ちを支援するために　121

		・後も2時間程度の授業に参加し、早退する日が増える。 ・学校へ行く日は表情が硬く強張る。帽子を目深にし、視線が合わないよう顔を隠すようにして、保健室へ入室する。 ・保健室では先生の手伝いや学習、他の保健室登校児童とコミュニケーションをとって過ごす。時々訪れるクラスメイトと交流するも、疲れる様子。クラスメイトがA子を心配して書いた手紙にも関心を示さない。 ・時々、突然クラスメイトから無視された光景がフラッシュバックし、涙を流す。先生に叱責されたり、友達とケンカをしたり、怖いことから逃げる内容の夢を頻繁に見ると話す。 ・11月下旬より一週間以上連続して欠席が続くようになる。家庭では、主にテレビやネット動画の視聴をして過ごす。好きな習い事には時々参加するが、「休んでいるから」という理由で、その他の外出はほとんどしなくなる。毎日のように「疲れた」「家にいるのは退屈で飽きた」と言う。	・家庭では規則正しい生活にこだわらず、A子の状態と本人の選択を見守る。 ・学校に行けないことは「悪い」ことではない、おとなも子どももエネルギーがなくなることがあると話し、徐々に体力を回復しつつあるA子の状態を肯定的に伝える。
Ⅲ期　不登校後期	・1月始業式の翌日から保健室登校を始める。次第に保健室を経て教室に入るようになる。 ・2月以降、時々欠席はするが早朝より登校し、教室で一日過ごす。 ・3月は遅刻・早退なく、通常登校する。	・冬休み期間はリラックスし、笑顔で過ごす。3学期からは登校することを担任に伝えてほしいと話す。登校準備も笑顔で行う。 ・始業式は欠席。翌日からはチャイムが鳴った後の保健室登校ながらも毎日登校した。1月中旬には1時間目が始まる前の朝活動時に保健室から教室へと移行できるようになったが、教室入室時のクラスメイトの視線が怖い、苦しいと訴える。 ・1月下旬から、通常の登校時間に切り替えるも、他の子どもが登校している時間帯は下車でき	・始業式に登校できなかったが、母親は「学校に行くエネルギーはたまってきているよ」とA子に伝え、A子の気持ちを汲みながら、登校を促す。 ・登校の様子について、毎日担任とA子に確認をしながら、疲労感が高まっている様子のときは学校を休んでいいことをA子に伝える。 ・他児の視線に対するこだわりが強いため、A子の希望をふまえ、学校との協議のうえ、登校時間を早める。

	ず、「帰りたい」と泣く日もある。 ・人の視線を気にしないでいいよう早朝に登校し、教室に一番早く入るようにする。 ・登校が続くようになると、クラスメイトからの「なぜ欠席するのか」という問いかけがなくなり、教室で安心して過ごすようになる。 ・不登校前と同じような生活が学校で送ることができるようになり、下校後も苦痛を訴えることが少なくなる。

とで自己肯定感が高まるとされる[17]。A子が3年生のクラス替えから孤独感と不安感を抱くようになった背景には、自身が心を許せる友達がクラスに存在しなかった部分が大きい。その気持ちを十分に理解してもらう機会がなかったことは、徐々にA子の学校への不安を高めていった。小さな不適応が蓄積することで、A子の夏休み明けの学校への拒否感を強めたと考えることができる。

　一方、本事例は、比較的早い段階でHSCの可能性を念頭に置きながら、A子へのはたらきかけを行うことができたケースでもある。登校を第一目的とせず、A子の精神的な疲労回復を優先し、可能な限りA子が自己選択できる機会を学校、家庭との連携のもとで提供し続けた。これまでA子が言語化できなかった不安感、焦燥感、失望感等さまざまな感情と共に向き合いながら、肯定的対応を一貫して行ったことが、比較的短期間でA子の日常を取り戻す契機となったのではないかと考えられる。不登校後期は、他児の視線に過敏に反応するA子の姿が見られたが、早朝登校の許可を得ることで、学校生活でのリズムを取り戻すことができた。再び毎日登校できたことはA子の自信につながり、授業中の発言や役割決めで立候補する等積極的な行動をもたらすこととなった。アーロンは子どものストレスを減らす効果的な方法として、①休む回数を増やす、②触れ合いを多くする、③互いが目指すものを前向きに語り合う、④危機こそチャンスと受け止める等を挙げている[18]。この間、保護者らもA子同様、不登校に対しゆらいだ日々であったと思われる。しかし、A子に対し、待つ姿勢を貫くことができたのは、HSCの理解と辛さを語ることができる他者の存在、そして何よりも保護者や教師らがA子のもつ力を信じたこと

が大きい。

　本事例は一事例に過ぎないが、明確な要因がない子どもの不登校の場合、その背景要因としてHSCの影響を検討し、その特性に応じた支援を検討する必要性は高いと考えられる。

第3節　課題と展望

（1）敏感すぎる子どもに対する支援課題

　HSCは、生得的に感覚の過敏性を有すること、子ども全体で約2割の子どもがその特性を有していること等が明らかになっている。しかし、HSCと認められる範疇であっても、子どもたちは固有の存在である。さまざまな疾患や障害の診断基準がそうであるように、HSC評価基準に当てはまるということは、その子どもの全般的理解には役立つが、支援において1人1人を丁寧に観る視点は欠かせない。

　とりわけHSCの特性は周囲から欠点としてとらえられるリスクをはらんでいる。HSCの中には自分に対する周囲の感情を敏感に感じとり、生きづらさを抱えるケースもある。長沼睦雄は誰からも「いい子」と認められる子どもが、自身の感情を押し込め続けることで、体調不良、不登校、意識の解離症状を起こすケースの診察経験をふまえ、子どもが敏感すぎることを負の要素としない生育環境の配慮が重要であると述べる。[19]子どもの敏感さへの理解が不十分な場合、周囲の大人たちが子どもの行動を否定的にとらえることにつながり、時に子どもがもつ本来の力を引き出すことを妨げる結果となるかもしれない。ゆえに、HSCの子どもやその親に対する、正しい理解が必要とされ、また彼らの気持ちに寄り添える支援者の存在が鍵となる。スモールステップで共に課題を克服し、子どものストレングスを伸ばすことが重要である。日本ではまだHSCに関する研究は少ないため、今後は子育てや保育・教育の現場から支援のあり方を検討していくことが求められる。

（2）子育て・子育ちへの示唆として

　暑さや寒さ、チクチクする服、臭いへの過剰な反応、集団に加わらず1人で遊ぶ、偏食、大人や親しくない人とは口をきかない等、他の子どもとは異なるHSCの特性は、時に保護者を不安にし、また「手がかかる」という印象を与

えやすい。このような子どもについては、敏感さのマイナス面に目が向き、育てにくさを感じる親が多いことが明らかになっている[20]。

「敏感な子ども」には、その特性に応じた育て方が重要である。HSCでは乳児期からすでにいくつかの特徴が見られ、幼児期、学齢期にかけて、親や周囲の適切なはたらきかけが重要となる。子どもの特徴に応じたかかわりは、その子どもの敏感さや養育環境等、多側面からのアセスメントが求められる。HSCの子どもへの支援にはどの時期にも共通して、その特性をポジティブに受け止め、子どもたちが直面する不安や課題に1つ1つ丁寧に向き合っていく周囲のサポートが重要であると言える。

おわりに

本章では、敏感すぎる子ども「HSC」について取り上げ、事例を通し子どもたちへの支援のあり方について考察した。HSCは日本の臨床現場において十分に浸透している概念ではないであろう。子ども期の問題は常に成人期の問題へと移行していく。敏感すぎる子どもが大人になるまでにどのような環境で育つかということは、「HSP」が抱える生きづらさを解く大切なカギになる。親をはじめとし、子どもの育ちにかかわる保育士や教師らがHSCの理解を進めていくことで、HSCの子どもたちのもつさまざまな個性を引き出し、肯定的に成長していく機会をつくっていくのではないかと考える。

注

1）エレイン・N・アーロン 『ひといちばい敏感な子』明橋大二訳、1万年堂出版、2015年（Aron, E. N. *The Highly Sensitive Child,* Harper Thorsons, 2002）.

2）Aron, E. N. and Aron, A. "Sensory-processing sensitivity and its relation to introversion and emotionality and emotionality," *Journal of Personality and Social Psychology,* 73, 1997, pp. 345-368.

3）船橋亜希「感受性の個人差に関する研究の概観」『中京大学心理学研究科・心理学部紀要』第11巻第2号、2012年、29-31頁。

4）Aron, E. N. "Counseling the Highly Sensitive Person," *Counseling and Human Development,* 28, 1996, pp. 1-7.

5）エレイン・N・アーロン 『ささいなことにもすぐに「動揺」してしまうあなたへ。』冨田香里訳、SBクリエイティブ、2008（Aron, E. N. *The Highly Sensitive Person: How*

to Thrive When the World Overwhelms You, Harmony, 1997）.
6 ）矢野康介・木村駿介・大石和男「大学生における身体運動習慣と感覚処理感受性の関連」『体育学研究』第62巻第 2 号、2017年、587-598頁。
7 ）髙橋亜希「Highly Sensitive Person Scale 日本版（HSPS-J19）の作成」『感情心理学研究』第23巻第 2 号、2016年、68-77頁。
8 ）注 1 ）と同じ、88-108頁。
9 ）同上、70-71頁。
10）同上、62-67頁。
11）根本橘夫「現在の子どもたちの「過敏」の問題」『児童心理』第70巻第 3 号、2016年、12-18頁。
12）山崎浩一「対人関係に傷つきやすい子」『児童心理』第70巻第 3 号、2016年、34-38頁。
13）吉村潔「教師の言葉に敏感な子どもへのかかわり――子どもの叱り方についての工夫――」『児童心理』第70巻第 3 号、2016年、79-83頁。
14）文部科学省「不登校児童生徒への支援の在り方について（通知）」2016年 9 月14日。
15）藤井靖「不登校の子どもの過敏さ」『児童心理』第70巻第 3 号、2016年、55-61頁。
16）保護者からの相談を受け、社会福祉関連分野の大学教員が助言をしつつ、子どもと保護者への助言等を行った。なお、本支援経過は匿名性を保ったうえで事例研究として公表することについて保護者・子どもへ説明し、同意を得ている。
17）注 1 ）と同じ、346-348頁。
18）同上、328-332頁。
19）長沼睦雄『子どもの敏感さに困ったら読む本』誠文堂新光社、2017年、13頁。
20）髙濱裕子・渡辺利子「母親が認知する歩行開始期の子どもの扱いにくさ――1 歳から 3 歳までの横断研究――」『お茶の水子大学子ども発達教育研究センター紀要』第 3 号、2006年、1 - 7 頁。

第13章

教科書検定をめぐる近年の動向と課題
──中学社会科「学び舎」教科書を中心に──

はじめに
──問題の設定──

　日本の教科書制度は検定制度に触れずに語ることはできないであろう。これまでに、教科書検定が教科書の画一化をもたらす、あるいは教科書が政治的な思想統制に利用される、という見解は数多くだされてきた。家永三郎氏が日本史教科書検定に対して訴訟を三次にわたって提起したことは広く知られているが、1997年に家永氏の主張を一部は認めるかたちで終結した。教科書検定をめぐる訴訟としては、1993年に提訴され、2005年に最高裁にて原告全面敗訴で終結した「高嶋教科書裁判」が存在する。[1]

　教科書検定の必要性の根拠として「教育の機会均等の保障」「教育の水準の確保」「児童生徒の批判能力の欠如」が挙げられるのにも一定の合理性があるとはいえよう。一方、「教科書検定が思想統制に使用される可能性がないとはいえない」「表現の自由に反する」等、検定に対する反対意見も多々存在する。

　本章では、教科書検定をめぐる近年の動向について論じる。すべての教科書について研究対象とすることは不可能なので、本章執筆時点で問題としてとりあげることの多いものとして、中学社会科教科書歴史的分野（2014年度）を主たる研究対象とする。特に、今回新規に参入した出版社によって2度にわたり、教科書検定申請を行い注目された学び舎の教科書に注目する。

第1節　近年の教科書検定をめぐる政策動向
──臨教審以降の教科書検定──

　臨時教育審議会（1984～1987年）は「個性重視の原則」を挙げたことは広く知

られている。「教育改革」において、この原則はその後30年以上にわたって続いているといってよい。教科書に関しても、第三次答申（1987年）において、「個性豊かで多様な教科書が発行されること等をねらいとして、検定基準の重点化・簡素化」を述べている。

1989年に小中高学習指導要領改訂をうけて、1989年4月4日「教科用図書検定規則」（省令）、ついで同省令第3条をうけて「義務教育諸学校教科用図書検定基準」「高等学校教科用図書検定基準」（以下、両社をあわせて「検定基準」という）の告示がされた。さらに、1989年10月17日、教科用図書検定規則実施細則が通知されて、教科書検定制度は新しくなった。

1999年に検定申請された教科書からは「指摘事項一覧表」が作成され、指摘事項に関しては公開されることとなった。高嶋訴訟のときは、検定の結果が通知されるときに述べられたことが、「検定意見」なのか調査官の「個人的な感想」なのかという問題が発生した。今は、検定意見が教科書会社に通知されるときには、会話を双方ともに録音することが認められるようになってもおり、検定手続きの「透明性」は確保される方向にあることを評価できるであろう。

教育基本法の改正以降、2008年には文部科学大臣から諮問をうけた教科用図書検定調査審議会から「教科書の改善について～教科書の質・量両面での充実と教科書検定手続きの透明化～」という答申がでている。2009年には「検定基準」が改正されたが、従前と異なるところとして「教育基本法に示す教育の目標を達成するため」の文言がはいったことがある。改正教育基本法第2条で教育目標が法定されたことに呼応している。

第2節　2014年度中学校教科書検定の動向
――社会科（歴史的分野）を中心に――

（1）教科書検定の動向

中学社会科（歴史的分野）は2014年度検定では8冊の申請があった。従前からある7冊に加えて「学び舎」が新たに加わった。そのうち、6冊は一度で合格し、「学び舎」と「自由社」は不合格となった。検定意見がついた数は学び舎は266、自由社は333であり、「欠陥箇所の多さ」を理由の1つとして、いったんは「不合格」となった。両社とも再提出の末、最終的には「合格」となっている（なお、以下当該年度に出版された教科書を引用する場合は出版社とページ数を示す。

学び舎、自由社に関しては白表紙本（申請の時点での本）が2種類あるため、第1回提出を「五月本」、第2回提出を「二月本」と呼ぶ）。

　教科書検定の合否に「恣意性」があることが批判されることがあるが、2003年の検定からは、「教科用図書検定審査要綱」により、不合格とする場合は、「申請図書100ページ当たりに換算して80を超えるとき」「学習指導要領に示す目標等に照らして、教科用図書としての基本的な構成に重大な欠陥が見られる」等の基準が設けられている。近年（2012年には高校理科（生物）、外国語（英語表現Ⅱ、2013年には「外国語　コミュニケーション英語Ⅲ」）の不合格は上記の理由に基づいており、基準に基づいているといえるであろう。

　不合格がでる場合は、「欠陥個所」が突出して多い場合と「大幅な逸脱」の場合に限られていると考えられ、その点では検定の公平性は担保されているといえよう。

　2014年1月17日の「検定基準」の一部改正の告知がされ、中学社会科に適用される基準として以下の条項が追加された[3]。2014年度の中学校教科書検定から適用される。

　　（2）　未確定な時事的事象について断定的に記述していたり、<u>特定の事柄を強調し過ぎていたり、一面的な見解を十分な配慮なく取り上げていたりするところはないこと。</u>
　　（3）　<u>近現代の歴史的事象のうち、通説的な見解がない数字等の事項について記述する場合には、通説的な見解がないことが明示されているとともに、児童又は生徒が誤解するおそれのある表現がないこと。</u>
　　（4）　<u>閣議決定その他の方法により示された政府の統一的な見解又は最高裁判所の判例が存在する場合には、それらに基づいた記述がされていること。</u>

　　　　　　　　　　　　　　　（下線は筆者により、追加された箇所を示す）

　検定基準に関して、「通説的な見解がない数字」を問題にしているのが、「近現代の歴史的事象」のみであって、古代・中世に関してはなぜそれを問題にしていないかという疑問があるが、ちなみに、第二次世界大戦の死者の数は「軍人230万人、民間人80万人」（東京書籍、227頁）「軍人240万人、民間人約80万人」（帝国書院、233頁）とある。沖縄戦での沖縄県民の死者は「12万人以上」（東京書籍、229頁）、15万人（学び舎、249頁）等、検定済教科書内でも数字が必ずしも一

致していない、ということはある。

　なお、学び舎の五月本で「沖縄戦での沖縄県民の死者は15万人（人口約60万人）」（五月本、247頁）という記述は、基準3-(3)を根拠に「生徒が誤解するおそれのある表現である」という意見がついたが、二月本で記述は改められなかった（二月本、249頁）。なぜかこのときは意見がつかず、合格した教科書もその記述が残っている（学び舎、249頁）。

　新たに追記された検定基準が発動されたのは、3ヵ所、東京裁判に対して（2件）、関東大震災において殺害された朝鮮人（2件）、慰安婦について（1件）の合計延べ5件である。

　東京裁判に関しては、育鵬社および自由社に意見が付せられている。育鵬社の教科書と白表紙本（256頁）と比較すると、「日本政府も占領終了時に、東京裁判の判決を受け入れることを表明しました」の記述が挿入されている（育鵬社、256頁）。前に「勝った側が負けた側をさばいた、裁判官も検察官も大多数が勝った側」等の問題点を指摘したうえで、「このような批判や反省のある裁判ですが、現在の日本政府は、『裁判は受託しており、異議を述べる立場にはない』としています」という文章が挿入されている（自由社、255頁）。いずれも、東京裁判の判決を政府は受け入れているという記述が加筆された。検定意見にどのように対応するかは出版社（執筆者）が決めることであるが、自由社の記述を見る限り、「政府見解は一つの見解」という意味合いで記述する自由は検定制度のもと残されているといえよう。

　関東大震災の際に「殺害された朝鮮人が数千人にものぼった。」という数字（帝国書院、五月本、二月本）に関しては「数千人になったともいわれるが、人数については通説はない（帝国書院、221頁）という記述となった。学び舎は五月本、二月本ともに「数千人の朝鮮人が虐殺された」という記述で申請を行い、いずれも意見が付せられた。「おびただしい数」（学び舎、217頁）と書き改められた。なお、同箇所で関東大震災の「死者・行方不明者は10万5000人」とある（東京書籍、211頁）。10万5千人以上（帝国書院、211頁）、10万人以上（教育出版、209頁、清水書院、219頁、日本文教出版、219頁、自由社、221頁）、10万数千人（育鵬社、219頁）と記述はまちまちであるが、検定意見はついていない。こちらも「通説的な見解がない数字」といえるかと思われる。

　慰安婦に関しては、五月本では、「一方、朝鮮・台湾の若い女性たちのなかには、『慰安婦』として戦地に送りこまれた人がいた」および「金学順の証

言」(五月本、237頁、278-279頁) に「政府の統一的見解に基づいた記述がされていない」という意見がついた。内閣総理大臣が2007年3月16日に以下のような答弁書をだしている (以下の記述は、「答弁書」であるから「閣議決定を経たもの」とはいえる[4])。それを織り込むことが検定で求められた。[5]

　　慰安婦問題については、政府において、平成3年12月から平成5年8月まで関係資料の調査及び関係者からの聞き取りを行い、これらを全体として判断した結果、同月4日の内閣官房長官談話……のとおりとなったものである。また、同日の調査結果の発表までに政府が発見した資料の中には、軍や官憲によるいわゆる強制連行を直接示すような記述も見当たらなかったところである。

上記の「内閣官房長官談話」はいわゆる「河野談話」[6]のことをさすが、「河野談話」自体に「甘言、弾圧による等、本人たちの意思に反してあつめられた事例が数多くあり、更に、官憲等が直接これに加担したこともあったことが明らかになった」とある。なにが「いわゆる強制連行」にあたるかは、見解の分かれるところかもしれない。いずれにせよ、教科書でおしえられるべき史実の有無を、歴史学の専門家でもない数人で開催される閣議で決定するということは、問題視されるべきであり、さらにそれが教科書検定基準に反映されるということは「閣議が『正しい』歴史」を定めるということになりかねないことが問題となろう。[7]二月本では、慰安婦に関する河野談話の一部要約、および「現在……政府は……いわゆる強制連行を直接示す証拠は発見されていない……との見解を示している」という上記閣議決定を引用する記述として (二月本、281頁)、そのまま検定に合格している (学び舎、281頁)。

なお、「南京大虐殺」「南京事件」と呼ばれる事件に関しては、以前の2011年検定で合格した教科書の時点で被害者数を明記する教科書は存在しない。今回もその点で検定意見は付けられなかった。2014年ではさらに「被害者の数については、さまざまな調査や研究が行われていますが、いまだに確定していません (東京書籍、220頁)、「さまざまな説があります」(教育出版、219頁)、「死者数をふくめた全体像については調査や研究が続いています」(帝国書院、220頁) といった2011年検定のときには存在しなかった記述が白表紙本の時点からわざわざ盛り込まれるようになっている。教科書検定が存在することによって、「自主規制」が存在するということのあらわれといえよう。

およそ、学問の研究成果を反映した記述をしなければならない教科書において、「閣議決定」「最高裁判例」が唯一の「正解」かのように取り扱われかねないという問題がある。また、ある内閣で閣議決定されたことが次の内閣で逐一審議されることはないので、一度決定されたことが（学問の研究成果を反映して）変更されることは事実上難しいという問題もある。

（2）「学び舎」発行の教科書について

ここでは、今回の検定ではじめて提出された学び舎から提出された教科書について、とりあげることとする。下記に述べるとおり、従来になかった独自の編集方針を目指すものである。

原稿は、2010年8月に設立された、「子どもと学ぶ歴史教科書の会」が本文案を作成し、検討に検討を重ねて作成された。執筆者として名前を連ねている24名は現教員・元教員（退職者）であり、大学所属の研究者8名が「校閲・コアアドバイザー」という役割分担をしている。「現場発の教科書」という位置づけである。教科書は「教師用図書」でなく、「子ども用図書」である、読むことによって子どもから「問いを生みだす、考える歴史教科書」をつくろうという趣旨であった。

代表をつとめる安井俊夫は中学社会科教員を務めたのちに大学教員となったが、社会科教育に関する著作を何冊も有している[8]。趣旨に賛同する者から1000万円をあつめて会社をつくり、2014年5月に検定申請をしたが、12月に一旦不合格が告げられた。

不合格になった場合、「反論書」を提出することができるが（教科用図書検定規則第8条）、再申請（第12条）ができるゆえ、学び舎教科書執筆者は、2015年2月に再申請を行い、修正意見をうけたのち、2015年4月6日に合格したものが教科書として利用可能となった。

① 五月本検定について

教科書検定に際しては、全体としての合格または不合格となる「理由書」と、指摘箇所を示した書面がつくられる。五月本の指摘箇所は266か所に及ぶが、そのほとんどは個別的な箇所についてである。指摘理由別に二月本検定のときとあわせて示すと、表13-1のとおりとなる[9]。

圧倒的多数は3-(3)「生徒にとって理解しやすい、誤解のおそれのない」ことを求める技術的助言であり、また3-(1)「不正確である」という誤記の

表13-1 学び舎五月本および二月本の検定意見の根拠となる検定基準別数

理由	五月本	二月本
3-(3) 図書の内容に、児童又は生徒がその意味を理解し難い表現や、誤解するおそれのある表現はないこと。	160	54
3-(1) 図書の内容に、誤りや不正確なところ、相互に矛盾しているところはないこと。	64	25
1-(3) …中学校学習指導要領…に示す教科及び学年、分野…の「目標」…に従い、学習指導要領に示す学年、分野…の@内容」及び「内容の取扱い」…に示す内容を不足なく取り上げていること。	13	0
2-(5) 話題や題材の選択及び扱いは、児童又は生徒が学習内容を理解する上に支障がないよう、特定の事柄を特別に強調しすぎていたり、一面的な見解を十分なく配慮なく取り上げていたりするところはないこと。	12	0
2-(1) 図書の内容の選択及び扱いには、学習指導要領の総則に示す教育の方針、学習指導要領に示す目標、…に照らして不適切なところその他児童又は生徒が学習する上に支障を生ずるおそれのあるところはないこと。	9	4
3-(2) 図書の内容に、客観的に明白な誤記、誤植又は脱字がないこと。	0	19
その他（いずれも1件ずつのもの）	8	8
合計	266	102

出典：筆者作成。

指摘である。例えば、論語は「孔子が、弟子と対話した言葉をまとめた書物である。」という誤記や、「院の高い官職」が「生徒にとって理解しがたい表現」であるという指摘である。今回は学び舎にとって初めての検定申請であったこともあり、客観的な誤記や「生徒にとって誤解のおそれのある」といった指摘箇所が多かった。単行本の出版には誤記が含まれることは通常ありえるが、誤記が多かったとはいわざるをえないであろう。

　上記の2-(5)にあたる理由であるが、例えば「15世紀、京都の伏見荘では、……伏見荘のような祭りや盆おどりが、各地でおこなわれるようになります」等の記述には「事典類、通史的概説書にもほとんど取り上げられていない個別事例であり、生徒が理解・追求できない」という意見がつけられた。11箇所が「特定の事柄」のほうが理由であった。ただ一ヵ所だけ「長崎の原爆被害と朝鮮人の被害を学ぶ」のが「話題の選択が偏っており、全体として調和がとれていない」とされた。なにをもって「調和がとれていない」のかを検定官が客観的に決めることができるのかという問題がある。二月本検定ではこの種の意見は皆無であった。

「全体」にかかわる指摘箇所は2ヵ所にすぎない。それは①「学習指導要領に示す社会科歴史的分野の目標に従っていない」（「我が国の歴史の大きな流れを、世界の歴史を背景に、各時代の特色を踏まえて理解させ、それを通して我が国の伝統と文化の特色を広い視野に立って考えさせる」）、②「学習指導要領の内容および内容の取扱いに示す事項を取り上げていない「身近な地域の歴史を調べる活動を通して、地域への関心を高め、地域の具体的な事柄とのかかわりの中で我が国歴史を理解させる」「地域の特性に応じた時代を取り上げるようにするとともに、人々の生活や生活に根差した伝統や文化に着目した取り扱いを工夫すること。その際、博物館や郷土資料館などの施設の活用や地域の人々の協力も考慮すること」の2点である。

あるまとまりについて意見がつけられた場合がある。例えば、「（10）女性作家の登場」の2頁（五月本、52-53頁）に対して、学習指導要領にある「後に文化の国風化が進んだことを理解させる」という内容を含んでいないという意見が付せられた。二月本では同箇所に「国風文化が生まれる」という項目をつくって対応し、そのまま合格している（二月本、学び舎、52-53頁）。

学習指導要領の示す「内容」「内容の取扱い」との不一致を指摘されているところは他にもある。

② 二月本検定について

二月本検定においては、全体の構成にかかわるような指摘は行われていない。ほとんどが1行、1頁に対する指摘である。多くの頁にわたっての「学習指導要領の内容」への不一致が指摘されたのは1ヵ所のみである。「五月本」での検定意見への対応がすでに行われているからと考えられる。「五月本」での①に関する指摘に対してと思われる対応としては、従前は「章」のみであったのが、6部構成となり、「原始・古代」「中世」「近世」「近代」「二つの世界大戦」「現代」となった。学習指導要領にあわせるために「五月本」で「第9章　第二次世界大戦の時代」に日本国憲法制定後のことも含めて書かれていたのが、「二月本」では「現代」の区分に移された。また、各章ごとに「ふりかえる」の項目が挿入されたことがある。「各時代の特色」を理解しやすくするためのものと考えられる。

②に対する対応として、「地域の博物館で調べる」の項目を挿入（二月本、140頁）がされたことがある。五月本に確かに「博物館」の語句はなく「地域の歴史を歩く」（五月本、140-141頁）というのみであったが、小規模な修正で対応

している。

　五月本は、学習指導要領の大枠に反するところが多かった、また一からの申請ゆえに修正箇所が多かったゆえに不合格となった。二月本は五月本の指摘をうけての申請であり、小規模修正にとどまったゆえに合格することができたといえるであろう。

おわりに

　教科書検定の近年の動向をみてきたわけであるが、検定の透明化、不合格理由の恣意性の排除の方向がでていること等、評価できるところもある。学習指導要領という大綱からの逸脱と判断された場合は意見が付せられる。また、検定基準に基づいた意見が伏せられており、検定の恣意性ができるだけ排除されるようになっているとはいえよう。しかし、検定基準を守ることが自己目的化すると教育的に効果があがるとは限らない、という別の問題は今後残されたままであると思われなくもない。

　一方で、細かく見ていくと、やはり行政の側の裁量にすべて一貫性があるとまではいえないところがある。教科書記述内容がすべて「同じ」である必要はなく、基本的に検定官ではなく執筆者の側の裁量を尊重すべき、それが臨教審もいう「多様な教科書」の存在を認める方向になるであろう。また、今回の学び舎教科書の検定の動きをみると、現行検定制度のもとで、新たな発想のもとで検定済教科書を作成することは可能であるといえよう。ただし従前と全く違うタイプの教科書が広域採択制度のもとでは採択されるとは考えにくく、実際に公立学校で採択された数はゼロである。とても商業ベースにのるものとはいえない。教科書出版社の数はごく一部の例外をのぞいて減少の一途にある。

　また、学習指導要領自体に「歴史的事象を多面的・多角的に考察」するというも文言がある。1つの事象を多面的・多角的に考察するという観点は、例えば学び舎教科書では巻末年表に「北海道など、本州など、沖縄など」にわけて記述をしている、あるいは地図をいろいろな描き方で掲載する等して、多面的・多角的な見方を促している。他の教科書に、たとえば第二次世界大戦をみるのに、真珠湾攻撃を伝えるアメリカの新聞を掲載するもの（東京書籍、225頁、教育出版、224頁）インドネシアの教科書（「日本のインドネシア占領の目的は、軍事兵器の資源供給地にすること」と記述）（帝国書院、227頁）やマレーシアの教科書に触れ

るもの（清水書院、239頁）があるが、少ないといわざるをえない。「多面的・多角的な記述」を求めるという意見は他社の教科書にもついていない。

　教科書検定基準に、「特定の政党や宗派又はその主義や信条に偏っていたり、それらを非難していたりするところはないこと」という項目はある。なにをもって「偏っていたり」すると判断できるのかという問題があるが、この項目に従って意見が付せられることはなかった。もっとも「閣議決定」を反映させることになったことはある政党の立場を反映させることであり、「特定の政党の主義や信条に偏っていた」りすることを意味することはないのか、検定基準のなかに矛盾がないのかという問題はある。

　2017年3月に学習指導要領が告示され、同年8月には新たな教科用検定基準が告示された。新たな基準において、2017年版学習指導要領に即した検定が行われることが明記されているほかは根本的な変更はない。学習指導要領の示す方針が教科書に影響を与えることは、これまでを見て明らかである。

　「多面的・多角的」であることがより強調されるようになった学習指導要領および新たな検定基準のもと、どのような検定がおこなわれるかは、今後を見るしかない。また、2018年4月以降、道徳の教科書が使用されているが、道徳科の教科書検定については、今後の検討課題としたい。

注
1）詳しくは、高嶋教科書訴訟を支援する会編『高嶋教科書裁判が問うたもの』高文研、2006年。
2）『教科書作成のしおり　平成22年度改訂版』2010年、教科書研究センター、27-75頁を参照のこと。
3）下線は筆者による。下線部は追加された箇所であることを示す。
4）衆議院議員辻元清美君提出安倍首相の「慰安婦」問題への認識に関する質問に対する答弁書（http://www.shugiin.go.jp/internet/itdb_shitsumon.nsf/html/shitsumon/b166110.htm、2018年2月1日最終確認）。
5）『増補　学び舎中学歴史教科書』学び舎、2016年、18頁。
6）慰安婦関係調査結果発表に関する河野内閣官房長官談話（http://www.mofa.go.jp/mofaj/area/taisen/kono.html、2018年2月1日最終確認）。
　　なお、政府調査結果について「いわゆる従軍慰安婦問題について」（http://www.mofa.go.jp/mofaj/area/taisen/pdfs/im_050804.pdf、2018年2月1日最終確認）参照。
7）なお、1993年の「河野談話」をうけてのことか、1997年から使用されるすべての中学

社会科教科書には「慰安婦」の記述が掲載された。その後、記述されなくなる方向となり、現在では「学び舎」教科書以外からは姿を消している。さらに、「河野談話」発表の時点（1993年8月4日）に内閣官房内閣外政審議室よりマスコミに公表した書類において「バダビア臨時軍法会議の記録」で「慰安所に連行」したなどの記述がある。政府は強制連行を示す書類を既に所持していた、という問題もある。

8) 安井敏夫『発言をひきだす社会科の授業』日本書籍、1986年、等。
9) なお、「二月本」検定のとき、3-(2) の指摘された事項が、「五月本」のときは、3-(1) に含まれている。

第14章

18歳選挙権時代における主権者教育の課題と展望

はじめに
――「18歳選挙権時代」の到来――

　最高法規としての日本国憲法はこれまで改正されることなく維持されてきたのに対して、選挙制度は代議制民主主義を駆動させるエンジンの１つとして幾度となく変更されてきた。衆議院における中選挙区制から小選挙区比例代表並立制への変更、参議院の比例代表制の導入、さらには議員定数の是正はよく知られているところである。選挙は、国民にとって政治に参加する重要な機会であると同時に、民主政治の基盤をなすものである。したがって、選挙制度の改善は、民主主義を下支えするという意味からも不断の見直しが求められる。
　このような中、2015年６月19日に「公職選挙法等の一部を改正する法律案」(平成27年法律第43号。以下、改正公職選挙法) が可決・成立し、選挙権年齢が20歳以上から18歳以上に引き下げられた (2016年６月19日施行)。日本の選挙権の歴史を紐解けば、1889年の衆議院議員選挙法公布により満25歳以上で直接国税15円以上を納める男子に選挙権が付与されて以降、1900年の改正 (満25歳以上、直接国税10円以上を納める男子)、1919年の改正 (満25歳以上、直接国税３円以上納める男子) を経て、1925年には納税要件が撤廃され、満25歳以上の全ての男子が投票権を有する男子普通選挙制が成立、1945年の女性の参政権容認により満20歳以上の全ての国民が選挙権を有する完全普通選挙が実現するに至った。そして、今次の改正により18歳選挙権時代が到来することとなった。「国民の代表者である議員を選挙によって選定する国民の権利は、国民の国政への参加の機会を保障する基本的権利として、議会制民主主義の根幹を成すもの」である点に鑑みても、70年ぶりの制度変更は、日本憲政史上エポックメーキングな出来事として理解されてよい。

本章では、18歳選挙権時代における主権者教育の課題と展望を論じる。第1に、主権者教育をめぐる制度環境の変化として、18歳選挙権の政策過程と制度の変更内容を概観する。第2に、主権者教育の論点として、若者の投票率と政治的中立性の確保に関して論じる。第3に、主権者教育の課題と展望を論じる。

第1節　主権者教育をめぐる制度環境の変化

(1)「18歳選挙権」の政策過程[4]

18歳選挙権の実現は、憲法改正をめぐる動向と無関係ではない。今次の選挙制度改革は、大正期の普通選挙運動の機運と比較するまでもなく、若者による運動によって実現したものとは評価しがたく、政治主導によって実現したという側面が強い。したがって18歳選挙権は国民的コンセンサスを得たものではないとの指摘も少なくない。

2007年5月制定の日本国憲法の改正手続に関する法律第3条は「日本国民で年齢満18歳以上の者は、国民投票の投票権を有する」と規定していたが、附則第3条は、2010年の法施行までに、18歳以上20歳未満の者が国政選挙に参加できるよう、民法の成人年齢や公職選挙法の選挙権年齢の引き下げ等の法制措置が講じられるべきこと、それまでは投票権年齢は20歳以上であることを規定していた。その後、2014年6月の国民投票法一部改正により附則第3条は削除、新たな附則として、国民投票の投票権年齢は20歳以上であること、国民投票法上の投票権年齢と公職選挙法上の選挙年年齢の均衡等をふまえた法制措置を講じるべきこと等が改めて規定されていた。そして、2015年の改正公職選挙法により、18歳以上は、国政選挙、地方自治体の首長・議員選挙の他、最高裁裁判官の国民審査、自治体の首長解職や議会解散の請求等に伴う住民投票に関する投票資格等を有することとなったのである。

(2) 政治活動と選挙運動

では、18歳選挙権の実現により、18歳には投票権以外にいかなる権利が法的に付与されたのか。ここでは「選挙運動」の容認に触れておく。「政治活動」と「選挙運動」は混同されがちであるが、公職選挙法上、明確な区別がなされている。すなわち、政治活動とは、特定の政治上の目的（政治上の主義・施策を

推進・支持・反対し、又は公職の候補者を推薦・支持・反対すること）をもって行われる直接・関節の一切の行為を指す。これに対して、選挙運動は、一般的には、① 特定の選挙において、② 特定の候補者を当選させるために、③ 選挙人に働きかける行為（投票依頼等）といった3条件を充足するものと解されている。周知の通り、選挙運動が可能な期間は、立候補の届出受理時から選挙期日の前日までであり、立候補届出前の選挙運動（いわゆる事前運動）、選挙期日当日の選挙運動は禁止されている。

この他、満18歳以上の有権者になれば、① 友人・知人に対する直接投票・応援の依頼、② 電話による投票・応援の依頼、③ 掲示版・ブログ等への選挙運動メッセージの書き込み、④ 動画共有サイト等への選挙運動の様子の投稿、⑤ SNS等での他人の選挙運動メッセージの拡散（リツイート、シェア等）が可能となる。ただし、電子メールを利用した選挙運動は満18歳以上の有権者を含め候補者や政党等以外の全ての人が禁止されていることには引き続き注意が必要であろう。

第2節　主権者教育の論点

（1）若者の投票率と主権者教育

今次の公職選挙法改正後、最初に行われた第24回参議院議員通常選挙（2016年7月）では18歳、19歳の約240万人が新たに有権者となった。総務省統計局の人口推計によれば、この人数は全有権者中の比率で約2％に当たるものである。選挙管理委員会や教育委員会は主に高校3年生を対象とした啓発活動を積極的に展開し、18歳の投票率は51.28％と一定程度の成果を挙げた。他方で、全体の投票率が54.70％であったのに対して、19歳を好例とする若年層の投票率が相対的に低かった点（19歳：42.30％）は看過し得ない課題とされた。続く第48回衆議院議員総選挙（2017年10月）の10代の投票率は40.49％で（18歳：47.87％、19歳：32.35％、20-24歳代：30.74％、25-29歳代：36.90％）、18歳と19歳の投票率差の存在、20歳代前半層の投票率の低さは喫緊課題の1つとして共有されつつあることはより知られてよい。

ところで、総務省は2016年12月に「18歳選挙権に関する意識調査」の結果を公表している。これまで家庭における「社会化のエージェント」として親の存在の大きさを実証してきた政治的社会化研究の知見と重ね合わせた場合、当該[5]

調査結果は興味深い論点を提示するものとなっている[6]。例えば、投票行動の動機の上位3項目は、「投票をするのは国民の義務だから」(39.3％)、「政治をよくするためには投票することが大事だから」(33.9％)、「選挙権年齢引き下げ後に初めて行われた国政選挙だから」(33.5％)であり、他方、投票に行かなかった理由の上位3項目は、「今住んでいる市区町村で投票することができなかったから」(21.7％)、「選挙にあまり関心がなかったから」(19.4％)、「投票に行くのが面倒だったから」(16.1％)と続く。これらの結果からは、投票行動を国民の「義務」として捉え、かつ今次の制度変更が投票行動の契機となったこと、これに対して、投票しない理由には制度的課題とともに精神的ハードルの高さがあることが確認できる。さらに、この調査では、高校で主権者教育を受けた経験があること、幼い頃に親の投票に同行した経験があること、親と同居していること等が、後の自分自身の投票行動に少なからず影響を与えていることが明らかとなっている。

　また、総務省の有識者会議は、学校における主権者教育の課題として、次の点を指摘している[7]。すなわち、① 短期間で知識や関心の向上が求められたこともあり、高校生に対して知識学習や投票体験学習が重点的に行われた一方、十分に議論し意思決定する取組は多くなかったこと、② 公職選挙法や政治的中立性の観点から、授業で扱いにくいとの指摘があったこと、③ 大学等では学生に対して教育する機会が限定的であったこと等である。また、18歳と19歳の投票率差に関しては、19歳の多くが大学生や社会人等であり、直接的に教育や呼びかけを受ける環境になかったことや大学生等が住民票異動の手続きを行っておらず、現在住んでいる住所地で投票できなかったとの総括がなされている。これらは不在者投票や期日前投票のボーターフレンドリー化等、投票制度の抜本的見直しの必要性を喚起するものとして受けとめるべきであろう。

（2）政治的中立性の確保と主権者教育

　文部科学省と総務省が連携して作成した、2015年9月29日公表の高等学校向けの主権者教育用副教材『私たちが拓く日本の未来』では、政治的教養を育むために国家・社会の形成者として求められる力として、① 論理的思考力、② 現実社会の諸課題について多面的・多角的に考察し、公正に判断する力、③ 現実社会の諸課題を見出し、協働的に追究し解決（合意形成・意思決定）する力、④ 公共的な事柄に自ら参画しようとする意欲や態度が挙げられ、3つの

学習方法（① 正解が１つに定まらない問いに取り組む学び、② 学習したことを活用して解決策を考える学び、③ 他者との対話や議論により、考えを深めていく学び）が提示されてきた[8]。また、2016年公表の中教審答申では、主権者教育で育成を目指す資質・能力として、① 知識・技能（現実社会の諸課題に関する現状や制度及び概念についての理解・調査や諸資料から情報を効果的に調べまとめる技能）、② 思考力・判断力・表現力（現実社会の諸課題について、事実を元に多面的・多角的に考察し、公正に判断する力、現実社会の諸課題の解決に向けて、協働的に追及し根拠をもって主張する等して合意を形成する力）、③ 学びに向かう力・人間性等（自立した主体として、よりよい社会の実現を視野に国家・社会の形成に主体的に参画しようとする力）が示されてきた[9]。

　これに対して、教育実践の場で課題化し得る古くて新しい論点の１つに、政治的中立性の確保が挙げられる[10]。その１に、公教育には、大別して個人の人格の完成と、国家・社会の形成者の育成という２つの意義がある。したがって、国家（政治）は教育に無関心ではいられない。そこで、特定の政治的イデオロギーや党派的利害によって教育が左右されることにならないよう、教育行政に対しては教育の中立性を考慮した条件整備の実現が要請されることになる。具体的には、教育基本法第14条第１項に、「良識ある公民として必要な政治的教養は、教育上尊重されなければならない」とある。民主国家における主権者たる国民は、適切な政治意識の下で政治上の権利を行使し政治参加することを通じて国家を建設していく必要があることから、政治的教養の学習が不可欠となることに異論はないであろう。ここでいう「政治的教養」とは、① 現代民主政治上の各種の制度（民主政治、政党、憲法、地方自治等）に関する知識、② 現実政治の理解力と公正な批判力、③ 民主国家の公民として必要な政治道徳・信念、と解されることが多い[11]。その２に、同条２項では「法律に定める学校は、特定の政党を支持し、又はこれに反対するための政治教育その他政治的活動をしてはならない」と、国公私立の別なく、特定政党の支持・反対に結びつく可能性のある党派的な政治教育による政治的教化（教え込み）、政治活動の主体としての学校による政治的活動の禁止等、政治的中立性の確保が謳われている。周知の通り、公立学校教員は、地方事務の担当職員として地方公務員の身分を有すると同時に、教育公務員としての身分も有する。そして、教育公務員たる教員は、勤務地の自治体以外での政治的行為が認められている地方公務員に比べて、一切の政治的行為が禁じられている等、国家公務員並みに政治的行為の

制限が厳しくなっており、党派的教育の禁止が徹底されてきた。[12]

こうして、政治教育と党派教育の関係、換言すれば、教育基本法第14条第１項の「形骸化」と第２項の「肥大化」により、教育実践の場では、法の要請たる「政治的中立の要求」が「非政治性の要求」へと曲解されてきたとの指摘がある。すなわち、「本来党派教育を禁止する趣旨であった第二項が学校で政治を扱うことそのものにブレーキをかける方向で機能し、教育の脱政治化が進行するなかで、教室で政治的な問題を扱うことをタブー視する、あるいは学校現場を萎縮させるような空気というものが醸成されてきた[13]」というのである。その萎縮効果は想像に難くない。

では、こうした状況に対して、諸外国ではいかなる対応がなされているのだろうか。ここではよく参照されるドイツとイギリスの例に触れておきたい。その１に、ドイツの政治教育では「ボイテルスバッハ・コンセンサス」(Beutelsbacher Konsens) と呼ばれる政治的中立性に関する基本原則（1976年）があり、①教員は自らが正しいと信じる見解、期待される見解をもって生徒を圧倒し、自らの判断を持つことを妨げてはならないこと、②学問と政治の世界において議論のあることは、授業でも議論のあるものとして扱わなければならないこと、③生徒に自らの関心・利害に基づいて政治に参加する能力を獲得させることが政治教育の目的であること、といった前提が共有され、政治的中立性の確保を考慮した教育実践が展開されている。その２に、イギリスでは、シティズンシップ教育の指針となった諮問委員会報告書（いわゆる「クリック・レポート」）において、論争的な問題を扱う際の指導法に関して、①中立的な議長アプローチ（教員が、自分の意見を表明せずに、議論の進行役としての役割だけを果たすことを求める方法）、②バランスの良いアプローチ（生徒たちが自分自身の判断を下すことを奨励するために、教員自身が、教員自身やクラス全体が同意しないものも含める形で異なる角度からの意見を表明する方法）、③明示的コミットメントアプローチ（教員による生徒の教化につながる可能性があるが、議論を活性化させることを目的として、教員が自身の見解を最初から率直に述べる方法）等のアプローチを部分的・全面的に受け入れつつ選択することの重要性が提起されている。[14]

翻って、日本では、政治的中立性の要請を、①実施者の中立性、②内容の中立性と大別し、前者に関しては、教員は支持政党や法案に対する賛否を述べることはできないこと、情報は教員が提供するのではなく生徒自身が調べること、後者に関しては、論争の片方だけの意見を扱ってはならないこと、各党の

選挙公約を扱う必要があることといった共通了解事項を模索する方向性が提示されつつある。[15] 神奈川県教育委員会が主導する教員用指針の作成も軌を一にした動向として理解できる。そこでは、「政党や候補者の公約について教諭の価値判断を含めたコメントはしない」、「教諭からは資料を提示せず、生徒に新聞報道などを集めさせる」等の手引きが示されている。

また、日本学術会議政治学委員会が次のような提言を行っていることは注目に値する。[16]

> 「政治的中立性」とは、争点に関する資料・情報の両面提示や、対立する意見の「中道」と教師が考える主張を行うことではない。教育現場における「中立性」は、教師が提供する授業内容・方法の信頼性を高めることによって確保される。生徒には、多様な立場・視点から教材・情報を提供し、一人ひとりの生徒が先入観から解き放たれるようにし、対象と距離をとって自分なりの意見や判断をもつことの意義を理解させる。自分の主張を自らの立場を離れた上で「理由づけ」できるように促し、自分と他者の意見は、明日にむけ可塑的であることを実感させる作業を行わせる。これらを通じて、本来の意味の「政治的中立性」は担保される。

フェーズの違いはあるにせよ、政治的教養を育む政治教育をパンドラの箱に入れたままにするのではなく、政治的中立性との向き合い方を積極的に模索していくことが求められている。

第3節　主権者教育の課題と展望

若年層の社会参加のあり方は、全国的にまだ模索の段階にある。以下、主権者教育の課題と展望を述べる。

第1に、投票権の獲得だけをもって、主権者と即断しては、今後の形骸化は免れ得ない。そもそも子どもは投票権を有せずとも市民・住民であり、政治・行政におけるステークホルダーであることに変わりはない。他方で、日本の18、19歳は制度的に「有権者」になったが、「主権者」として権利行使を十分に果たしうる環境下に生きているとは言い難い。このことは今次選挙権を付与された18、19歳に限ったことではなく、主権者として充実した社会生活を送るためには不断の努力が求められるという意味で、選挙権を有する全ての市民に

とって「主権者教育」という営為を「未完のプロジェクト」として捉え、「生涯学習」の観点から主権者教育のあり方を捉え直していく必要性を喚起するものである。「主権者教育」を「有権者教育」に矮小化してはならないのである。

　第2に、今後の主権者教育には、投票の「量（率）」だけでなく「質」を高める取り組みこそが求められる。改めて言うまでもなく「投票率アップはあくまでも主権者教育に付随する目的にすぎない。より正確にいえば、主権者教育が成功したことの一つの証拠という以上の意味をもたない[17]」。模擬投票を単に実施したり、選挙の仕組みや政治的争点だけを知識レベルで習得することに終始せず、政治的争点に対する解決策の政党間の違いは、なぜ、どのように生じるのかという検討を行ったり、投票結果をふまえた上での合意方法や民主主義のあり方を議論する等、多様なアプローチに基づく思考・洞察の過程が今後は不可欠である。事実、現在の若者（大学生）は、今後求める主権者教育の学習内容として、投票方法や政治制度それ自体の学習よりも、各党派の政策内容や争点化する政治課題を扱うことを求めているとの調査結果も存在しているところである[18]。

　ところで、学校にとって、主権者教育の一環として政治家自身を活用することは「政治的中立性」の観点から一定のリスクを抱えることになるが、議員にとっては議会を飛び出し市民と向き合うことは日々の政治活動の説明責任を果たすことになる。そして、こうした試みは議会（事務局）や選挙管理委員会にとっては、「何となく」といった潜在的な「政治不信」を払拭し政治に対する閉塞感を打破する起爆材として積極的に位置付けることも可能であり、地方レベルの民主主義の「質」を高める契機となり得る。既述の通り、これまで「冷凍保存」され「脱政治化」されてきた政治教育に対して、教育現場が「政治的中立性」の要請を過度に意識し萎縮してしまっては本末転倒である。この意味からして、「生の政治」を教室内外で学ぶ先進・先導的な取り組みを担保・促進するルールやガイドラインづくりも検討されてよいだろう。「教育の再政治化」という歴史的転換点を前に、学校における「党派的教育」の排除、政治教育を行う教員における「政治的中立性」の確保、子ども達の政治的判断能力（理解力・判断力・批判力）の獲得という、いわば、「三竦み」の構造を打開していくためには、多様な関係者（子ども・若者、教育実践関係者、一般行政・教育行政関係者、選挙管理委員会・議会事務局関係者等）の「熟議」を通じたルール・ガイドラインづくりを推進していくことが重要なのであり、そのプロセス自体が、いわ

ゆる「シルバー・デモクラシー」や「観客民主主義」の課題を乗り越え、「地域民主主義」や「政治的民主主義」の実践と重なり合うものになるはずである。

第3に、公共政策上の課題解決の方法として、行政の審議会や協議会等の委員に「若者枠」(子ども枠)を創設することも検討されてしかるべきである。被選挙権年齢に着目した場合、日本の衆議院議員、市町村長、市町村議会議員は25歳以上、参議院議員、都道府県知事は30歳以上となっており、現在、地方議員の被選挙権年齢の引き下げが検討されている[19]。ところが、被選挙権年齢の引き下げは若者の政治意識の高揚を直接約束しないであろう。民主主義の学習を「政治における主体化」として定式化したオランダの教育哲学者ガート・ビースタは、次のように述べている。「子どもは教育を通じて市民になるのではなく、すでに、そしてつねに市民なのであり、彼らは来たるべき参加のために学習するのではなく、参加することの中で学習はなされる」[20]と。若者が行政の意思決定の過程に参加していく多元的な仕組みが「行政文化」、「政治文化」として根付いていけば、自分たちの実践・活動と地域社会のあり方が密接に関係していることを若者自身が体感でき、政治的教養、ひいては、「政治的有効性感覚」(Political Efficacy) の涵養につながる。そして、条件整備の責務を有する行政には、こうした取り組みを「点」から「線」へ、そして「面」にしていくために、活動的な若者同士が情報交換・共有したり、地域社会のあり方を議論できるフォーラムを定期開催するなど、後方支援を行っていくことが求められているのである。地域・全国ネットワークを駆使したイベントは同世代への波及効果も期待でき、地方創生にも寄与する可能性もあろう。「民主主義の学校」とされる地方自治のあり方も再考すべき時期に来ているのである。

おわりに
──「18歳選挙権時代」から「18歳成人時代」へ──

今後注視すべき政策動向としては、さしあたり次の2点が重要である。

第1は、2022年から高校の公民科で新設される「公共」に関してである。共通必履修科目として新設される「公共」(2単位)は、①「公共の扉」、②「自立した主体としてよりよい社会の形成に参画する私たち」、③「持続可能な社会づくりの主体となる私たち」の3単元で構成される予定である。また生徒が社会に参画する主体として自立することや他者と協働してよりよい社会を形成

すること等が目的に据えられ、法・政治・経済に関わる現実の社会的事象・テーマ（「政治参加と公正な世論の形成・地方自治」、「国家主権、領土」等）を扱い、様々な方法論（思考実験、討論、ディベート、模擬選挙、模擬裁判、インターンシップの事前・事後学習等）の採用が想定されている。かねてから懸念されている規範意識を重視した高校版「道徳」のような側面が強調されることになるのか、既存制度・政策や前提を疑い、主体的な社会参加を促すための多元的なアプローチが歓迎されることになるのか、その分岐点は、政治的中立性の確保に対する「アンテナ」の感度や合意を関係者間でどのように調整・合意していけるかにかかっている。

　第2は、「18歳選挙権時代」から「18歳成人時代」という動向である。法務省の諮問機関である法制審議会の答申を受けて、成人年齢を18歳に引き下げることを主な内容とした民法改正後の影響に注視する必要がある。当該動向は、少子高齢化が進む中で、若者の積極的な社会参加を促す政策の一環として推進されているものであるが、未成年者喫煙禁止法、未成年者飲酒禁止法、競馬法、モーターボート競走法、皇室典範、国籍法、旅券法、性同一性障害特例法、消費者契約法等の法令改正が行われるに至っている。名実ともに18歳が成人（大人）として扱われるようになった際、社会に対する18歳に対する眼差しはいかなるものへと変容することになるのか、定点観測が必要となる。

　「日本の若者は政治に関心がない」という俗説に踊らされ、短絡的に若者の投票率の「低さ」を嘆き、「子ども」と「大人」の境界線や距離感を明確化していく議論にいかなる意義があるか疑問なしとしない。流行の「世代論」は学問的に重要ではあるが、それだけでは未来社会の指針とはならず、世代間の架け橋を模索する思考方法としては不十分な点が少なくない。「シルバー・デモクラシー」論の過度の強調は、結果として不毛な世代間対立を生じさせ市民の分断を招来させ得る。「政治参加」と声高に叫ぶのではなく、「大人」の方から若者の地域参加や社会参加の多種多様な方法に向き合い、等身大の若者の「現在」に寄り添い、その声を公共的な場に再設定していくことが、「緊急」で「重要」な公共政策上の課題として今まさに求められている。「沈黙の有権者」と揶揄されることもある若者の生活実感、政治関心、投票行動の3者の回路のあり方を問い続けることの意義がここにある。

注

1） 本章は、拙稿「『18歳選挙権時代』の若者と地域連携――『有権者』から『主権者』へ、『政治参加』を『地域参加』『社会参加』から――」長野の子ども白書編集委員会編『長野の子ども白書2017』2017年、30-31頁と重複する記述があることをあらかじめ断っておく。
2） 河野武司「代表をコントロールしよう」『Voters』第36号、公益財団法人明るい選挙推進協会、2017年、2頁。
3） 最大判平成17・9・14民集59巻7号、2087頁。なお、2014年2月の国立国会図書館の調べによれば、世界191カ国・地域の約92％に当たる176の国・地域が18歳まで（16・17歳を含む）に選挙権を付与しているという。
4） 当該政策過程に関しては、竹内俊子「『政治教育』と主権者教育――『18歳選挙権』の制度化を契機として――」『修道法学』第39巻第2号、2017年、村上純一「18歳選挙権成立の政治過程と主権者教育の課題に関する一考察――国会会議録の分析を中心に――」『人間科学研究』第38号、文教大学人間科学部、2016年。
5） 例として Fieldhouse, Edward and David Cutts, The Companion Effect: Household and Local Context and the Turnout of Yong People, *The Journal of Politics*, 74（3）, 2012.
6） 総務省「18歳選挙権に関する意識調査」2016年12月。
7） 総務省「主権者教育の推進に関する有識者会議とりまとめ」2017年3月。
8） 総務省・文部科学省『私たちが拓く日本の未来――有権者として求められる力を身に付けるために――』2015年。
9） 中央教育審議会答申「幼稚園、小学校、中学校、高等学校及び特別支援学校の学習指導要領等の改善及び必要な方策等について」2016年12月21日。
10） 政治的中立性に対する憲法学的分析として、斎藤一久編『高校生のための選挙入門』三省堂、2016年、安原陽平「生徒の政治的自由・教師の政治的自由――教育と権力の関係からの考察――」『法学セミナー』第738号、2016年、中川律「学校での政治教育の仕組みは、どうあるべきか？――18歳選挙権をめぐる1つの論点――」『時の法令』第1994号、2016年、中川律「高校生の政治的活動――文科省の新通知の問題点――」『時の法令』第2007号、2016年を参照のこと。
11） 教育法令研究会編『教育基本法の解説』国立書院、1947年。
12） 荒井英治郎「『法』のなかで生きる教員とは？――ブレーキ／モーターとしての法――」井藤元編『ワークで学ぶ教職概論』ナカニシヤ出版、2017年。荒井英治郎「現代の教育制度改革」篠原清昭編『教育の社会・制度と経営』ジダイ社、2018年。18選挙権時代の到来を受けて、文部科学省は通知「高等学校等における政治的教養の教育と高等

学校等の生徒による政治的活動等について」（27文科初第933号、2015年10月29日）を新たに発出し、通知「高等学校における政治的教養と政治的活動について」（文初高第483号、1969年10月31日）、いわゆる「昭和44年通知」（旧通知）は廃止されるに至った。上記の「新通知」では、「教員は個人的な主義主張を述べることは避け、公正かつ中立な立場で生徒を指導すること」、「学校における政治的事象の指導においては、一つの結論を出すよりも結論に至るまでの冷静で理性的な議論の過程が重要であることを理解させること」、「特定の事柄を強調しすぎたり、一面的な見解を十分な配慮なく取り上げたりするなど、特定の見方や考え方に偏った取扱いにより、生徒が主体的に考え、判断することを妨げることのないよう留意すること」、「指導が全体として特定の政治上の主義若しくは施策又は特定の政党や政治的団体等を支持し、又は反対することとならないよう留意すること」、「（教員の）言動が生徒の人格形成に与える影響が極めて大きいことに留意し、学校の内外を問わずその地位を利用して特定の政治的立場に立って生徒に接することのないよう、また不用意に地位を利用した結果とならないようにすること」等が挙げられ、「べからず集」と揶揄されることも少なくない。こうした評価は旧通知がこれまで果たしてきた機能に対する警戒心が教育現場に根強く残っているためである。旧通知が果たした機能に関しては、宇野由紀子「1960年代における高校生の政治的活動の制限に関わる不当な支配――69年通知と都道府県通知に着目して――」『日本教育行政学会年報』第43号、2017年を参照のこと。なお、近年の政治の動きとして①教育公務員特例法の改正を通じた、政治活動への罰則規定（3年以下の懲役又は100万円以下の罰金等）の新設、②地方公務員法の改正を通じた組合の収支報告義務付け、③義務教育諸学校における教育の政治的中立の確保に関する臨時措置法の改正を通じた高校教員への準用等の検討が行われていることはより知られてよい。

13) 小玉重夫『教育政治学を拓く――18歳選挙権の時代を見すえて――』勁草書房、2016年、191頁、小玉重夫「今、なぜ主権者教育が求められるのか」18歳選挙権研究会監修『18歳選挙権の手引』株式会社国政情報センター、2015年、49頁。

14) 近藤孝弘『ドイツの政治教育――成熟した民主社会への課題――』岩波書店、2005年、近藤孝弘「ドイツにおける若者の政治教育」『学術の動向』第14巻第10号、2009年、近藤孝弘「ドイツの政治教育における中立性の考え方」『Voters』第26号、公益財団法人明るい選挙推進協会、2015年、Citizenship Advisory Group, *Education for citizenship and the teaching of democracy in schools: Final report of the Advisory Group on Citizenship*, London: Qualifications and Curriculum Authority, 1998、長沼豊・大久保正弘編『社会を変える教育――英国のシティズンシップ教育とクリック・レポートから――』キーステージ21、2012年。この他、オランダにおいては、以下のように、教員自身も子どもたちと同様の立場で議論に加わる実践が行われているという（山

野則子・武田信子『子ども家庭福祉の世界』有斐閣、2016年、134頁)。

　「オランダの中学１年生を対象にした、総選挙１週間前の社会科の授業では、全政党のマニフェスト（中学生用）をインターネットからダウンロードして比較し、自分だったらどの党に投票するかをグループで議論している。右派の主張も左派の主張も学ぶことで、自分の立ち位置を決めることができるし、決めなくてはならない。教員も１人のメンバーとして議論に加わる。６年後の18歳になると、子供は通常は家を出て生活し、投票権を得る。学校も家庭も、一定年齢になったら、子どもを社会人として巣立たせることを意識している。」

15) 原田謙介「18歳選挙権時代に若者と政治をつなぐ」『主権者教育シンポジウム「18歳選挙権時代！　これからの主権者教育の展開と課題」資料集』2017年３月20日。
16) 日本学術会議政治学委員会『提言　高等学校新設科目「公共」にむけて──政治学からの提言──』2017年、iii 頁。
17) 松下良平「主権者教育の目的と課題──生活指導と道徳教育の協働のための一つの試み──」『生活指導研究』第33号、2016年、３頁。
18) 『信濃毎日新聞』2016年５月19日、４面。
19) 那須俊貴「諸外国の選挙権年齢及び被選挙権年齢」『レファレンス』2015年12月号、2015年。
20) ガート・ビースタ『民主主義を学習する──教育・生涯学習・シティズンシップ──』上野正道・藤井佳世・中村（新井）清二訳、勁草書房、2014年。

第Ⅲ部　現代における福祉の基本問題
　　　——動向と課題——

第15章

ひとり親家庭の支援と課題

はじめに

　ひとり親家庭の多くは母子家庭である。そしてその契機はほとんどが両親の離婚によるものであり、親権は母親がもつというケースが多い。子どもの視点からみれば本来両親が揃うはずの家庭で、片方の親が家事や育児、世帯の主たる生計者という全ての役割を担う状況、それがひとり親家庭のリアルであろう。

　また、クラスの7人に1人が相対的貧困状態にある子どもの貧困問題も、わが国における喫緊の課題である。その背景にはひとり親家庭における経済的困難が存在し、こうした家庭に育つ子どもたちにも他の子どもと同様の教育の機会を提供する対策が必要である。本章では、ひとり親家庭がおかれた状況と子どもの育ちを概観し、現実的に必要な施策に関する提言を行っていく。

第1節　現代におけるひとり親家庭の状況

（1）現代における離婚率の上昇

　図15-1は、赤石千衣子による母子家庭と父子家庭の世帯数の戦後約60年間の推移である[1]。戦後多かった母子家庭は60年代に減少するが、そこから右肩上がりに増加し、2011年の段階で120万世帯、父子家庭は80年代から現れ、横ばいで20万世帯前後の推移をしている。

　一方、図15-2によると離婚率の推移は2002年の約29万組から減少傾向にあり、2017年で21万組程度である。未成年の子どもがいる世帯でみると、妻が子どもの親権を行う離婚が多く10万組ほど、夫が子どもの親権を行う離婚は少なく2万組ほどである。

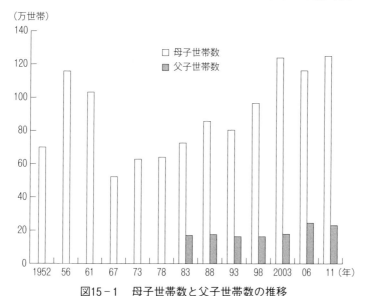

図15-1　母子世帯数と父子世帯数の推移
出典：厚生労働省「全国母子世帯等調査」各年資料をもとに赤石千衣子（『ひとり親家庭』岩波書店、2014年、4頁）が作成。

　ひとり親となる理由は、母子家庭がおよそ8割、父子家庭がおよそ7割で離婚によるものである（図15-3）。つまり離婚率が1980年代から上昇し始め、それに連動して特に母子家庭は増加しているといえる。未婚の母または父といった割合はぞれぞれ1割弱の横這いであり、大きな変化はみられない。

　以上のことから、ひとり親家庭における母子家庭の比率はかなり高く、そのほとんどが離婚によるものであり、親権のほとんどが母親に委ねられていること、及び離婚率そのものはやや減少傾向にあるにもかかわらず、ひとり親家庭は増加傾向にあることがわかる。

（2）ひとり親家庭を取り巻く社会的状況

　ひとり親家庭は、現在どのような社会的状況に置かれているのだろうか。表15-1をみると、ひとり親家庭になった理由の実に8割ほどが離婚によるもの、正職員の就業率は男女で大きく差があり、母親の半数近くが非正規であり、その分、平均年収も母子家庭は父子家庭の半分の181万円しかないことがわかる。多くの母親は親権をもち、子どもを1人で育てながらも、男性より不

154　第Ⅲ部　現代における福祉の基本問題

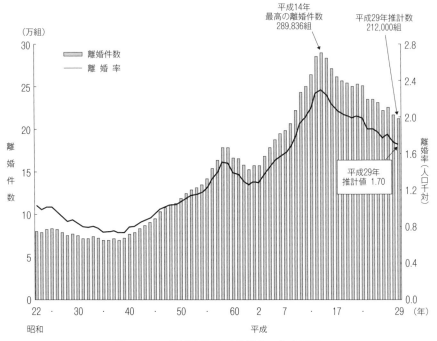

図15-2　離婚件数及び離婚率の年次推移
出典：厚生労働省　平成29年人口動態推移の年間統計。

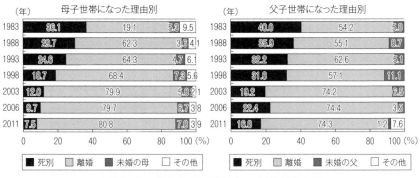

図15-3　ひとり親世帯になった理由別推移
出典：厚生労働省「平成23年度全国母子世帯等調査」をもとに水無田気流（「シングルマザーの貧困」光文社、2014年、29頁）が作成。

表15-1　母子家庭・父子家庭の現状

		母子世帯	父子世帯
1	世帯数（推計値）	123.8万世帯	22.3万世帯
2	ひとり親世帯になった理由	離婚80.8%	離婚74.3%
		死別7.5%	死別16.8%
3	就業状況	80.6%	91.3%
	就業者のうち　正規の職員・従業員	39.4%	67.2%
	うち　自営業	2.6%	15.6%
	うち　パート・アルバイト等	47.4%	8.0%
4	平均年間就労収入（母又は父自身の就労収入）	181万円	360万円
	※　括弧内はパート・アルバイト等の場合	(125万円)	(175万円)
5	平均年間収入（母又は父自身の収入）	223万円	380万円
6	平均年間収入（同居親族を含む世帯全員の収入）	291万円	455万円

注1：上記は、母子又は父子以外の同居者がいる世帯を含めた全体の母子世帯、父子世帯の数。
　　　過去25年間で、母子世帯は1.5倍、父子世帯は1.3倍。
注2：母子のみにより構成される母子世帯数は約76万世帯、父子のみにより構成される父子世帯数は約9万世帯。（平成22年国勢調査）
注3：「平均年間収入」及び「平均年間就労収入」は、平成22年の1年間の収入。
出典：厚生労働省　平成23年度全国母子世帯等調査。

利な社会的状況の中で貧困状態を生きているといわざるを得ない。

　ひとり親家庭は、言うまでもなく本来は2人いるはずの親が1人しかいない状態である。神原文子は、主に母子家庭の困難性から、4つの支援が必要なポイントを挙げている。第1は収入獲得についてであり、既に述べた女性の就労そのものの不利な状況に加え、母親自身が病気にでもなれば収入獲得の手段は途絶えてしまう。第2は家事遂行であり、ひとり親家庭の母親は、生活費を稼ぐ労働に加え、自らの睡眠等の生理的時間を削ってでも家事と育児を行わざるをえず、無理を重ねることになる。第3は子どもの養育や教育についてであり、特に保育所を利用できない土日にも養育者が休めない現状が問題である。最後に第4は人間関係の調整についてであり、母親自身の情緒不安定さを支えるパートナーの不在は、子どもの情緒不安定さにつながることが多くなる。

　本来であれば実家に同居して祖父母のサポートを受けられればよいが、様々な事情から母子のみの世帯も少なくない。これらの世帯へのサポートをいかに手厚くしていくかが、行政的な観点からも重要である。

第2節　ひとり親家庭で育つ子どもの動向と問題点

(1) ひとり親家庭の子どもの成長発達

諸富祥彦は、離婚にともなう子どもへの負担は、「片親がいなくなるだけ」、「学区内への引っ越し」、「学区外への引っ越し＋名前の変更」、「学区外への引っ越し＋名前の変更＋きょうだいとの離別」の順に大きくなると述べている。子どもの視点からみると、離婚は親の都合で行われ、家や学校、家族構成にできるだけ変化がない方が望ましいといえる。特にきょうだいの離別は、子ども双方にとって辛い体験となるだろう。

一方で児童精神科医の佐々木正美は、ひとり親でも子どもは健全に育つと主張する。「子どもを育てるためには『母性』と『父性』が必要で、ひとり親、もしくは両親のいない家庭では、それが欠如してしまうのではないか」という世間一般の懸念に対し、子どもと関わる保護者が「母性と父性を順序良くバランスを間違えずに与えれば子どもは健全に育って」いくとしている。

水気田が示す事例では、夫と離婚した女性が子どもの成長とともに夫への見方が変化し、離婚に至った経緯が述べられている。有職者である40代の母親は長男、長女、次男の3人の子どもがおり、夫はとにかく人がよく大らかでお金にルーズな人柄だったという。しかし「子どもが中学生になり思春期に差し掛かると、いよいよ『社会』が家庭の中に入り込んでくる。そのとき、親は『社会への案内』をしなければならない（中略）元夫への不満は、その案内人としての資質だった」という。この母親は大手企業の管理職として働く女性だが、この事例は子どもにとって必ずしも両親が揃うことが望ましいとは一概にいえないことを示している。

子どもの発達には、シュテルンの輻輳説からみても、親からの遺伝と家庭環境の双方が影響を及ぼしている。たとえ離婚や死別といった家庭事情でひとり親になったとしても、子どもは環境の影響のみでとらえるのではなく、子どもの気質等の遺伝要因をはじめとした複雑な背景要因も考慮する必要がある。

(2) ひとり親家庭の子どもが抱える社会的リスク

神原は、ひとり親家庭で育つ子どもたちについて、2008年の大阪市のデータに基づいて中卒や高卒で就職できていない子どもたちの割合の多さから、経済

的に厳しい親の状況は「貧困の再生産」の状態にあり、「家族の経済格差の広がりが子どもたちの進学や進路選択に影響する様相が、ひとり親家族に顕著に表れて」おり、「子どもたちは家の事情をわかっているので、大学に行きたいということを、保護者になかなかストレートにいえない」状況であり、経済格差が教育格差を引き起こしていると指摘している。[8]

　フールマン（Fuhrmann, GS. W.）とジーベル（Zibbell, R. A.）は、欧米の先行研究をふまえ、「離婚や親の別居は、子の適応にわずかだが統計上有意な影響を与え、特に離婚の直後には、最も大きく影響する。親が離婚した子の大部分は、時間の経過に伴って回復するが、多くの子は、親が離婚していない子は経験しない、痛みを伴う苦労を経験する」と述べている。[9]

　赤石は、「ひとり親の子どもたちは子どもたちだけで過ごす時間が長い」ため、歯磨き等の生活習慣が身についていない子もおり、「離婚しているというだけで不利だった」とする子どものいじめに関する事例から、両親が揃った家庭に比べて不登校に至る子どもの多さを指摘している。[10]

　以上のことから、ひとり親家庭の子どもたちは経済的なリスクを背景として、離婚という親の事情が学校でのいじめの引き金になったりして友人関係での不利を抱えている現状、および進路についても希望通りの進学は難しく、家庭事情を考慮してみずから我慢せざるを得ない状況があり、それが貧困の連鎖やさらなる教育格差につながっている状況があるといえよう。

第3節　ひとり親家庭支援をめぐる論点と課題

（1）ひとり親家庭支援をめぐる論点

　助けを求めるというのは意外に抵抗感が伴う。例えば離婚をしてひとり親になった場合、子どもたちも学校でうしろめたい思いを抱えているのと同時に、親もなかなか周囲にひとり親であることやその経緯をオープンに語りにくい社会的状況がある。教育カウンセラーである諸富は、「何かあったときに助けやサポートを求めることができる力」を「援助希求力」と呼び、ひとり親が周りに堂々とサポートを求めるよう勧めており、教師やスクールカウンセラーを頼ることも提案している。[11]また、離婚にともなう養育費の支払いが滞っている場合等は養育費相談支援センター[12]、子どもを1人にしないための支援先としてはファミリーサポートセンター[13]、ネットを通じて近所の顔見知り同士がつなが

り、1時間500〜700円で子育てを頼りあう「子育てシェア」というサービスも紹介している。[14]

　上野顕子と李環媛は、離別によるひとり親家庭で育った大学生の語りの分析から、ひとり親家庭の子どもが精神的支援を受けるために必要な論点を3つ提示している。[15]第1が、ひとり親家庭の子ども達が置かれた状況を理解し、そうした子どもたちを支援できる教師の育成である。第2が、現在は限られた自治体が行っている児童訪問援助制度による直接的な子どもへの精神的支援の充実拡大と子どもたちへの情報提供である。第3に、学校教育においてひとり親家庭が語られる場として、家庭の内容を扱う家庭科教育教材の点検と改善である。

　以上のことから、ひとり親家庭を支援する上では、親が支援を求める心理的な抵抗感の低減と支援情報の提供、学校をはじめとした周囲の環境整備、ひとり親家庭の子どもを取り巻く他の子どもたちへのモラル教育、各自治体の制度の拡充等、多岐に渡る対応が必要であるといえよう。

（2）ひとり親家庭支援の政策上の課題

　赤石は、2013年5月から社会保障審議会児童部会の「ひとり親家庭の支援施策の在り方に関する専門委員会」に参加し、ひとり親施策について以下のような提言を行っている。[16]それらは、児童扶養手当の重要性の確認、子ども支援・保育サービスの充実、ひとり親の就労支援事業、ひとり親医療費助成制度の現物給付制の拡大、ワンストップで一度相談したら社会資源につながれる相談が提供されること、子どもの教育に関する支援、孤立を防ぎひとり親のニーズに合った交流事業、養育費・面会交流に関する支援、当事者の参加と事業委託先をオープンにすること、その他の女性支援や困窮者への支援、住宅手当・住宅費支援等との連携による包摂型支援の提供等、非常に多岐に渡る。

　神原は、母子寡婦福祉政策について、「生活に困窮し行き場のない母子にとって、母子生活支援施設は、物的、経済的、人的サービスを無償で提供されるという点で存在意義は大きい」としつつも、「それぞれの母子家族の将来の生活自立に向けて、問題状況に応じた体系的な福祉サービスのプログラムを組むことができるような、設備改善、および、施設職員の質の向上と待遇改善が期待される」と述べている。[17]

　厚生労働省では、2018年1月に、社会保障審議会児童部会ひとり親家庭への

支援施策のあり方に関する専門委員会を開催し、2015年の「子どもの貧困対策の推進に関する法律（2015年1月17日施行）」、「子供の貧困対策に関する大綱について（2015年8月29日閣議決定）」、「母子及び父子並びに寡婦福祉法（2015年10月1日施行）」、2017年の「児童扶養手当法の改正（児童扶養手当の機能の拡充）（2017年8月1日施行）」の流れを受けて、子どもの自立支援を目指す「すくすくサポート・プロジェクト」を2019年度にかけて推進することや、「子供の貧困対策に関する大綱」についても5年ごとにあたる2019年度に見直す方針を改めて確認した。母子家庭のみならず父子家庭も含め、ひとり親家庭を社会全体でどのように支援していくか政策的な試みは継続しているといえよう。

おわりに

ひとり親家庭に育つ子どもは、一定の不利な社会的条件の中で、苦労する親の姿を間近に見ながら成長する。心理学の領域では、一定の心理的ストレスに対する打たれ強さを「レジリエンス」とし、困難な状況への反発力、およびそこからの回復力といった捉え方をする。しかしながら、個人のもつレジリエンスには限界もある。ひとり親や子どもを取り巻く社会が、様々な側面から支援を行い、彼らが孤立しないような社会制度の整備を続けていくことが、わが国の子育てに関する施策において必須であることは言うまでもないだろう。

注
1) 赤石千衣子『ひとり親家庭』岩波書店、2014年、4頁。
2) 水気田気流『シングルマザーの貧困』光文社、2014年、29頁。
3) 神原文子『子づれシングル――ひとり親家族の自立と社会的支援――』明石書店、2010年、139-141頁。
4) 諸富祥彦『ひとり親の子育て：離婚、死別、「実質シングル」。ひとりで子育てするすべての人へ』WAVE出版、2015年、101頁。
5) 佐々木正美『ひとり親でも子どもは健全に育ちます――シングルのための幸せ子育てアドバイス――』小学館、2012年、10頁。
6) 水気田前掲書、215-221頁。
7) 大阪市「平成15年度大阪市ひとり親家庭等実態調査報告書」2008年。
8) 神原前掲書、244-248頁。
9) フールマン、ジェリ．S．W．、ジーベル、R．A．『離婚と子どもの司法心理アセスメ

ント』田高誠・渡部信吾訳、金剛出版、2016年、56-57頁。Fuhrmann, GS.W. & Zibbell, R. A. *Evaluation for Child Custody*. Oxford University Press, 2012.
10) 赤石前掲書、68-82頁。
11) 諸富前掲書、58-82頁。
12) 養育費相談支援センター HP (http://www.youikuhi-soudan.jp/、2018年8月5日最終確認) では無料電話相談の他、最寄りの各県や自治体の相談窓口も紹介している。
13) ファミリーサポートセンターは、保育所の送迎や、様々な状況での子どもの預かりが依頼可能で、料金は首都圏では1時間800円程度（早朝・深夜は1000円）。女性労働協会 HP (http://www.jaaww.or.jp/index.php、2018年8月5日最終確認) で、最寄りのファミリーサポートセンターを紹介してもらえる。
14) 株式会社 AsMama（アズママ）(http://asmama.jp/、2018年8月5日最終確認) 子育てを助け合う子育てシェアを運営。実際に近隣親子が顔を合わせる交流イベントも全国で行っている。
15) 上野顕子・李環媛「離別によるひとり親家庭で育った大学生のライフストーリー」『日本家政学会誌』第65巻、2014年、27-36頁。
16) 赤石前掲書、226-242頁。
17) 神原前掲書、233-234頁。

第16章

乳児保育と保育者の役割と課題

はじめに

　日本の保育・幼児教育においては、今、まさに新たな時代を迎えようとしている。特に、社会構造やライフスタイルの変化、働く女性の増加等から「乳児保育」の需要が高まってきている。2017年の保育所等待機児童数の状況をみると、待機児童数は2万6081人で低年齢児（0～2歳）が2万3114人（88.6％）[1]となっていることからも、乳児保育は量的にもその必要度が高まっていることがわかる。

　また、厚生労働省「保育所保育指針」（2017年3月。厚生労働省告示第117号。以下、「保育指針」と略）では、乳児・1歳以上3歳未満児の保育にかかわる、「ねらい」と「内容」が大幅に加筆された。すなわち、乳児や3歳未満児の子どもにとっての保育の重要性が根拠のもとに示されたと考えてよい。

　保育指針をみると、乳児では「健やかに伸び伸びと育つ」「身近な人と気持ちが通じ合う」「身近なものと関わり感性が育つ」の3つの視点が示された。また、1歳以上3歳未満児では「健康」「人間関係」「環境」「言葉」「表現」の5領域の視点から「ねらい」及び「内容」が示された。汐見稔幸[2]は、その背景について2008年改定の保育指針で乳児、1歳以上3歳未満児の記載が少なくなりすぎたことや、乳児、1歳以上3歳未満児が3歳以上児と一緒の5領域では無理がある、と指摘する。すなわち、乳児、1歳以上3歳未満児の「ねらい」及び「内容」が大幅に加筆されたことは、乳児保育の重要性が再認識されたといえよう。

　上記をふまえ、汐見稔幸[3]の言葉を引用したい。「子どもの自らを育てる力を信頼してそれに応じた環境を提供していくことこそ基本ということは、保育を考えるときの最重要な視点になるはずです」と指摘する。つまり、保育は子ど

もを信頼し、支えること、そして、育ちの環境を考えることなのであろう。
　さらに汐見は「乳児保育は、子どもがこの世に産み落とされて、さまざまな人と出会い、さまざまな経験をしながら、その子のその子らしい人生の物語を創造していく、その最初の一歩です。一人ひとりの子どもを眺めながら、はてさて、この体験はこの子の生きる物語にどのように組み込まれていくのだろうと、いつも温かく興味深いまなざしを持ってその子を包んであげてください」と述べている。これは乳児保育の基本原則であるともいえる。子どもを温かく、応答的に接すること、そして、子どもの今を見つめながらも、その子どもの成長を心から願い、関わるということが重要である。
　そこで、本章では、乳児保育における保育者の役割と課題について、乳児とのかかわりと保護者との連携のあり方について論じる。

第1節　乳児保育のあり方

（1）乳児保育とは何かを検討する

　本節では、乳児保育のあり方を論じていく。しかし、その前に乳児とは、そして、乳児保育とは、について少し述べておきたい。
　乳児とは、児童福祉法および母子保健法では「満1歳に満たない者」と記されている。また、八木義雄は、発達心理学の分野における乳児の定義は異なるとしたうえで、「どこまでを乳児期とするかについて学者の間で必ずしも一致していない」、「心理学では歩行がほぼ完成し、かつ言語が出始める1歳半あたりまでを乳児期とするのが適当である」と述べ、さらに、当たり前になっている乳児の概念も分野によっては多少のズレはあるが十分に確定していないところもあると指摘している。
　次に、乳児保育についてであるが、厚生労働省雇用均等・児童家庭局長「指定保育士養成施設の指定及び運営の基準について」に示された、「乳児保育Ⅰ」の科目の目標では、「『乳児保育』とは、3歳未満児を念頭においた保育を示す」とされている。これは、児童福祉法第4条の乳児の定義である「乳児満一歳に満たない者」の定義とは異なり、0歳児に限定されているわけではない。科目内容をみても「3歳未満児の発育・発達を踏まえた保育」と示されている。これらからすると、乳児保育は本来、3歳未満児を対象とした保育と考えられる。保育指針では乳児と1歳以上3歳未満児の保育にかかわる、「ねら

い」及び「内容」が区別されたが、本論では乳児保育とは、乳児、1歳以上3歳未満児を対象とした保育として論を進めて行きたい。

(2) 乳児保育のあり方について

　これまでの議論をふまえて、乳児保育のあり方を検討する。保育指針の「第2章　保育の内容」「1乳児保育に関わるねらい及び内容(1) 基本的事項」では、「ア　乳児期の発達については、視覚、聴覚などの感覚や、座る、はう、歩くなどの運動機能が著しく発達し、特定の大人との応答的な関わりを通じて、情緒的な絆が形成されるといった特徴がある。これらの発達の特徴を踏まえて、乳児保育は、愛情豊かに、応答的に行われることが特に必要である」と示されている。[7]

　この「愛情豊かに」「応答的に」というのは重要な視点である。大豆田啓友は「特に乳児では『特定の大人との応答的な関わり』、つまり愛着形成のためのかかわりとして『応答的』『受容的』であることが強調されています。この背景には、発達早期における非認知的能力（社会情動的スキル）の重要性が認められ、その基盤にアタッチメント（周囲の大人にしっかりくっつくことによる安心感）による、信頼の感覚を育てることがあると読み取ることができます」と指摘している。つまり、乳児保育では、保育者は丁寧に愛情豊かな子どもとのかかわりが必要であるといえる。[8]

　さらに、保育指針では、乳児保育（ここでは0歳児）に関わる「ねらい」及び「内容」で、「身体的発達に関する視点『健やかに伸び伸びと育つ』、社会的発達に関する視点『身近な人と気持ちが通じ合う』及び精神発達に関する視点『身近なものと関わり感性が育つ』としてまとめ、示している」と3つの視点から乳児保育のあり方を考えることができるようになっている。また、1歳以上3歳未満児では、「保育の『ねらい』及び『内容』について、心身の健康に関する領域『健康』、人との関わりに関する領域『人間関係』、身近な環境との関わりに関する領域『環境』、言葉の獲得に関する領域『言葉』及び感性と表現に関する領域『表現』としてまとめ、示している」となっており、年齢別にそれぞれのねらい及び内容が示され、さらに取り扱いの留意点や配慮点が明示された。[9]

　このように、乳児保育のあり方をみてくると、応答的な関わりから子どもの愛着形成を目指し、その結果として非認知能力を高めることが期待されてい

る。保育者は子どもにより一層、丁寧に関わり、子どもの主体性や能動的な活動を促し、その上で、子どもが保育施設で安心安全な生活ができるような保育実践が求められる。

第2節　乳児保育における保育者のかかわり

（1）乳児保育における保育者との愛着関係

先にも述べたように乳児保育では特定の大人との「応答的」「受容的」な関わりが重要である。例えば、授乳のときに「微笑み」「やさしい声かけ」等愛情あふれる乳児への関わりによって子どもと大人の絆が結ばれる。この絆こそが乳児の愛着である。すなわち、保育者は乳児の関わりに際して特定の保育者が愛情豊かに乳児と関わることが求められるのである。

大方美香[10]は、「これからの保育所は、乳児期から児童期までの子どもの発達を理解し、一人一人の子どもの人権を大切にすることである」、「一日一日の保育を振り返り、丁寧に観察すること。表面的・外的なことではなく、子どもの内的なことをよくみて（洞察）また、子どもの内的な声をよくきき（傾聴）、子どもの原風景となる出会いを大切にすることが大切である」と指摘する。つまり、子どもの発達の理解と、現象化されるものだけでなく、内なる部分に目を向けることが重要である。そして、乳児保育における特定の保育者の丁寧で愛情豊かな関わりは、子どもの情緒の安定・心身の健康・言葉の発達促進・他者との信頼関係構築に繋がるといえよう。

（2）乳児保育における保育者のかかわり

筆者の所属する大学付属の乳児保育園に勤務する保育者が乳児保育に取り組むにあたっての配慮している点の一部を以下に記す。

- ・1歳児保育で大切にしていることは。言葉のやり取りである。コミュニケーションの1つとして言葉でのやり取りの楽しさを子どもに感じ取ってほしい。保育者は子どもが理解できる言葉を選び、そして丁寧に言葉掛けをするように心がけている。
- ・2歳児保育で大切にしていることは。年齢でできること、できないこと、自分でしたいという思いが芽生える時期でもあり、まずはしてみ

る、やってみたい、と思うような関わりをしている。
- 子どもに対して禁止用語が多くならないように「走らない」「○○しない」ではなく「歩いて行こうね」「○○しようね」と行動を子どもが理解できる言葉で伝えることが大切である。プラスの言葉を普段から考えていくことが必要であり、子どもが次の行動を自分から進んでできるように、より具体的に伝えるようにしている。
- 乳児保育では、叱ることはほとんどない。愛情を持って、子どもが安心安全に生活できる環境をいつも考えている。特に乳児では応答的な関わりを意識している。笑顔で微笑む、優しく声をかける、乳児が何かを訴えてきているときは素早く対応する、等を心がけている。
- 園の理念である、子どもを大切に丁寧に関わることを意識している。具体的には優しく丁寧な言葉がけ、抱っこや手を引く場合も、両手で安全にそして大切だよ、と伝えられるような触れ合いを意識している。

上述したのは保育者の声の一部である。保育者の言葉からもわかるように、保育指針第2章「保育の内容」「1乳児保育に関わるねらい及び内容（1）基本事項　ア」に示してあるように、「発達の特徴を踏まえて、乳児保育は、愛情豊かに、応答的に行われること」に配慮していることがわかる。また、丁寧という言葉があるが、この丁寧とは、受容的、応答的な関わりを意味し、乳児が安心できる環境を保育者が作ることが重要であることを意味している。このような対応が保育指針にあるように身近な人と気持ちが通じ合う、そして、人と関わる力の基盤を培うのである。

第3節　乳児保育における保護者との信頼関係と連携の重要性

（1）乳児保育における保護者との連携

保育所の役割について、保育指針では、家庭との密接な連携の下に養護と教育を一体的に行うことと示されている。また、家庭と保育施設が連携することで事故防止にも繋がり、特に乳児保育では、養護の観点からも子どもの安心安全、生命の維持のためにも家庭と保育施設がより密接に連携することが必要である。さらに、藤澤啓子らは[11]、「乳児期に養育者が子どもに対して応答的でポジティブに関わる関係性を持つことは、長期的な認知的及び社会情動的スキル

の発達に繋がる」と指摘し、かつ、「親子の関係を越えた保育者と子どもの関係性についても同様の知見が得られている」と述べている。このように、保護者との連携は重要であることが理解できる。

では、実際に、保護者と保育者の連携の方法として、登園、降園時の保護者との関わり、クラス便り、園便り、保護者面談（個人面談）、保育参観、各種行事参加等が考えられる。それぞれの連携方法で、伝えたいことが違ってくるかもしれない。例えば、園の理念、方針等を伝える場合は園便りや保育参観等が有効であろう。また、子どもの様子を伝えたり、家庭での子どもの様子を聞いたりするには、登園、降園、保護者面談等が有効である。これらを通じて、保護者が子どもの様子や保育施設の理念や方針を理解しすることで、保護者と保育施設、保育者の連携・協働が生まれる。

子どもの育ちを支えるのは、家庭と保育施設が独立した生活の場ではなく、それぞれの連続した生活環境である。つまり、保育施設で生活リズムが安定していても、家庭において生活リズムが乱れている場合は子どもの育ちに影響がでる。例えば、乳児が土日に保護者と過度に遊び（夜遅くまで起きていたり、遠くまで外出したり等）、疲れが溜まってしまい、月曜日に保育施設に登園したとき元気がなかったり、機嫌が悪かったり、また、体調を崩してしまったりすることもある。また、1歳以上3歳未満児が保護者との触れ合いが不十分で心が満たされず、その不安定さから落ち着かない、他の子どもを嚙みつく、等の事例もみられる。この事例を挙げたのは、保護者を否定しているのではない。

池田りなは、「乳幼児の1日の生活は、主に家庭と園とを行き来することで成り立っていますが、この2つの場所での活動が分断されてはなりません」、「家庭と園とが24時間の視野をもって子どもを把握することが子どもの育つ環境としての基本になるのです」と述べている。さらに、巷野悟郎は「家で泣いたときに乳を飲むことができるのに、保育所では時間で飲まされるということもあるでしょう。離乳食の内容も違うし、子どもの行動に対して周囲からの働きかけも家庭と保育園では違うかもしれません。そのような多種多様な関わり方は子どもの成長発達にとってよい面もあるけれど、時には子どもの戸惑いがいろいろな形で現れることがあります」と指摘する。このように、子どもの状況を保護者と保育者が共に生活の状況を伝え合い、保育者が保育施設での生活を子どもの家庭での生活状況に配慮した個別的な保育実践となることが望まれる。

そのためには、家庭での子どもの育ちについて保護者と保育者の相互理解が

求められる。相互理解のためには、保育者が保護者と信頼関係を築くことが重要である。以下では、保護者と保育者の信頼関係をどのように構築するかについて述べる。

(2) 保護者との信頼関係

　保育指針にもあるように、乳児保育では、保護者との信頼関係は重要である。つまり、保育施設は保護者との信頼関係を構築するための手立てを考え、具体的に実践することが必要である。三田村志津[14]は保護者との信頼を得るために「0歳児では、家庭での生活がそのまま保育園生活に反映してきたり、子育てをスタートしたばかりの保護者も多く、さまざまな悩みや子育て不安を抱えているため、密なかかわりが必要となってきます。まずは、保育者が安心して話をできる存在になることを大切にしています」と述べている。

　このように、信頼関係を構築するためには、まず、保護者との適切な関わりが必要となり、それも、日々の関わりが重要となる。佐藤俊一[15]は「信頼関係とは、『今、ここで』のお互いの行動、言動から常に生まれてくる」。また、「ある日突然に信頼できなくなることは起こりうる」と指摘する。つまり、1日1日の保護者との関わりが大切であり、その関わりは人間性や経験だけに依拠するのではなく、専門的な知識と技術が必要になってくる。

　さらに、家庭での子どもの姿、保育施設での子どもの姿を保護者と保育者がともに共通理解することが必要である。保護者、保育者からの情報発信が活発に行われ、保護者と保育者の相互作用を目指すことが求められる。その子どもにとって必要なことを保護者と連携しながら探していくことも必要であり、1人1人の成長（発育・発達）を把握し、保育施設で適切な支援を行い、その情報を今度は保護者にフィードバックすることも有益である。例えば、筆者が所属する乳児保育園のA保育士は「子どもの成長を保護者にわかりやすく伝えている。1歳になったOちゃんの上の歯が生えてきたのを『高い高い』をしたときに知った。それで、ヨダレが多くなってきているのでエプロンを考えてみましょう、と保護者に提案した」と述べている。このように、些細なことでも、保育者の気づきを保護者に伝えることで、保護者は安心して子どもを委ねられるのである。結果として、保護者と保育者の相互作用が生まれ、両者の信頼関係が構築されるのである。

　では、保護者との信頼関係を構築するために保育者はどのような工夫や配

慮、知識と技術が必要であろうか。上述したように保護者との共通理解や積極的なコミュニケーションの重要性は保育者自身も自覚していることであろう。しかし、現実には保護者との関わりに不安を感じたり、負担感を抱えたりする保育者も存在する。そこで、1つの方法として、ソーシャルワークの知識と技術を用いることである。つまり、人間性や経験だけでなく、保護者とのコミュニケーションを1つの技術として習得し、保護者との関わりで実践することである。例えば、コミュニケーションスキルの研修や人間関係論、ソーシャルケースワークの原則でもある、バイスティックの7つの原則等を学ぶことも有効である。良好な人間関係の築き方について知識と技術を習得することは、保護者との信頼関係の構築にとって必要不可欠といえよう。

今後は、保護者との信頼関係の築き方について、それぞれの保育施設に親和性がある、研修体系や内容を検討していくことも必要である。同時に、保育者は保護者との信頼関係が乳児保育にとって重要な意味を持つことを理解することが求められる。

おわりに

これまで乳児保育のあり方について述べてきた。最後に、普段から乳児保育に携わる筆者の感じていることを述べてみたい。まず、前提として伊藤良高が指摘するように「1人1人の子どもの『幸福に生きる権利』を十全に保障していくこと」を目指すことが望まれる。[16]

そこで、筆者が乳児保育で留意していることは、1つに子どもを丁寧に保育する、ということである。丁寧な保育といっても多少抽象的であるが、普段の保育では、この抽象的な丁寧な保育について、場面に応じて1つ1つ具体化することが必要だと考える。例えば、「こっちに行こう」というときに手を引く場合は、両手で優しく導くことである。また、子どもの声に丁寧に耳を傾ける（傾聴）場面では、アイコンタクト、うなずき、微笑み、「〇〇だね」と優しく声をかけることもその1つである。

2つに、保護者との信頼関係の構築である。保護者と信頼関係を築くためには、まずは、保護者に良いイメージを抱くことである。なぜなら、人が持つ相手へのイメージによって、対応が変化するからである。そこで重要な視点として保護者の良いところを見つける、そして、伝える工夫をしていくことが有効

である。保護者と保育者の相互作用が信頼関係を生み出し、その信頼関係は乳児保育にとって、保護者と保育者が連携することに繋がるのである。乳児保育は家庭と保育施設が一体的に繋がりながら連続性のもとに進められることが重要である。

　乳児保育では子どもが大切にされる経験を積み重ねることが必要である。そのためには、身近な大人である保育者には、乳児の心と身体を育むためのかかわりが求められる。丁寧で優しく、応答的なかかわりそれが最も重要な乳児保育になるのであろう。

　最後に課題を述べる。星らは乳児の泣きの研究から「チーム内での保育者たちの考えに一定程度の違いがあってもよいし、その違いにであうことで新しい実践を発見し、保育を充実させることに繋がるであろう。たとえば、乳児保育を保育者と子どもの間、保育者間のダイナミックな関係性の場として捉える見方等、より多様な見方の可能性を乳児保育の中に導入すること、またそれが可能になるような保育環境、保育士の労働条件や研修を検討することは今後の課題であろう」[17]と指摘する。すなわち、よりよい乳児保育の実践ができるためにも、保育者同士が互いの意見に耳を傾け、尊重し合う関係であること、かつ、保育者が乳児保育実践において多様な見方ができるようになること、そのための労働条件、研修の実施についても課題であろう。

注

1）厚生労働省「「保育所等関連状況取りまとめ（平成29年4月1日）」を公表します」2017年9月1日、Press Release（http://www.mhlw.go.jp/file/04-Houdouhappyou-11907000-Koyoukintoujidoukateikyoku-Hoikuka/0000176121.pdf、2018年2月2日最終確認）。

2）汐見稔幸「新しい保育所保育指針――0・1・2歳児の保育はどう変わるの？――」『新幼児と保育　0・1・2歳児の保育増刊』第7巻第3号、2017年夏、35-36頁。

3）汐見稔幸「子どもたちの生きる物語づくり」汐見稔幸・小西行郎・榊原洋一『乳児保育の基本』フレーベル館、2007年、5頁。

4）注3）と同じ。

5）八木義雄「第1章乳児保育の意義と機能」川原佐公・古橋紗人子編『乳児保育　科学的観察力と優しい心』建帛社、2006年、1頁。

6）厚生労働省雇用均等・児童家庭局長「指定保育士養成施設の指定及び運営の基準について」平成30年4月27日（https://www.hoyokyo.or.jp/http://www.hoyokyo.or.jp/nursing_hyk/reference/index.html/material4.pdf、2018年7月2日最終確認）。

7) 厚生労働省「保育所保育指針」(2017年3月。厚生労働省告示第117号)。
8) 大豆田啓友「改定『保育所保育指針』を読んで　第8回これからの保育の質向上に生かす視点から」『保育通信』第754号、2018年1月、17頁。
9) 注7) と同じ。
10) 大方美香「乳児保育における保育の計画」『大阪総合保育大学紀要』第4号、2009年、129-144頁。
11) 藤澤啓子・中室牧子「保育の『質』は子どもの発達に影響するのか──小規模保育園と中規模保育園の比較から──」RIETI Discussion Paper Series 17-J-001、2017年、5頁（https://www.rieti.go.jp/jp/publications/dp/17j001.pdf、2018年2月10日最終確認）。
12) 池田りな「第5章　保育の実践1──保育における養護と教育──」関口はつ江『保育原理──保育の基礎を培う──』萌文書林、2015年、271頁。
13) 巷野悟郎「第1章　乳児保育のポイント」社会福祉法人日本保育協会『私たちの乳児保育──特別保育実践講座──』社会福祉法人日本保育協会、2001年、8頁。
14) 三田村志津「第3章　対話でつくる0歳児保育　column 7　保護者とのかかわり──思いを伝え合う工夫──」加藤繁美・神田英雄鑑・松本博雄・第一そだち保育園編『子どもをつくる0歳児保育』ひとなる書房、2011年、181頁。
15) 佐藤俊一『ケアの原点──愛する・信頼することへの挑戦──』学文社、2008年、23頁。
16) 伊藤良高「第1章　子育てのヒント・保育のポイント」伊藤良高・伊藤美佳子『新版子どもの幸せと親の幸せ──未来を紡ぐ保育・子育てのエッセンス──』晃洋書房、2017年、10頁。
17) 星三和子・塩崎美穂・勝間田万喜・大川理香「保育士はゼロ歳児の〈泣き〉をどうみているか──インタヴュー調査から乳児保育理論の検討（第1部自由論文）──」『保育学研究』2009年、49-59頁。

第17章

共同保育の意義と可能性

はじめに

　近年、保育所の待機児童問題が社会的、政治的に注目されている。特に、2016年2月にある女性がブログに書いた「保育園落ちた日本死ね！！！」は、国会での議論で取り上げられ、『2016 ユーキャン新語・流行語大賞』（現代用語の基礎知識選）で受賞語になったこと等、まだ記憶に新しいところであろう。

　しかしこのようは保育所不足の状況は、今に始まったことではない。1960年代から70年代にかけて、「ポストの数ほど保育所を」をスローガンに、働く親たちが幼い子どもの預け場所を求めて協力して活動した歴史がある。その頃、保護者の有志は、仲間を集めて、さらに地域社会の人々にも呼びかけて、小さな保育所を認可外で設立・運営していったのである。

　本章では、そうして誕生した共同保育所の有り様を検討し、そのような共同的な子育ての営みがもつ今日的な意義について考察する。そして、共同保育所が地域とのつながりを重視する姿勢は、今日では、さらに積極的にまちづくりに取り組む保育園の試みに受け継がれていることを論じる。

第1節　共同保育所の誕生と発展

（1）保育所不足と保護者の対応

　かつて日本にも「働き続けたい、また働き続けなければならない若い母親は、肉親のおばあちゃんか、近所の人にあずけるという、個人的な解決をはかっていました」[1]といわれる状況があった。その中で、休暇を使い果たして切羽詰まった母親たちが、個人宅を保育所にして数名の保護者が共同で保育を行うといった実態があった。今から半世紀以上も前のことである。

例えば、名古屋では、1962年5月、保護者の1人が借りる市営アパートの1室に、4人の母親が毎朝赤ん坊をおんぶして通う「池内共同保育所」が誕生している。電話局勤務の母親たちが、互いに窮状を訴え合う中で、「いっそ、一人の保母さんに誰かの家にきてもらって、そこで「共同保育」をはじめたらどうだろう、と思いつき」始まったものである。

共同保育所は、「父母・保育者や地域住民が共同して設置・運営する保育施設。認可保育所の不足や、低年齢児保育や長時間保育への対応の遅れを受けて、父母らが中心となり、地域住民の協力を得ながら運動することで1960～70年代に多く生まれた」等と説明される。池内共同保育所は、さらに労働組合や大学教員・学生等の応援を受けて開設・運営された。

このような例は名古屋に限らず、東京では1950年代にやはり保護者が自宅を提供して誕生した共同保育所が目につく。例えば、1955年6月に始まった大和町保育園は、「働く母の会」の会員により「六畳、四・五畳、三畳のうち、三畳の夫の書斎以外全部提供して」開設された。他にも、同様の設置形態に原宿保育所（1956年開設）、青木保育園（1957年開設）等があった。

もちろん設置形態はいろいろであり、専用の保育スペースとして民家を借りたり購入したりして設置された共同保育所もある。いずれにせよ、保育所不足に苦しむ保護者が中心となって、互いの協力により開設されたところが共通であり、そのため規模は小さく、家庭的な雰囲気を重視するものであった。保育者は、保護者の誰かが担うこともあれば、専門の保育者を雇うこともあった。

（2）共同保育所の運営と発展

再び池内共同保育所を例にとれば、運営の厳しかったことがよく理解できる。開設前の見通しとして、赤ちゃんが4名、保育者候補に同じアパートの人や看護師経験者、大学生が挙がっている。保育に使う場所は6畳と廊下、収支の見込みに至っては、収入が保育料5000円×4名で2万円に対して、支出が保育者の給料1万2000円×2名で2万4000円と赤字である。

経営安定のためにはさらに入所する赤ん坊が必要とのことで、保護者が愛知母親大会に参加した際にポスターを会場に貼ったり、チラシを配ったりすることを話し合っている。また、地域の企業や学校にもポスターを貼って、赤ちゃん探しを行うことを決めている。実際、財政は、職場や関係団体等からのカンパを受けてもなお赤字であった。

しかしその中で、保護者同士の結束が固まる様子も見て取れる。「一期生から四期生のうち、卒所してからも、なんとなくウマの合う親たちが、集まったり子どもを預け合ったり」、「それから二十年余りの長い年月、子どもたちの成長につれてさまざまなつきあい方をしてきた。夜間・日曜保育、学童保育づくり、中学生の共同学習などである[8]」と言われる通りである。

互いの子どもを夜間や休日に預け合うところまで関係が深まっているのである。保護者によれば、そのことで「夕方、保育時間の終りをそわそわ気にすることから解放され、母親たちは、ときたま、のびやかな気分を味わうことができました[9]」とのことである。そして、そのメンバーに肢体不自由の障がいをもつ子どもが含まれていることも注目してよかろう。

他の共同保育所の記録にも「共同保育は子どもを保育してもらう側とする側の関係が一方通行ではなく、働く親同士があるときは保育者になり、あるときは自分の子どもを保育してもらうという相互扶助の関係で成り立つ保育[10]」とある。その中で、保護者や保育者といった大人もまた自らの育ちを振り返り、子ども観や保育観を新たにする機会を得ている[11]。

池内共同保育所は、名古屋で最初の共同保育所である。そしてその後、「1960年代終わりには名古屋市内（当時は市外であった地域も含めて）に、20か所以上の共同保育所が生まれている[12]」。本保育所自身も、市営住宅を退去した後変遷を重ね、認可を受けて「池内わらべ保育園」となり、同じ共同保育所から始まった「かわらまち夜間保育園」と姉妹園になる等発展している[13]。

第2節　子育てをめぐる状況

（1）地域と子育ての共同

子育ては誰の責任かと問えば、まずは保護者、特に子どもを産んだ母親を想起する人が多いのではないだろうか。この点で、たしかに教育基本法第10条には「父母その他の保護者は、子の教育について第一の責任を有するものであって、生活のために必要な習慣を身に付けさせるとともに、自立心を育成し、心身の調和のとれた発達を図るように努めるものとする」とある。

また、国際的に見ても、「児童（子ども）の権利に関する条約」第18条に「父母又は場合により法定保護者は、児童の養育及び発達についての第一義的な責任を有する」とある。すなわち、父母をはじめとする保護者は、わが子に対し

て大きな責任を負うことは間違いない。しかしだからと言って、保護者にばかり責任を負わせるのも不自然であろう。

　例えば、かつての日本には仮親と呼ばれる大人が子どもの成長の節々に登場して大きな役割を果たしていた。取り上げ親、名づけ親（名親）、烏帽子親等はよく知られた例であろう。これらの仮親は、実の親の代わりに子どもの誕生や成長に関わる行事をつかさどる者であり、地域や親戚の中で一目置かれる者から選ばれることが多かった。

　また、江戸時代まで遡れば、「出産が間近になると家族はむろん、隣近所の人たちまでが落ち着かない。元気に生まれるだろうか。男の子か、女の子かなどと気をもむ」という状況があり、「取上婆屏風をでると取巻かれ」という川柳が詠まれたという。子どもの誕生は地域ぐるみで祝われたのであり、子どもに対する関心は、もっぱら生みの親がもつものだったわけではない。

　明治の終わり頃でも、子どもには実の親でない大人との関わりが地域社会の中で豊かにあったことが知られる。1907年生まれの児童文学者・石井桃子は、60～70年前の子ども時代の記憶が鮮明であり、その中に家族でない親しい大人が登場する。「ちやほやされ、ごはんをたべさせられることもあるようになった」という大人ばかりの家の田中さん等がその例である。

（2）孤独な子育てと子育て支援

　今日の子育ては、生みの親、ことに母親に責任を負わせがちな風潮があることに気付くが、歴史的、社会的に見れば、むしろ異様なことである。家族が閉鎖的になり、縁側に象徴される開放的なあり方から閉鎖的なタコツボ的なあり方に変わったと評される通りである。要するに、核家族化して人数を減らした家族同士が、互いの関係を薄くしたということである。

　なお、一般に、白川郷の合掌造りの家族のイメージで、昔は大家族が当たり前で、そこに豊かな人間関係があったという見方もあるようだが、これは必ずしも正しくない。ときに40人以上に及ぶ人が1つの家屋に暮らす大家族制が成立していた地域は、養蚕業を中心とする家業経営の必要もあって、白川郷の中でも特定の村（集落）に偏っていたからである。

　やはりたとえ大家族でない核家族であっても、それが孤立していないことが重要である。地域社会の支え合い、子どもの成長発達に生みの親でない大人が関わることがポイントである。決して昔を美化するものではないが、そのよう

な共助が現在よりもあった時代は、保護者の精神的な負担が少なく、子どもの育ちも豊かになり得たと言えよう。

一方、児童虐待や子どもの貧困等、地域から孤立した家族で生じる問題は、解決が難しい。事件や窮状そのものが表に出にくいし、そもそも「家族とは、そんなに通じ合えるものなのだろうか。親なら必ず子どもの気持ちがわかり、子どもはいつまでも親の愛に感謝しているのか」という、数々の家庭内の事件を取材したルポライターの指摘は重いものであろう。[18]

人が生まれ育った地域を離れて仕事に就き、そこで新たに家族を形成して子育てを行うことが当たり前になった今日では、やはり意識して子育ての共同化を行うことが求められるであろう。その際、具体的な取り組みとしては、やはり地域や保育現場レベルでの子育て支援が不可欠である。幼稚園や保育所等が行う園開放や子育て相談、一時保育や病児・病後児保育等も含まれる。

第3節　子育ての社会化と共同保育

(1) 子育ての社会化と地域

池内わらべ保育園では、1980年9月から「地域の子どもたちもいっしょにあそべる「青空保育」を取り組んで」いる。[19]それは、開園間もない1976年11月から「赤ちゃんの泣き声による騒音(？)問題」で地域の人とトラブルを抱え、[20]高さ6mのコンクリート防音壁を設けるという不本意な解決を経ての取り組みであった。

しかしこのマイナスの経験の中で、保育園が近隣との関係を再考する機会につながったものと思われ、児童遊園地で地域の子どもを加えて手遊びや人形劇等を行う取り組みが実現したのである。残念ながら、1987年11月に遊園地が閉鎖され、場所を移した「青空保育」は、地域の子どもが遊びにくいところだったらしく、参加者がずいぶん減ってしまったという。

それは孤立しがちな子育て家族が外へ出る大切な機会であったかもしれない。だとしたら、一時保育や病児保育とは違った子育て支援として、重要な意義を持つものであったはずである。しかし、地域開発の流れの中で、継続が難しかったということである。一方、このような試みは、実は現在、かなり違った形で発展的に受け継がれているように思う。

例えば、「まちの園」を志向する近年の保育現場の試みである。そこでは、

園の施設にギャラリーやカフェ、サンドイッチ店等が併設され、「保護者にとってもまちの人にとっても心地よく、集える場」、「意味のある文化的な場が子どもの暮らしの傍らにあること[21]」が保障されている。そして、「保育園が、地域社会の問題を解決するインフラになる[22]」とまで考える。

職員の中におかれたコミュニティコーディネーターの役割は、「地域資源との出会いを調整すること[23]」とされ、絵本作家の講演会のために図書館に時と場所を貸したり、子どもとのプロジェクトを望む大学生の相談に乗ったりしている。加えて、直接保育との関わりがなくても、「町会のパンフレットを作成し、町会員を増やすための親子向けのお祭りの企画[24]」をしたりしている。

従来から「まち」を遊びの舞台として活用する取り組みはあった[25]。あるいは、過疎の地域で「もっと地域へ子どもたちを返そう。この愛おしい存在を園の中だけのものにしてはいけない[26]」と、地域の老人宅等を子どもたちと訪ねる実践を行った保育園もある。もちろんそれらも重要な取り組みであるが、保育園が自らまちづくりに関わることは注目に値しよう。

また、「乳幼児期の子どもが地域をフル活用して地域で育つための「まち保育」という考え方[27]」を示して、同時に建築計画、環境工学等の立場から「まちづくり分野での新たな担い手としての保育施設への期待[28]」を提案する試みも出されている。これらも現代の孤立しがちな子育てを保育施設からさらに地域へ開く意味を持つものであろう。

（2）共同保育の意義

児童福祉法第2条第2項にも「児童の保護者は、児童を心身ともに健やかに育成することについて第一義的責任を負う」とある。しかし第1項には「全て国民は、児童が良好な環境において生まれ、かつ、社会のあらゆる分野において、児童の年齢及び発達の程度に応じて、その意見が尊重され、その最善の利益が優先して考慮され、心身ともに健やかに育成されるよう努めなければならない」とある。

保護者に重い責任を認めつつも、国民にも子どもの健やかな成長に努力が求められているのである。そして、本条第3項には「国及び地方公共団体は、児童の保護者とともに、児童を心身ともに健やかに育成する責任を負う」とある。すなわち、子どもの成長に関わって、保護者だけでなく、国民そして国や地方公共団体は、自助、共助、公助を行っていくことが求められているのであ

第17章　共同保育の意義と可能性　177

る。
　その点で、先に見た共同保育は、認可保育所の設置運営といった、本来果たすべき公助が十分でない中で生まれたものであったが、大人の成長も伴う共同的な子育てを現出したのである。そしてその後、例えば地域社会へ向けて、自らの保育を開放し「青空保育」に取り組むに至った。保育所外の人々の力を借りて誕生した共同保育は、具体的に地域の子育ての力となったのである。
　そして、このような精神は、近年取り組みが注目される「まちの園」や「まち保育」にも受け継がれているように思う。それは極めて積極的に地域のまちづくりを自らが担おうとするものであり、騒音問題等で地域の迷惑施設とされることもある保育施設をしっかりと地域社会に位置づける意義を持つものであろう。

おわりに

　日本の保育現場において、共同保育が果たした役割と意義は大きい。それは特に低年齢児を中心とした保育需要に応え、女性就労を支えるものであった。そして、十分とは言えない施設設備の条件下で、子どもの発達保障はもちろん、保護者自身の成長や、まさに保護者たちの共同的な子育てを進めるものであった。さらに、園外の様々な人や資源と保育をつなげるものでもあった。
　しかし近年、少子化の中でも、保育施設全体に向ける社会の目は、必ずしも温かいものではない。これまで以上に、保育現場は自らが地域に貢献できることをアピールする必要がありそうである。多忙を極める保育現場で、また、予算や人員配置が十分でない現状で、かなり困難な取り組みとなるが、少しずつ事例を積み上げる中で、その方面の実践も豊かにする必要があろう。

注
1）亀山利子編著『カツオ・お母さん・共同保育　脳性小児マヒ克郎くんの記録』鳩の森書房、1973年、26頁。
2）同上、27頁。
3）保育小辞典編集委員会編『保育小辞典』大月書店、2006年、74頁。
4）1954年12月、出版社勤務の女性を中心に発足。趣意書には「主に、保育所の設立や学童保育所の設立、働く婦人の権利の確立などに力をそそいできました」（働く母の会編

『働きつつ育てつつ——保育所をつくった母親たちの軌跡』ドメス出版、1990年、274頁）とある。2005年解散。

5）同上、41頁。

6）同上、40-80頁。

7）池内共同保育所運営委員会編・刊『池内共同保育所の記録』1963年6月、36-40頁、43-49頁。（公益財団法人東海ジェンダー研究所編『資料集　名古屋の共同保育所運動　1960年代〜1970年代を中心に』日本評論社、2016年、77-89頁、所収。）なお、共同保育所開設から運営に至る具体的な苦労については、一期生の保護者・佐藤貴美子が登場人物等の設定を変えて描いた小説、「千代」「千代と奈津」（佐藤貴美子『母親たちの夏』新日本出版社、1983年）が参考になる。

8）金子章子「「人間回復」のたたかいとして」佐藤貴美子『つっぱり母さんの記——わが子の登校拒否と向き合う』汐文社、1985年、223頁。

9）注1）と同じ、96頁。

10）青い保育園30周年記念誌編集委員会編著『共同保育30年のあゆみ　こどもとおとながつくる時間——こんな保育園あったんだ——』千書房、2002年、17頁。

11）アトム共同保育所『大人が育つ保育園——アトム共保は人生学校——』ひとなる書房、1997年。

12）公益財団法人東海ジェンダー研究所編、前掲書、xxxv頁。

13）「池内」「かわらまち」編集委員会・佐藤貴美子『ありがとう保育園——時代の求める保育に挑み続けて——』ひとなる書房、1994年。

14）中江克己『江戸の躾と子育て』祥伝社、2007年、20頁。

15）石井桃子『幼ものがたり』福音館書店、2002年、266頁。

16）浜崎幸夫『縁側の子育て——親しい他人による子育て学——』ブレーン出版、2001年。

17）柿崎京一「白川村『大家族制』を考える」柿崎京一編集代表『白川郷文化フォーラム'93』白川村・白川村教育委員会、2001年。

18）石川結貴『家族は孤独でできている』毎日新聞社、2006年、184頁。

19）注13）と同じ、134頁。

20）同上、124頁。

21）秋田喜代美・松本理寿輝・まちの保育園編著『私たちのまちの園になる——地域と共にある園をつくる——』フレーベル館、2016年、24頁。

22）横山崇編『これからの僕らの働き方　次世代のスタンダードを創る10人に聞く』早川書房、2017年、87頁。

23）同上、33頁。

24) 同上。
25) 遊び・劇・表現活動研究所〈アフタフ・バーバン〉編『まちを遊ぶ　まち・イメージ・遊び心』晩成書房、1993年。
26) 鍋田まゆ「過疎の地域と保育園　地域丸ごと保育環境──原風景を胸に刻む保育──」塩野谷斉・木村歩美編『子どもの育ちと環境──現場からの10の提言』ひとなる書房、2008年、78頁。
27) 三輪律江・尾木まり編著『まち保育のススメ──おさんぽ・多目的交流・地域交流・防災・まちづくり──』萌文社、2017年、4頁。
28) 同上、5頁。

第18章

保育所における保育士の役割と専門性

はじめに

　今日、少子高齢化や核家族化の増加等、子どもや子育て家庭を取り巻く社会環境が著しく変化している中で、家庭内の養育機能や地域の子育てネットワークの低下が問題視されている。子どもだけでなく、家庭も含めた支援が必要な現在、保育所の役割は年々多様化し、保育所・家庭・地域が、これまで以上に連携して取り組んでいく必要性が出てきている。保育ニーズの高まりとともに、その支援は多岐に渡り、子育てを社会全体で支えることが必須となっている。時代に応じて、保育所における保育士の役割もまた多様化すると共に、高い専門性が求められている。本章では、保育所における保育士の役割についてその現状と課題を述べると共に、求められている専門性について概観したい。保育士が置かれている職務の実際や、現在、特に求められるようになってきた保護者支援や他機関との連携等、保育士を対象としたアンケート調査を用いながら、その実際と課題を考察したい。

第1節　保育所における保育士の役割と課題

（1）保育士の役割

　少子化や核家族化といった家族形態の変容に加えて、社会構造や労働環境の変化等、子どもを取り巻く社会環境が変化する中、保育所の役割もまた、時代とともに移り変わっている。近年、子育て家庭の孤立化や地域の子育て力の低下が問題視される中、地域において保育・教育の専門的な知識や技術を有している保育所への期待が大きくなるとともに、保育士の役割もまた拡大している傾向にある。丸目満弓は、時代の変化を受けて、「子育てに関して最も保護者

の身近に位置する保育士は、専門職としての役割や機能、関わる範囲の拡大が求められ続けてきた」と述べている。制度的にみても、児童福祉法の改正や保育所保育指針の改定等が行われている。2000年の児童福祉法の改正により、保育士資格が国家資格化され、保育士とは「登録を受け、保育士の名称を用いて、専門的知識及び技術をもつて、児童の保育及び児童の保護者に対する保育に関する指導を行うことを業とする者をいう」(児童福祉法第18条の4)と定義された。民秋言らは、法改正により、保育士の業務として、子どもを健やかに育てることと子育て支援をすることが求められ、そのための専門性の習得が必要になったことを示唆している。また、笹川拓也は、国家資格になり、保育士の業務として、子どもへの保育に加え、保護者への支援が法律に明記されたことや、守秘義務の厳守や信用失墜行為の禁止等も規定されたことで、社会的責任が明確になったと述べている。保育所保育指針においても、3度目の改定(2008年告示)、「第1章総則」の保育所の役割の中に、「保育所は、入所する子どもを保育するとともに、家庭や地域の様々な社会資源とその連携を図りながら、入所する子どもの保護者に対する支援及び地域の子育て家庭に対する支援等を行う役割を担うものである」という文言が追加された。地域の諸資源と連携をしながら、入所している子どもの保護者に対する支援及び地域における子育て家庭への支援の必要性が明記される等、保育所は、地域における児童福祉施設としての役割が明確化され、保育士は、子どもへの支援に加えて、2つの保護者支援(保育所利用者・地域の子育て家庭)の役割が求められることとなった。また、2017年告示の保育所保育指針では、より広い意味で「第4章 子育て支援」が掲げられ、「保育所における保護者に対する子育て支援は、全ての子どもの健やかな育ちを実現する」ことができるように明記されており、「子どもの育ちを家庭と連携して支援していくとともに、保護者及び地域が有する子育てを自ら実践する力の向上に資するよう」述べられている。保育所の役割として子育て支援が位置づけられ、保育士の専門的な知識と技術を生かした地域の子育て支援が求められている。

(2) 保育士の役割と課題

保育所保育指針において、保育所の役割として、「保育を必要とする子どもの保育を行い、その健全な心身の発達を図ることを目的とする児童福祉施設であり、入所する子どもの最善の利益を考慮し、その福祉を積極的に増進するこ

とに最もふさわしい生活の場でなければならない」(第1章)と明記され、具体的に家庭との連携や発達過程をふまえること、環境を通して行う事、養護・教育を一体的に行うことが示されている[8]。保育所内で過ごす時間は、子どもの成長や人間形成にとって重要なものであり、保育士は、日々子どもの安全や生活環境に配慮しながら、発達過程に応じた養護及び教育を一体的に行う保育が展開されているといえる。しかしながら、近年子どもを取り巻く環境が変化する中で、親子が抱えているニーズは多様化している傾向にある。山本佳代子は、保育所にかかわるケースにおいて、発達障害や虐待の疑いがある子ども等、気になる子どもへの対応といった、困難を伴う事例が増加しており、保育所が直面している支援課題が複雑になっていることを述べている。そのため、子どもと家庭への支援について、「子どもの発達面だけでなく、生活の全体性をとらえる視点」が求められ、保育所だけで対応が困難なケースは、他の機関等、社会資源と連携して対応することが重要なことを示唆している[9]。子どもの生活を24時間単位で考え、保育所・家庭・地域が連携していくことが必要といえる。笹川は、保育所が「単に子どもを預かり保育を提供する場」から「相談援助の場」へと役割が拡充されていることを示しており、保育士には、ソーシャルワーク的な視点と働きかけが必要であると共に、他の専門職や機関との連携が重要になっていることを示している。また、保育所には地域の子育て支援に対応するために、保育に関する相談や助言を行う役割が求められるとともに、保育の特性を生かした地域支援システムの整備が必要であることを述べている[10]。保育所に求められている役割を保育士が遂行するには、通常の保育に加えて、保護者支援や、地域の子育て支援、並びに様々な機関や施設との連携が必要になっている。

　上述したように、保育士に様々な役割が期待される中、その困難さも現れている。中平絢子らは、保育者の中には、保護者とのコミュニケーションに対して苦手意識を持っている者が少なくないと指摘している[11]。また、若手保育士だけでなく、中堅保育士や熟練保育士においても、保護者対応に苦手意識を持っている現状があると述べている[12]。丸目は、保護者支援という言葉自体、あいまいでかつ漠然としており、「具体的な業務内容や方法について、明確な共通理解があるわけではない」と指摘している[13]。加えて、保育所で解決が困難なケースについては、他の社会資源につなげることが重要であり、外部機関との連携が求められているが、連携の難しさも現れている。山本は、連携は1人の保育

士の判断で測れるものではなく、そこにつながりにくさがあることを述べている[14]。このように、保育所の役割が拡大すると同時に、保育士の役割も多岐に渡り、そこには様々な問題や課題が生じているといえる。

第2節　保育士の職務内容の現状と課題

(1) 保育士の職務内容の現状

　本節においては、保育士が置かれている職務の実際や、現在、特に求められるようになってきた保護者支援や他機関との連携等、青森県内の保育所で勤務している保育士に対してのアンケート調査結果（有効回答数120票）を概観しながら、保育士の職務内容の現状と課題について見ていきたい。調査は、2016年に実施し、対象者の性別は、男性2名（1.7％）、女性118名（98.3％）であった。[15]

　1つめに、保育士が日々の業務内容の頻度として高い（毎日実施している）と感じているものを回答が多かった順に記載すると、「子どもとの関わり」120件（100％）、「子ども同士の関係への働きかけ」117件（97.5％）、「親子への声かけや挨拶などの対応」117件（97.5％）、「掃除洗濯」114件（95.0％）、「室内の環境構成」106件（88.3％）、「安全保健面の管理」105件（87.5％）、「親との会話」103件（85.8％）、「親子関係の見守り」98件（81.7％）、「業務全般の日誌記録等」92件（76.7％）、「連絡帳の記載」88件（73.3％）であった。日々の子どもとの関わりや、子ども同士の関係への働きかけといった、子どもへの対応に加えて、親子への声かけや挨拶などの対応が業務内容の頻度としては90％を超えて毎日実施しているという結果であった。次いで、掃除や環境構成、安全保健面の管理といった子どもの保育に欠かせない業務が挙げられていた。

　2つめに、他機関・施設との連携状況について「連携している」という回答が多かった順に、施設・機関の詳細を見ると、小学校103件（85.8％）、市役所96件（80.0％）、医療機関93件（77.5％）、保健所・保健センター89件（74.2％）、中学校・高等学校80件（66.7％）、地域にある別の保育所79件（65.8％）、警察77件（64.2％）、福祉事務所（家庭児童相談室）70件（58.3％）、児童相談所63件（52.5％）、町内会・自治会61件（50.8％）、社会福祉協議会50件（41.7％）、老人クラブ48件（40.0％）、図書館44件（36.7％）、民生委員・児童委員44件（36.7％）、幼稚園38件（31.7％）、育児サークル36件（30.0％）、子ども会婦人会22件（18.3％）、小学校PTA21件（17.5％）、ボランティアセンター19件（15.8％）とい

う結果であった。連携状況をみると、小学校、市役所では80％を超えている他、医療機関、保健所・保健センターにおいても70％を超えており、保育所との連携の高さが読み取れる。一方において、幼稚園や育児サークル、子ども会婦人会、小学校PTA、ボランティアセンター等においては連携しているという回答が少ない結果となった。

(2) 保育士の職務の課題

次に、保育士が日々の業務内容の中で難しさを感じているものと、今後、他機関との連携が必要と感じているものについて調査結果を概観し、保育士の職務の課題を見出したいと思う。1つめに保育士が日々の業務内容として難しさを感じているものとして、回答が多かった順に記載すると、「親同士の関係性の働きかけ」73件（60.8％）、「親子間への意図的な働きかけ」69件（57.5％）、「親同士の関係の見守り」68件（56.7％）、「子ども同士の関係への働きかけ」68件（56.7％）、「子どもとの関わり」67件（55.8％）、「親との会話」62件（51.7％）、「親子関係の見守り」59件（49.2％）、「親の子どもの世話への手助け」57件（47.5％）、「面接相談」56件（46.7％）、「保護者懇談会」55件（45.8％）、「事故緊急対応」52件（43.3％）、「親子への声かけや挨拶などの対応」48件（40.0％）、「連絡帳の記載」48件（40.0％）、「問い合わせ電話対応」45件（37.5％）、「安全保健面の管理」44件（36.7％）、「電話相談」41件（34.2％）、「虐待ケースへの対応」40件（33.3％）、「おたよりの作成」38件（31.7％）であった。調査結果より、子ども同士の関係への働きかけや子どもとの関わり等において、半数以上の保育士が難しさを感じている実態があるが、全体を通して、保護者支援に関わる項目において、難しさを感じている割合が高いといえる。親同士の関係性の働きかけや、親子間への意図的な働きかけ、親同士の関係の見守り、親との会話においては、半数以上の保育士が難しさを感じており、次いで、親子関係の見守りや、親の子どもの世話への手助け、面接相談、保護者懇談会、親子への声掛けや挨拶、連絡帳の記載等、40％を超える保育士が難しさを感じている。保護者支援が重要視される中で、保護者支援に関わる部分で保育士が難しさを感じている傾向にあることが読み取れる。

2つめに「他機関・施設との連携状況」について尋ねた上記の機関・施設の中で、今後さらに連携が必要な機関・施設を尋ねた（複数回答あり）。割合が高かったものとしては、小学校53件（44.2％）、児童相談所32件（26.7％）、福祉事

務所(家庭児童相談室)29件(24.2%)、市役所26件(21.7%)、保健所・保健センター25件(20.8%)という結果であった。調査結果より、今後の連携の必要な機関として、1番目に挙げられていた「小学校」は、現状の連携状況を見ても、連携状況は高く85.8%の割合で連携しているという結果であったが、さらなる連携の強化を望んでいると思われる。また、2番目に挙げられていた「児童相談所」は、現状では52.5%が連携していると回答していたが、今後の連携の拡大が求められているといえる。保育所において、様々な機関や施設との連携が求められている中で、連携の弱い部分をどう強化していくかが課題となってくるであろう。

第3節　保育士の専門性

(1) 保育士の職務と専門性

　保育士の業務の実際及び地域における他機関・施設との連携状況について、それぞれの現状と課題を見てきたが、本節においては、調査結果をふまえながら、保育士の職務と専門性について考察していきたい。

　保育士は、子どもの日常生活において、もっとも身近な保育に関する専門職者といえ、子どもや保護者の様子から様々なニーズや諸問題を発見しやすい立場にある。そこには保育士の専門的な見方というのが重要であり、専門性を活かして、障害や発達上の課題、虐待が疑われるケースの早期発見や保護者が抱えている育児不安等を支援に結び付けていくことができる。山本は、保育者は日常の保育で、不適切な養育に置かれた子どもやその保護者と向き合う機会が少なくないことを示している。[16] また、米山珠里は、保育士が保育所を利用している保護者から受ける相談では、子どもの発達段階・食事・健康面の相談が多く、専門性を活かした助言が求められていることを示唆している。加えて、朝・夕の送迎時の会話が保育士と保護者の貴重なコミュニケーションや情報交換の場となっていることを述べている。[17] 松本宏史は、保育所が、子どもに関する生活問題の「総合相談窓口」として機能する必要性を述べ、各主専門機関に繋げる役割が期待されていることを主張している。[18] このように、日常の保育において、保育士の専門的な見方や対応、及び、日頃からの保護者支援の積み重ねが、問題の早期発見や深刻化を防ぎ、支援に結び付けていくことを可能にするといえる。

調査結果の中で、業務頻度が高かった項目として、「親子への声かけや挨拶などの対応」では、97.5％の保育士が毎日実施していると回答しているが、同時に難しさを感じている保育士が40％いる。また、「親との会話」では、85.8％の保育士が毎日実施していると回答しているのに対し、51.7％の保育士が難しさを感じている。このように、日々の保護者との声掛けや挨拶、会話といった側面において、難しさを抱えていることが分かるとともに、保護者支援を行うにあたっては、日常の声かけや挨拶、会話といった場面で、とても重要な役割を担っているといえる。丸目は、保育士と保護者の日々のコミュニケーションにより、信頼関係が形成され、保護者支援へつながることを述べている[19]。また、中平らは、保育士がコミュニケーションを取る対象は、子ども、保護者、地域の人々等であり、中でも保護者支援において、対応の難しさが生じる場合もあることを示し、保護者とのコミュニケーションを取る方法は、保育士養成施設では習得する機会が少なく、保育現場で、先輩保育士からの助言や、保護者との関わりを通して、保護者への伝達方法や対応を身に着けていく側面があると分析している[20]。谷川夏実は、保育者は、保育の仕事に誠実に向き合うがゆえに多くの事を悩み、迷うことを指摘し、保育士が抱える困難や葛藤は、未熟さゆえではなく、保育者としての成長に必要な要素ととらえることを示唆している[21]。大津泰子は、保育士としての専門的知識や技術を高めていくためには、保育士としての経験・キャリアが重要であり、現場での経験や研修等によって、さらなる知識や技術の向上をしていくことが必要であることを述べている[22]。2017年告示の保育所保育指針において、「保育所における保育士は、児童福祉法第18条の４の規定を踏まえ、保育所の役割及び機能が適切に発揮されるように、倫理観に裏付けられた専門的知識、技術及び判断をもって、子どもを保育するとともに、子どもの保護者に対する保育に関する指導を行うものであり、その職責を遂行するための専門性の向上に絶えず努めなければならない」（第１章）と示されている[23]。大津は、近年保育現場では、これまで求められてきた保育士の役割に加え、「① 気になる子どもへの支援、② 障害を持つ子どもへの支援、③ 児童虐待の予防・早期発見、④ 被虐待児への支援、⑤ 保護者への支援」等多様で、更なる専門職としての知識や技術を持つ質の高い保育士が求められており、保育士の専門性の向上が重要になっていることを示唆している[24]。このように、保育所は、子どもの保育とともに、保護者や地域の子育て家庭を含めて、地域の拠点となるよう、保育士の専門性の習得が必須になって

いる。保育士としての専門的な見方を備え、保護者からの相談や指導を行ううえでも、常に専門性の向上を視野に入れて日常の保育に臨む必要性があるといえる。

(2) 保育士の役割拡大と専門性

　保育所において、入所している子どもの保護者への支援に加えて、地域の子育て家庭へと支援対象の幅が広がる中、社会のニーズにこたえるためにも、地域の関係機関との連携が保育士の求められている役割として付随し、更なる専門性が必要になっている。保育所保育指針においても示されているとおり、保育所と「家庭や地域の様々な社会資源」と連携を図ることが[25]、今後の保育を行う上で重要な役割になり、保育士は、他機関との連携を視野に入れた業務が必要となってくる。山本は、保育所における支援の対象が拡大する中、保育所のみでの対応が困難な場合も想定され、他機関の専門性の活用やネットワーク構築が必要になることを示唆している[26]。

　調査結果では、今後、保育所と更なる連携の強化が必要と思われる機関として、小学校や児童相談所等が挙げられていた。現状においても、小学校との連携の高さを示していたものの、小学校への引き継ぎの重要さや子ども達のスムーズな小学校生活への橋渡しを想定して、連携の強化を求めた結果といえるだろう。児童相談所においては、虐待の早期発見やその対応、及び障害児への支援等の様々な役割が保育所に求められる中、更なる連携を求めていることが考えられる。これから地域の子育て家庭に対する支援の充実がさらに必要になってくることを考えると、調査結果では、連携状況があまり高くなかった幼稚園や育児サークルとの連携の強化や、地域にある別の保育所等とも連携を密に行い、相互に協力しながら、地域の子育て家庭を支援していくことが必要になってくると思う。山本は、保育所が子育て支援として、保育所内の専門性を外部に開くのと同時に、保育所では対応が困難な部分は、外部から専門性を取り込むという発想が必要であることを示唆している[27]。保育士が日常の保育業務で遭遇した、様々な課題の中で、保育所では対応できないものを判断し、他機関につなげる役割を担っている。また、同時に、フォーマル・インフォーマル等様々な社会資源を把握しておき、それらに繋げていくコーディネート能力も必要といえるだろう。様々な機関や施設との連携を強化することが、地域の子育て力の向上やネットワークの構築につながると考える。保育士は、子どもの

最善の利益を目指し、必要に応じて、外部機関と関係調整を図る力が求められているといえる。

おわりに

時代に応じて、子どもを取り巻く社会環境が変化する中、保育所や保育士の役割もまた、変化している。現在は、子どもだけでなく、家庭も含めた支援が必要となっており、家庭や地域との連携が求められている。そのため、通常の保育に加え、保護者支援や地域の社会資源を活用する力が保育士に求められている。保育士の役割が拡大するとともに、より高度な専門性が求められている。厚生労働省により「保育士等キャリアアップ研修ガイドライン」（2017年4月）が示され、保育所のリーダー的役割を担う職員が育成されることが期待されるが、保育士個々人が、常に専門性の向上を視野にいれた取り組みを行うことで、子どもの最善の利益のための支援が可能になるのではないかと考える。

注
1）丸目満弓「保護者支援の前提となる保育士と保護者間コミュニケーションに関する現状と課題――保護者アンケートを中心として――」『大阪総合保育大学紀要』第9号、2014年、174頁。
2）電子政府の総口窓口e-Gov「児童福祉法」(http://elaws.e-gov.go.jp/search/elawsSearch/elaws_search/lsg0500/detail?lawId=322AC0000000164&openerCode=1#191、2018年3月3日最終確認)。
3）民秋言・西村重稀・清水益治・千葉武夫・馬場耕一郎・川喜田昌代『幼稚園教育要領・保育所保育指針・幼保連携型認定こども園教育・保育要領の成立と変遷』萌文書林、2017年、16頁。
4）笹川拓也「地域社会における子育て支援の現状と課題――子育て支援制度の変遷と子育て家庭の現状について――」『川崎医療短期大学紀要』第34号、2014年、17頁。
5）厚生労働省「保育所保育指針」(2008)、(http://www.mhlw.go.jp/bunya/kodomo/hoiku04/pdf/hoiku04a.pdf、2018年3月3日最終確認)。
6）米山珠里「保育所におけるソーシャルワークに関する現状と課題――弘前市内の保育士に対するアンケート調査結果を中心に――」『東北の社会福祉研究』第8号、2012年、47-60頁。
7）厚生労働省「保育所保育指針」(2017) (http://www.mhlw.go.jp/file/06-Seisakujouhou-

11900000-Koyoukintoujidoukateikyoku/0000160000.pdf、2018年3月3日最終確認)。
 8) 注7)に同じ。
 9) 山本佳代子「保育ソーシャルワークに関する研究動向」『山口県立大学学術情報』第6号、2013年、55-57頁。
10) 笹川拓也「地域社会における子育て支援の現状と課題――子育て支援制度の変遷と子育て家庭の現状について――」『川崎医療短期大学紀要』第34号、2014年、16-17頁。
11) 中平絢子、馬場訓子、高橋敏之「信頼関係の構築を促進する保育所保育士の保護者支援」『岡山大学教師教育開発センター紀要』第4号、2014年、63頁。
12) 中平絢子、馬場訓子、竹内敬子、高橋敏之「事例から見る望ましい保護者支援の在り方と保育士間の連携」『岡山大学教師教育開発センター紀要』第6号、2016年、21頁。
13) 丸目満弓「保護者支援の前提となる保育士と保護者間コミュニケーションに関する現状と課題――保護者アンケートを中心として――」『大阪総合保育大学紀要』第9号、2014年、174頁。
14) 山本佳代子「保育所を中心とした地域連携の現状と実践的課題――保育ソーシャルワークの観点から――」『山口県立大学学術情報』第7号、2014年、115頁。
15) 調査は、青森県内の保育所を対象に2016年6月に郵送調査を行った。県内の各市役所ホームページにある認可保育所・保育園の一覧の中から、私立保育所を無作為に抽出し、40園に各15枚の調査票を同封し、保育士への回答をお願いした。回答が得られた園は、11園であり、有効回答数は120票、有効回答率は20.0％であった。プライバシー保護を遵守する観点から、匿名でアンケート調査を実施している。属性として、年代別にみると20代が40名（33.3％）、30代が34名（28.3％）、40代が23名（19.2％）、50代が19名（15.8％）、60代以上が2名（1.7％）であった。勤務年数は、「1～5年」23名（19.2％）、「6～10年」29名（24.2％）、「11～15年」22名（18.3％）、「16～20年」25名（20.8％）、「21年以上」20名（16.7％）であった。取得資格については、「保育士」120名（100％）、「幼稚園教諭」95名（79.2％）、「社会福祉士」3名（2.5％）、「介護福祉士」3名（2.5％）、「小学校教諭」2名（1.7％）であった。
16) 山本佳代子「保育ソーシャルワークに関する研究動向」『山口県立大学学術情報』第6号、2013年、56頁。
17) 米山珠里「保育所におけるソーシャルワークに関する現状と課題――弘前市内の保育士に対するアンケート調査結果を中心に――」『東北の社会福祉研究』第8号、2012年、47-60頁。
18) 松本宏史「『子どもの貧困』と保育士養成――保育士のソーシャルワーク機能をめぐって――」『滋賀短期大学研究紀要』第38号、2013年、105頁。
19) 丸目満弓「保護者支援の前提となる保育士と保護者間コミュニケーションに関する現

状と課題――保護者アンケートを中心として――」『大阪総合保育大学紀要』第9号、2014年、174頁。
20) 中平絢子、馬場訓子、高橋敏之「信頼関係の構築を促進する保育所保育士の保護者支援」『岡山大学教師教育開発センター紀要』第4号、2014年、63頁。
21) 谷川夏実『保育者の危機と専門的成長――幼稚園教員の初期キャリアに関する質的研究――』学文社、2018年、1頁。
22) 大津泰子「保育士の専門性を高めるための課題――保育士養成の動向から――」『近畿大学九州短期大学研究紀要』第40号、2010年、24頁。
23) 注7) に同じ
24) 大津泰子「保育士の専門性を高めるための課題――保育士養成の動向から――」『近畿大学九州短期大学研究紀要』第40号、2010年、15頁。
25) 注7) に同じ
26) 山本佳代子「保育所を中心とした地域連携の現状と実践的課題――保育ソーシャルワークの観点から――」『山口県立大学学術情報』第7号、2014年、106頁。
27) 山本佳代子「保育ソーシャルワークに関する研究動向」『山口県立大学学術情報』第6号、2013年、56頁。

第19章

保育者の現任研修プログラム構築
——ある自治体の加配保育士研修を例にして——

はじめに

　保育士や幼稚園教諭、保育教諭（以下、保育者）は、保育の質向上や専門性の向上のために自己研鑽に努めている。これを支えるために、各施設においては園内研修を、自治体や関係団体においては様々な研修を企画・実施している。

　本章では、保育士を中心に保育者の現任研修の必要性について論じた上で、一自治体を対象に、自治体主催で実施した障害児保育研修のプログラム策定の過程を明らかにし、それを通して、効果的な研修プログラムを検討する。その上で、研修プログラム構築における課題について論じたい。

第1節　保育者の現任研修と評価

（1）保育者の現任研修の重要性

　「保育所保育指針」第5章で、「子どもの最善の利益を考慮し、人権に配慮した保育を行うためには（中略）各職員は、自己評価に基づく課題等を踏まえ、保育所内外の研修等を通じて、保育士・看護師・調理員・栄養士等、それぞれの職務内容に応じた専門性を高めるため、必要な知識及び技術の修得、維持及び向上に努めなければならない」と、研修等を通じて専門職として専門性を高めることが求められている。

　さらに、「保育所においては、保育の内容等に関する自己評価等を通じて把握した、保育の質の向上に向けた課題に組織的に対応するため、保育内容の改善や保育士等の役割分担の見直し等に取り組むとともに、それぞれの職位や職務内容等に応じて、各職員が必要な知識及び技能を身につけられるよう努めなければならない」と、保育の質向上のための組織的取り組みと、職位や職務内

容に応じた知識・技能の習得が求められている。

(2) 保育者の現任研修プログラム構築のための視点

保育者の外部研修について、様々な保育関係団体が実施していることは周知の通りであり、保育者は必要に応じて研修を受講していると推測される。

また、日本保育協会は「保育士の階層別に求められる専門性」として、4領域、4つの職階に応じた保育士の研修体系を示している[1]。さらに、厚生労働省が、保育現場におけるリーダー的職員等に対する研修内容や研修の実施方法等について、「保育士等キャリアアップ研修ガイドライン」を定めた[2]。ここでは、専門分野別研修やマネジメント研修等が示されている。このような研修体系やガイドラインの中に、既存の研修をいかに組み込んでいくか等の課題は残るが、研修体系やガイドラインを示すことで、保育士の専門性の視点から保育者が自らの課題や職場の課題、職階に応じてどのような研修をすればよいかを明らかにしたことは評価できる。

他方で、各自治体や各法人内で共有する理念や保育方法等に関しては、前述した外部研修を組み合わせつつ、内部研修や自治体レベル・法人レベルで現任研修プログラムを構築する必要がある。

いずれにせよ、研修企画者は受講者のニーズや実情をふまえて研修内容を構築し、研修後はその効果を明確しなければならない。このときに、プログラム評価が大いに貢献できる。

第2節 保育者の現任研修プログラムの構築に向けて

(1) プログラム評価とは[3]

ここでいうプログラムとは、「何らかの問題解決や目標達成を目的に人が中心となって行う実践的介入」[4]を意味する。そして、プログラム評価とは、「特定の目的を持って設計・実施されるまでのさまざまなレベルの介入体系およびその機能についての体系的査定であり、その結果が当該介入活動や機能に価値を付与するとともに、後の意思決定に有用な情報を収集・提示することを目的として行われる包括的な探究活動」[5]と定義される。

プログラムの実施背景には、問題解決、予防と促進、教育や訓練の3つに大別できる。本章と関係する教育や訓練の場合、例として、企業内での人材育

成、大学の公開講座、自治体が住民のために実施する催し、学会等でのワークショップ等が挙げられる。これらに共通するのは「主体的な学び」を重視することである。

　プログラムはニーズやリソースを押さえた上で、プランニングを行う。その際、プログラムの方向性を示すプログラムゴールを設定し、それを具現化した目標を設定する。プログラムのプランニングやマネジメントにためにいくつかのモデルがあるが、ここではロジックモデルを取り上げる。ロジックモデルは、「プログラムをどのように運営すると利用者への変化・変容が生まれるのかを明らかにするためのツール」[6]である。このモデルは、「なぜプログラムに効果があるのか？」ではなく、「どのようにプログラムの運営やサービスを行えばよいのか？」「どうやって参加者の変化を促すのか？」に焦点を当てる。

　ロジックモデルでは、プログラムの概要・実施過程を、①インプット（プログラム実施に関わる資源）、②アクティビティ（プログラムに関するあらゆる活動）、③アウトプット（②によって生じる直接的な結果）、④アウトカム（②によって生じた対象者への影響）、⑤インパクト（個人レベルを超えた組織や制度レベルの影響）としている。これらの要因間の関係を「もし～ならば（if-then）」というロジック上のつながりで説明する。

　プログラム実施後は、中間評価であるプロセス評価とプログラムの効果を測定するアウトカム評価がある。アウトカム評価の方法は多岐にわたるが、アウトカムとして捉えられるものとして、対象者の①行動の変化、②意識・意欲の変化、③認知・態度の変化、④知識・理解の変化、⑤興味・関心の変化、⑥スキルの変化、⑦状態・立場の変化が挙げられる。

（2）事例研究——A市の加配保育士研修プログラム——
①研修プログラム策定まで

　A市は、人口約50万人の中核市で、2011年度から新たに市の主催による障害児保育研修の実施が決定し、筆者は、この研修の講師および研修内容の企画を依頼された。研修の目的は、「障害児保育における専門性の向上」である。対象者は、公立保育所23園の障害児担当の担任または加配保育士1名とした。

　研修プログラムは、講義、事例検討、公開保育から構成される研修プログラムを策定した（概要は表19－1参照）。これは、先行研究[7]、他自治体の実態、A市職員との話し合い、ニーズ調査をもとに策定した。ニーズ調査は、事前に受講

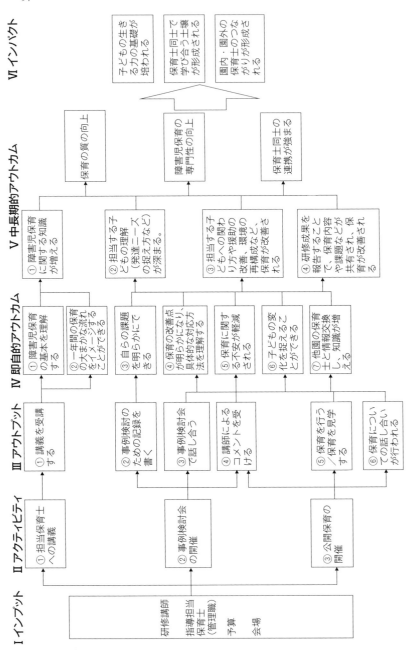

図19-1 研修のロジックモデル

者に対して学びたいことは何か（12項目）についてアンケートを実施した。[8]

　講義は、障害児保育の基本的な考え方や方法に関する全体の講演とした。事例検討会は、大阪府の研修[9]を参考に、5名前後の集団で各保育所の事例を検討する形式をとった。検討結果を発表後、他グループや研修講師との質疑応答やコメント等を行った。

　事例検討資料の様式は、森正樹[10]を参考に筆者が作成したものを全員が使用した。事例検討資料の記載内容は、子どもの基本情報、保育をする上での悩みや困難とそれに対する保育士の対応、対象児と他児との関係、対象児の長所、関心のあること、保育所での配慮や援助の工夫である。

　この研修プログラムの2011〜2013年度版を、ロジックモデルを活用したプログラム評価（図19-1参照）を実施した。評価は参加者へのアンケート、事例検討会の参与観察、参加者・管理職へのインタビューに基づいて行った。本章では、表19-3と表19-4に参加者への事後アンケートの結果を一部示している。これは「Ⅳ即時的アウトカム」「Ⅴ中長期的アウトカム」に関して、1項目ずつ「はい」「いいえ」で自己評価してもらった。

② 2011年度の評価[11]

　最初の年度である2011年度は、表19-2のような研修を実施した。開催の時期は、会場の都合などからすでに6月、10月、12月に決められていた。

　2011年度は、研修終了後の評価の結果、研修がおおむね期待した成果を達成できたことが明らかになった（表19-3、表19-4参照）。しかし、「Ⅳ-⑥ 子どもの変化を捉えることができる」、「Ⅴ-④ 研修成果を報告することにより、保育内容や課題などが共有され、保育が改善される」は、他のアウトカムより著しく低い数値となり、十分な効果が表れていないことが明らかになった。

　さらに自由記述の内容から、研修内容の改善点として、事例検討会の増加、研修の時期の変更、事例検討会におけるファシリテーターの設置、事例検討に使用するフォーマットの改善、各園へのさらに詳細な助言と講師との質疑応答の増加の5点が挙げられた。

③ 2012-2013年度の評価

　2011年度の評価と、ニーズ・アセスメントをもとに、2012年度は表19-2の①〜④のような研修の改編を行った。すなわち、研修時期の変更、子どもの変化が捉えられるように同じ子どもを事例対象とし、子どもの発達評価の導入、議論が深まるように事例検討会でのファシリテーターの設置、研修成果を[12]

表19-1 研修プログラムの概要

内容	具体的内容
講義	講師による講義。内容は、障害の捉え方、障害児保育の基本（援助、流れ等）。
事例検討①	各施設からの事例を5名前後の集団で検討し、発表。その後、講師のコメント。集団メンバーは固定。
事例検討②	第2回目の形態に準じる。子どもの変化や短期目標の状況も記載し、発表する。
公開保育	希望する保育所において午前中に公開保育を一時間程度行い、その後討議、講師コメントを実施。

出典：筆者作成。

表19-2 研修の概要と各年度の変更点

年度	講義	事例	公開	前年度からの変更点
2011	1	4	0	—
2012	1	4	0	① 子どもの発達評価の導入、② 同じ子どもが事例対象、③ 事例検討会でのファシリテーター設置、④ 研修の時期の変更（講義を5月、1回目の事例検討を10月に）
2013	2	4	0	① 短期目標の設定、② 講義の追加（2月に実施。一年間のまとめとして）
2014	2	4	2	—
2015	2	4	4	事例検討用紙の文言修正

出典：筆者作成。

表19-3 「Ⅳ即時的アウトカム」に関わる回答数（N＝23）

項目	「はい」の回答数（2011）	「はい」の回答数（2012）	「はい」の回答数（2013）
① 障害児保育の基本を理解した	19	18	21
② 一年間の保育の流れをイメージできた	13	15	15
③ 自らの課題の明確にできた	16	18	16
④ 具体的な対応方法を理解した	20	18	22
⑤ 保育に関する不安が軽減した	15	19	16
⑥ 子どもの変化を捉えることができた	2	15	19
⑦ 他の保育士と交流し知識が増えた	15	17	17

出典：筆者作成。

表19-4 「Ⅴ中長期的アウトカム」に関わる回答数（N＝23）

項　目	「はい」の回答数(2011)	「はい」の回答数(2012)	「はい」の回答数(2013)
① 障害児保育に関する知識が増えた	20	18	18
② 担当する子どもの理解が深まった	14	21	19
③ 自分やクラスの保育が改善された	19	17	20
④ 研修内容を報告することで、保育内容や課題が共有され、保育が改善された	3	2	3

出典：筆者作成。

共有できるように検討会の概要のまとめを各施設に配布、である。

　さらに2013年度には、保育内容や課題等を各園で共有し保育を改善するために、1回目の事例検討会で討議された課題に関する短期目標の設定とその発表を追加した。さらに、一年間の振り返りとして、2回目の講義を実施した。

　研修後の評価の結果、2011年同様におおむね研修の成果は達成され、さらに「Ⅳ-⑥」のアウトカムについては達成できた。しかし、「Ⅴ-④」のアウトカムについては効果が見られなかった。

　④ 本プログラムの効果と今後の課題

　プログラム評価の結果、講義と事例検討を組み合わせた研修プログラムは、障害児保育の基本や対応の理解、保育者自らの課題の明確化、保育の改善点の明確化、保育上の不安軽減、子ども理解の深化、知識の増加に有効であると考えられた。さらに、また、ロジックモデルを活用によって、研修プログラムが可視化されることで、① 研修担当職員間で評価を実施する際の材料となる、②研修の必要性が明らかになるとともに、その見直しや新規展開のための判断材料になる、の2点の利点が浮かび上がった。

　課題として、効果が見られなかったアウトカムへの対応と、公開保育を含めた研修プログラムの評価を行うことが残された。

第3節　保育者の現任研修プログラム構築の今後の課題

　第2節で障害児保育の研修を例に、研修プログラムの構築と評価についてプログラム評価を行った。繰り返しになるが、プログラム評価を実施する利点は2点ある。まず、研修プログラムの可視化によって研修担当者等が評価を行う

際の材料となることである。アウトカムを明確にすることで、研修受講者が何を学び、学べなかったのかを評価できる。

つぎに、プログラムの過程が明示されるため、研修の必要性が明らかになるとともに、その見直しや新規研修展開のための判断材料になることである。研修の実施には多大な資源が投入されるため、その効果を明らかにすることが求められる。プログラム評価では、研修の効果を明確化し、どのようにプログラムの運営を行えばよいかまで可視化できるために、当該研修の必要性を内外に訴えることが可能で、さらに、評価を通して研修内容の見直しや改善ができる。

さて、ここで研修プログラム構築に関する課題について３点挙げる。

第１に、保育者の専門性に基づく全国共通の研修体系の構築である。各自治体や各法人が独自の研修体系を構築するにしても、基本的な枠組みとなる研修体系（プログラム）が必要であり、保育関連団体等での議論が求められる。

第２に、研修ニーズの把握と研修方法の検討である。研修企画者や研修プログラム作成者には、事前に対象者のニーズを現場の実情や現状、質問紙やインタビューを通して把握することが求められる。また、効果的な研修方法については、先行研究のレビュー等を通して、研修の頻度や研修方法の組み合わせを検討することが必要である。

最後に、研修講師の確保である。研修には講師が求められるが、それを担うのは多くは保育者養成校の教員である。研修担当者は研修講師との連絡調整の業務を担うが、その確保が困難な場合がある。日々、養成校や他自治体等と連携し、研修講師を確保できるような仕組みづくりが求められる。

おわりに

矢藤誠慈郎は、保育者の研修制度を検討し、自治体の研修の実態を把握した上で、日本の保育者の専門性を向上させる研修制度に関して、その鍵概念として、参画、協働、開放を挙げている[13]。参画とは、保育者が自らの権利として主体的に研修への参加に加え、研修の企画への関与や自主勉強会を持つことも含む。協働とは、保育に関係する者（保育者、保育施設、関係団体、養成校、利用者等）がつながることで、相互に補い合い、高めあうことである。そして、開放とは、保育に関係する者が相互にやりとりできる環境作りである。

研修担当者や研修プログラム作成者は、この３点もふまえながら、研修制度を構築することが求められる。

注
1 ）全国保育士会『「保育士の研修体系」――保育士の階層別に求められる専門性――』2007年。
2 ）「保育士等キャリアアップ研修の実施について」（雇児保発0401第１号平成29年４月１日）
3 ）本項の記述は、安田節之『プログラム評価』新曜社、2011年を参照している。
4 ）同上、３頁。これには、政策や施策、事業、プロジェクト等、人が中心となって活動や支援を展開するものも含む。
5 ）安田節之・渡辺直樹『プログラム評価研究の方法』新曜社、2008年、５頁。
6 ）安田、前掲書、105頁。
7 ）先行研究のレビューについては、鶴宏史「保育所・幼稚園における巡回相談に関する研究動向」『帝塚山大学現代生活学部紀要』第８号、2012年を参照。
8 ）アンケートは毎年実施し、学びたいこととして毎回「他児との関係を広げる手立て」「集団参加の手立て」「気になる行動・困った行動への対応」が上位に入っている。
9 ）待井和江・安藤忠他『障害児保育の発展のために』大阪府社会福祉協議会、1990年。
10）森正樹「障害児保育の実際」七木田敦・松井剛太編『障害児保育』樹村房、2011年。
11）詳細については、鶴宏史「障害児保育の専門性の向上を目指した研修型コンサルテーションに関する基礎的研究」『帝塚山大学現代生活学部紀要』第９号、2013年を参照。
12）安藤忠・川原佐公編著『特別支援保育に向けて』建帛社、2008年。
13）矢藤誠慈郎「保育者の研修制度」日本保育学会編『保育者を生きる――専門性と養成（保育学講座④）――』東京大学出版会、2016年。

第20章

児童虐待対応における保育現場の役割

はじめに

児童相談所や市区町村が、児童虐待の対応をしていくのに、日々、児童や保護者との関わりの多い保育現場（保育所・幼稚園・認定こども園等の保育施設の現場のことを示す）との連携は欠かせない。本章では、児童虐待対応に係る法制度やその動向、また、保育現場を対象とした児童虐待対応に関わる研究調査の結果を整理し、児童虐待対応における保育現場の役割を考察する。

第1節　児童虐待対応の現状

（1）児童虐待の定義と様相

児童虐待は、2000年に制定された「児童虐待の防止等に関する法律（以下、「児童虐待防止法」という）第2条において、4つの虐待（身体的虐待・心理的虐待・ネグレクト・性的虐待）が定義されている。児童福祉法第25条では、2004年の改正以後、「虐待を受けた児童」から「虐待を受けたと思われる児童」へ通告対象が拡大され、児童虐待（疑いを含む）の発見者は、児童相談所等に通告する義務がある。厚生労働省（http://www.mhlw.go.jp）の毎年の報告では、児童相談所が対応した児童虐待相談件数が、2015年度以降10万件を超えた。そして、近年の傾向としては、警察からの面前DV[1]による心理的虐待の児童虐待相談件数が増加しており、2013年以降、それまで最も多く相談のあった身体的虐待による相談対応件数が、心理的虐待による相談対応件数よりも、下回っている。被虐待児童の年齢は乳幼児が最も多く、加害者は実母である傾向には変化がない。保育現場から児童相談所への虐待相談対応件数については、全相談件数の3％〜4％であり、相談件数も1000〜1200件程度に留まっており数値に大きな変化

がない状態が続いている。

（2）児童相談所や市区町村における児童虐待対応

児童相談所や市町村に寄せられた児童虐待相談は、ケースの状況に応じて、図20-1の三角形にあるように、虐待の重症度が高い順に、最重度虐待、重度虐待、中～軽度虐待、虐待ハイリスク、虐待ローリスクの6つにスクリーニング（振り分け）される。そして、最重度虐待ケース（児童の生命に危機がある状況）や重度虐待ケース（分離・保護が必要）は児童相談所が中心に担い、虐待ハイリスクケースや虐待ローリスクケースについては、市町村が中心に担う。そして、中～軽度虐待ケースは、児童相談所もしくは市町村が状況にあわせて担当もしくは連携していく。また、市町村が事務局となる要保護児童対策地域協議会で、経過観察や進行管理されていく児童を要保護児童、要保護児童に該当しない児童を要支援児童として分別している。2017年3月の厚生労働省雇用均等・児童家庭局総務課長による通知文では、児童相談所と市町村が、よりスムーズに情報共有や役割分担を実施していくために、「共通リスクアセスメントシートツール」が示された。今後、児童相談所や市町村による児童虐待対応は、2016年の児童福祉法の改正によって各市町で設置および整備が進んでいる

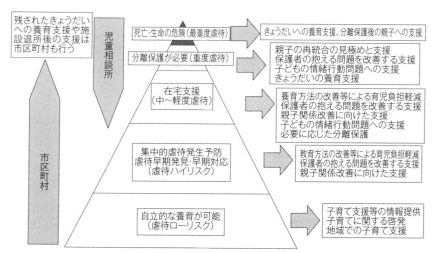

図20-1　虐待の重症度等と対応内容及び児童相談所と市町村の役割
出典：厚生労働省雇用均等・児童家庭局総務課長「子ども虐待対応の手引き」(2013改訂版 p.12図1引用)。

「子育て世代包括支援センター」や「市区町村子ども家庭総合支援拠点」と共に、さらに整備されていくことが予想される。

(3) 保育現場における児童虐待対応

保育現場では、様々な家庭状況の児童が在籍している。そのため、すでに児童虐待ケースとして発見・スクリーニングされた状態にある児童や児童虐待ケースとして発見・スクリーニングすることになるかもしれない児童を、日々の保育の中で関わっていることとなる。すでにスクリーニングされている当該児童は、重症度や状況に応じて、保育現場は、児童相談所や市町村等の他機関と連携しながら、要保護児童や要支援児童として、当該児童・家族の状況を理解した上での経過観察（見守り）や配慮、対応が求められる。また、未だ児童虐待ケースとして発見されていない、児童虐待等が潜んでいるかもしれない。児童については、早期発見を心がけた対応が求められる。こうした保育現場において児童虐待対応の機能として求められるのは、おおむね、① 発見機能（気づく）、② 介入機能（かかわる）、③ 連携機能（つなげる）の３つの機能である（表20－1）。[6]

(4) 保育現場における児童虐待対応の実際

保育所保育指針[7]や幼保連携型認定こども園教育・保育要領[8]には、虐待が疑われる場合には、速やかに市町村又は児童相談所に通告し適切な対応を図ることが明示されている。保育現場における通告実態としては、総務省「児童虐待の防止等に関する意識等調査」（2010年）の報告があり、「児童虐待（疑い）を発見

表20－1　保育現場における児童虐待対応

① 発見機能（気づく） ・日々の保育や保護者との関わりの中で、児童や保護者の異変に気づく。 ・保育現場の中で気づく、他者からの情報提供で気づく。 ② 介入機能（かかわる） ・児童や保護者の異変に気付いた後、背景や状況をかかわり情報を集める。 ・必要に応じて、当該児童や当該家族に必要な配慮を計画して、かかわる。 ③ 連携機能（つなげる） ・児童や保護者とかかわっていく中で、必要に応じて関係機関とつなげる。 ・関係機関等との情報共有や役割分担を行い、当該児童や当該家族を支援する。

出典：全国社会福祉協議会（2017）『きづく　かかわる　つなげる』を参考に筆者作成。

した際に、速やかに児童相談所等への情報提供に抵抗があるかどうか」という問いに対し、保育所では「抵抗がない」「どちらかといえば抵抗がない」と回答した割合が72.8%で、「抵抗がある」「どちらかといえば抵抗ある」と回答したのは14.6%であった。この結果からでは、保育現場では、あまり抵抗なく通告に至っていることが窺える。そして、同報告では、虐待を疑うきっかけとなったこととして、傷・痣・発育不良等の「子どもの身体的様子」からによるものが90.9%であり、子どもの表情や言葉使い等の「子どもの言動」によるものが77.6%で、人前で子どもを叩く等の「保護者の様子」も61.5%と高い。明らかに虐待が疑われる状況であると容易に可視化でき、根拠を掴みやすいケースの割合が、圧倒的に高いのである。また、「抵抗をある」の回答に対し、「なぜ、そう感じたのか」の問うと「通告することで保護者との関係性が悪化する」が70.7%、「虐待の事実を把握し誤報の可能性がなくなってから通告すべき」が70.7%であったことが同報告で明らかになっている。この結果から、保護者との関係性の悪化や誤報を恐れ、心配な状況にあるものの、明らかに児童虐待（疑いを含む）と可視化できないケース（以後、「グレーケース」とする）については、通告することに抵抗感があると考えられる。以上から、保育現場では、明らかに虐待が疑われる状況にあると可視化できるケースについての通告には躊躇せずに発信できているが、グレーケースについては、誤報による児童・家族との親和性の崩壊を恐れ、通告するのに抵抗感があると考えられる。

(5) 保育現場における児童虐待対応の問題と課題

　総務省の「児童虐待の防止等の関する施策評価」(2012年) の報告では、保育所や学校が児童虐待（疑いを含む）を認識しながらも児童相談所等に通告していないケースや通告までに1カ月以上要したケースの存在が報告されている。前述したとおり、2004年の児童虐待防止法の改正以後、通告対象が拡大されているため、児童虐待の疑いがある児童を発見した場合は、有無をいわず、通告することが義務付けられているのにもかかわらず、何故、このような状況が発生するのだろうか、これは、保育者個人の意識の問題なのか、保育者と児童・保護者との親和性が妨げになっているだけなのか、システム上の問題なのか、筆者は、これらを明らかにするために、A市内の保育者を対象としたアンケート調査を実施した[9]。結果、保育者が児童虐待対応への意識や知識を備えていること、通告の弊害のひとつとして、保育現場内の職員や保育現場と他機関との温

度差に問題や課題が生じていることが明らかになった。また、笠原は、2008年～2013年度に公開されている児童虐待死亡事例報告、75報告書95家族104事例のうちの保育所が関与した19事例について分析している。19事例中13事例に保育所と関係機関との協働上の課題があり、13事例中6事例に通告後の児童相談所や市の関係機関の対応に問題があり、13事例中11事例に保育所の未通告や情報提供の問題があったことを明らかにしている[10]。これらの調査結果は、保育現場内での対応、保育現場から児童相談所等への通告、保育現場と関係機関との間での情報共有および連携に不具合が生じており、最悪の場合、児童の虐待死につながる可能性があることを示唆している。この問題・課題を解決するために、保育現場内での対応や保育現場と関係機関との情報共有や連携を円滑にすすめることのできるツールやシステムの構築が急務である。

第2節 保育現場における児童虐待対応ツールの開発

(1) 児童虐待対応ツールの現状

児童虐待対応に関係する対応マニュアルや対応ツールは、保育現場向けにも、すでに多く開発され、発行・出版されている。しかし、これらマニュアルやツールが、保育現場で上手く活用されているのかというと、そうではないようだ。筆者らが実施したA市内の保育者を対象とした調査では、児童虐待対応ツールのひとつである「児童虐待対応チェックシート」が、保育現場で上手く活用できていないこと、グレーケースについての対応に苦慮していることが明らかになった[11]。また、安河内らがB市で実施した調査でも、現状の児童虐待対応マニュアルが、保育現場での周知や使用状況について、整備されているとは言い難い状況を明らかにしている[12]。

(2) 児童虐待対応における保育現場と関係機関との連携

近年、保育現場では、保育現場だけでは対応しきれない多重複合問題を抱えた児童の在籍が増加している。野澤らによる各自治体担当課への要支援家庭のための関係機関・団体の連携状況を確認した調査[13]では、保育所は、特に「児童虐待」の要支援家庭に対しての連携機能が高いことを明らかにしている。これは、保育現場が児童虐待対応において関係機関とつながることで、より連携が強化され、当該児童・家庭に対して手厚い支援ができることを示唆している。

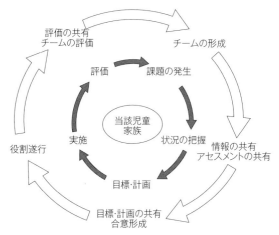

図20-2　IPW（専門職連携）の2重構造
出典：埼玉県立大学編（2009）『IPWを学ぶ――利用者中心の保健医療福祉連携――』p.31図2-1を参照に筆者作成。

また、筆者はC町とC町内の全保育現場の協力を得て、児童虐待対応における連携状況について調査した。[14] 結果、児童虐待対応ケースとして該当するケースのうち、多数の関係機関と連携をしているケースにおいて、保育現場は、日々の保育や保護者対応について、保健・医療・福祉、各専門職からの助言を受け、また、ケース会議等による情報共有が図られていたことが明らかになった。児童虐待対応において、保育現場内のチーム体制と保育現場と他の関係機関との連携チームによる、専門職連携（IPW：Inter-professional Work）の2重構造（図20-2）[15] が、実践されていたのである。

（3）児童虐待対応ツールの開発

筆者は、引き続きC町の協力を得て、保育現場と関係機関の情報共有するための児童虐待対応ツール・システムの開発に向けて研究調査に取り組んだ。児童虐待（疑い）を発見後、緊急性が高い、児童の生命に関わる最重度虐待ケースについては、児童相談所への通告が先決であるが、C町では、家庭児童相談を担当する課で、ほぼ全ての家庭児童相談（児童虐待相談を含む）を受理していた。そのため、本研究調査では、調査対象を保育現場とC町担当課とした。そして、双方に半構造化インタビューを実施し、連携を意識した児童虐待対応に

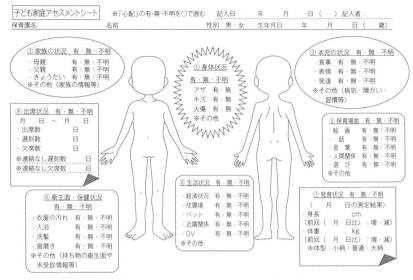

図20-3　アセスメントシート（改良版）
出典：筆者作成、2017（イラスト：みたけ）。

必要な視点や情報の項目を聞き取った。そして、C町担当課と保育現場の児童虐待対応ツールとしての情報共有アセスメントシートの作成を試みた。保育現場のインタビュー結果では、アセスメントシート作成にあたり、保育者が容易に記入でき、かつ容易に全体像を可視化できるものを求められた。

本調査によって、聞き取られた項目を整理しアセスメントシートを、C町の児童虐待対応担当職員と共に試作した。そして、再びC町の協力・了承を得てC町内の全保育現場で試行した。アセスメントシート試行後の半構造化インタビュー調査では、今までの保育現場では、発信してこなかった情報を発信することができ、C町の担当課もまた、今まで得られなかった情報を受理することで、保育現場との情報共有・連携強化が図られること、当該児童や当該家庭への支援の幅が広がること、そして、今後、アセスメントシートの本格的な活用を目指したアセスメントシートそのものの改良や直接、記入を担当することになるだろう、クラス担任等の保育者への研修実施を検討したい、とする、結果および効果が明らかになった。[16]

アセスメントシートを試作・試行後の調査結果を基に、試作したシートを加筆・修正し、改良版アセスメントシート「子ども家庭アセスメントシート」

（図20-3）を作成した。[17] 図20-3では表面のみだが、実際のシートの裏面には「子ども」「保護者・家族」「保育者」「その他」と、それぞれシートの表面で書き示されない詳細内容や情報（写真等）や保育現場から担当課への要望等を、記録できるようにしている。

第3節　児童虐待対応における保育現場への期待と展望

（1）保育現場に求められる役割

　2016年の児童福祉法の法改正では、「要支援児童等の情報提供等」（第21条の10第5項）が新設されている。児童や妊産婦の医療、福祉や教育に関連する従事者が、要支援児童等と思われる者を把握したときは、当該者の情報をその現在地の市町村に提供するよう努めなければならない、というもので、児童虐待として可視化しにくいグレーケースの早期発見と早期対応、グレーケースの経過観察という保育現場を含む専門従事者への役割の明確化である。筆者が、開発を進めてきたアセスメントシート（図20-3）は、今後、この新たな保育現場の役割に対応できるものになると考えている。

（2）児童虐待対応と保育ソーシャルワーク

　2008年以降、文部科学省によるスクールソーシャルワーカー活用事業により、学校・教育現場には、多くのスクールソーシャルワーカーが、配置されてきている。そして、今、学校がスクールソーシャルワーカーをより活用するために教職員自身のソーシャルワークへの理解とソーシャルワーク視点によるアセスメント力が求められている。

　保育現場では、未だ、公的な保育ソーシャルワーカー配置には至っていない。保育現場に専門職としての保育ソーシャルワーカーの配置が進めば、児童虐待対応を含め保育現場にとって、心強い存在となるだろう。今後、専門職としての保育ソーシャルワーカーが設置されたときには、学校・教育現場と同様、保育現場が保育ソーシャルワーカーを上手く活用していくために、クラス担任等、常に子どもや家庭の最も身近な存在として位置する保育者自身が、ソーシャルワークそのものを理解することやソーシャルワークの視点を持って、支援をつなぐことができる、アセスメント力を備える必要があり、専門職としての保育ソーシャルワーカーが設置されるまでは、保育者がソーシャル

ワーカー的な役割を担っていくことになるだろう。

(3) 今後の展望

筆者は、現在も改良を進めているアセスメントシート（図20-3）を、試作段階から、すでにあらゆる場で活用の提案をしてきた。その結果、現在、3つ以上の市町で活用の検討を始めており、今後も増える見込みである。例えば、D市では、すでに要保護児童である当該児童の保育現場内外でのアセスメントや情報共有ツールとしての活用を検討している。E市では、ある程度の経過情報や蓄積情報が必要である「ネグレクト」や「心理的虐待」に特化したツールとしての活用を検討している。このように各市町村の状況によって、求められるアセスメントシートは違う。また、保育現場での活用に限らず、学校・保健室や保健センター、子育て支援センター等での活用も検討されつつある。子どもや家庭にとって身近な各現場では、容易に当該児童の情報を記入整理し、全体像を把握できるアセスメントツールが求められている。

今後、筆者は、それぞれの地域の特性や各機関や専門職の専門性を活かした、多職種連携アセスメントツールとその活用システムや研修プログラムの開発にむけた研究を、さらに取り組んでいくことを考えている。

おわりに

本章では、児童虐待対応に係る、法制度やシステムおよび動向や保育現場を対象とした研究を整理し児童虐待対応における保育現場の役割を考察してきた。保育現場における児童虐待対応ツールやシステムの開発をすすめることによって、更に保育現場が担う役割の拡大や可能性に対する期待は大きいが、保育現場の本来の役割を見失わないように心がけたいものである。

注
1) 児童の目の前でのドメスティックバイオレンス（配偶者等への暴力）が行われること。
2) 灰谷和代「保育現場における児童虐待の発見と発信――福祉行政報告例のデータから――」『生涯発達研究』第9号、2017年、115-120頁。
3) 厚生労働省『子ども虐待対応の手引き』（2013改訂版）、2013年。

4）児童福祉法において、要保護児童（第6条の3第8項）と要支援児童（第6条の3第5項）が定義されている。
5）厚生労働省雇用均等・児童家庭局総務課長による通知文「児童虐待に係る児童相談所と市町村の共通リスクアセスメントツールについて」（雇児総発0331第10号。2017年3月）。
6）全国社会福祉協議会『きづく かかわる つなげる——保育者のための子どもと保護者の育ちを支えるガイドブック——』2017年。
7）厚生労働省『保育所保育指針』「第4章2-（3）イ」、2017年。
8）内閣府・文部科学省・厚生労働省『幼保連携型認定こども園教育・保育要領』「第4章第2-9」、2017年。
9）灰谷和代「保育現場における児童虐待対応における児童虐待対応の現状と課題」『聖隷社会福祉研究』第7号、2015年、49-62頁。
10）笠原正洋「児童虐待事例の検証報告書からみた保育所等における児童虐待防止活動の協働上の課題」日本教育心理学会第56回総会発表、2014年。
11）灰谷和代「保育現場における児童虐待対応とソーシャルワーク・アセスメントの必要性——児童虐待のチェックからアセスメントへ——」『保育ソーシャルワーク学研究』第1号〈創刊号〉、2015年、71-83頁。
12）安河内美樹・笠原正洋「虐待対応における保育園内連携の現状と課題に関する調査」調査結果報告、2017年。
13）野澤義隆・大内善広・戸田有一・山本理絵・神谷哲司・中村強士・望月彰「要支援家庭のための関連機関・団体の連携状況」『心理科学』第37巻第1号、2016年、40-56頁。
14）灰谷和代「保育現場を中心とした他機関との連携による児童虐待対応について」子ども虐待防止学会第22回学術集会おおさか大会口頭発表、2016年。
15）埼玉県立大学編『IPWを学ぶ——利用者中心の保健医療福祉連携——』中央法規、2009年。
16）灰谷和代「保育現場における児童虐待アセスメントシート作成の試み——他機関との連携を意識して——」『保育ソーシャルワーク学研究』第3号、2017年、5-20頁。
17）灰谷和代「市区町村と保育現場の共通アセスメントシートの開発」子ども虐待防止学会第23回学術集会ちば大会口頭発表、2017年。

第21章

地域における子育て支援と福祉コミュニティ形成

はじめに

　従来、人々が生活を営む上で生じる様々な困りごとには、「困ったときはお互い様」の精神に代表されるような地域住民同士の助け合いによってそれを乗り越えていこうとする機運は高かった。当然、それは家庭の子育てについても例外ではなく、地域の子育て経験者をはじめとした様々な人たちの手を借りながら子どもの育ちを地域で支える体制は今より整っていた時代だったと言えよう。ところが、近年、地域のつながりの希薄化により、家庭の子育てに貢献できる地域力が低下していることで、家庭の子育て問題にも影響を与えていると考えられる。

　そこで本章では、地域のつながりの希薄化が実際の子育ち・子育てに与える影響と問題点を探り、それら問題に対応するための新時代のコミュニティ形成のあり方について検討していきたい。

第1節　子どもの育ちをめぐる環境の変化

　2005（平成17）年1月28日、中央教育審議会から出された「子どもを取り巻く環境の変化を踏まえた今後の幼児教育の在り方について──子どもの最善の利益のために幼児教育を考える──（答申）」（以下、「中教審答申（平成17年1月）」と呼ぶ）では、近年の子どもの育ちの現状として、基本的な生活習慣や態度が身についていない、他者とのかかわりが苦手である、自制心や耐性、規範意識が十分に育っていない、運動能力が低下している、そして子どもたちは多くの情報に囲まれた環境にいるため、世の中についての知識は増えているものの、その知識は断片的で受け身的なものが多く、学びに対する意欲や関心が低いと[1]

いう指摘を取り上げている。また、こうした子どもの育ちの特徴がみられるようになっているのは、少子化、核家族化、都市化、情報化、国際化といった経済社会の急激な変化に伴う人々の価値観や生活様式の多様化、幼稚園等施設教員の専門性や資質面での課題等の要因が複合的に絡み合うことで発生しているとし、これら要因とあわせ「人間関係の希薄化」や「地域における地縁的なつながりの希薄化」についても子どもの育ちに影響を与えているという考え方を示している。とくに、以前より増して顕著になってきた地域のつながりの希薄化という社会的変化は、中教審答申（平成17年1月）のみならず、社会福祉分野の行政報告書からも確認できる。

その代表的な報告書が2000（平成12）年12月に厚生労働省が公表する「社会的な援護を要する人々に対する社会福祉のあり方関する検討会報告書」（以下、「2000年報告書」と呼ぶ）と2008（平成20）年3月の「これからの地域福祉のあり方に関する研究会報告書」（以下、「2008年報告書」と呼ぶ）である。

2000年報告書では、家庭内の虐待、ひとり親世帯等の孤立、ひきこもり、社会的ストレスといった問題を例示しながら、これら問題は公的福祉サービスでは対応できていないと捉えている。そして、これら問題発生の要因には経済環境の急速な変化や家族の縮小、都市環境の変化、個人のゆらぎにより、ともに支え合う機能が脆弱化したことが関係していると分析し、問題解決のためには今日的な「つながり」の再構築が必要としている。[2]また、2008年報告書においても、日本の社会変化について、高度成長期における工業化・都市化の中で地域の連帯感が希薄化し、成熟社会を迎える中で、これまでのような地域の活力を期待することは難しいとし、人々の移動性や流動性が高まり、個人主義的傾向も強まる中で、「ご近所」の人間関係が形成されず、地域の求心力の低下を招いていると捉えている。その一方で、現状の福祉施策が抱える課題としては、制度では拾いきれないニーズや制度の谷間にある者への対応、そして公的な福祉サービスの総合的対応の不十分さから生まれる問題等、「現行の仕組みでは対応できていない生活課題」が存在することを確認しており、こうした課題を解消するためには、住民と行政の協働による「新たな支え合い（共助）」の確立が求められると指摘している点が、この報告書の特徴と言えよう。[3]

中教審答申（平成17年1月）や社会福祉分野の各行政報告書から読み取れる共通点とは、「地域のつながりの希薄化」によって、これまで血縁、地縁集団のつながりを生かして人々の多様な生活の脅威へ対処してきた仕組みが崩れてい

るという点である。これは、今日における親の子育てについても同様であり、地域のつながりの希薄化という社会変化が子育てを難しくさせ、子どもの育ちにも影響を与える状況を招いていると考えられる。

第2節　地域のつながりの希薄化が子育ち・子育てに与える影響と問題点

(1) 地域のつながりの希薄化と子どもの育ち

今日の「地域のつながりの希薄化」は子どもの育ちそのものに直接的な影響を及ぼしていることが予想される。子どもの育ちに大きく関係する経験の1つには遊びがあるが、子どもは遊びによる多彩な経験を通して、成功体験或いはそれとは逆の葛藤を伴う体験を積み、そこから主体性や想像力、協働性、忍耐力といった生きるために必要となる人間性を育くんでいく。とりわけ幼少期の遊びを通した原体験については、橘田重男が「五感を通して『原風景』や『心象風景』として心の奥に投影され、その後の人生の長い間、記憶に留まり、その人の生き方に何らかの影響をもたらすことも少なくない」[4]と説くように子どもたちの育ちを支える重要な体験として捉えられている。

ところが、こうした指摘があるにもかかわらず、最近では、地域のつながりの希薄化の進行によって、これまで地域の人たちの手によって作り出されてきた原体験や多世代交流の機会は減少、喪失するといった事態に陥っている。

前出の橘田は、「1990年代にはすでに、子どもの遊び場所が減少し、遊ぶ時間が習い事等の時間に変わり、加えてコンピューターゲームが普及し、外遊びよりも室内遊びの方が主流になった時代」[5]と理解しており、人との交流の機会を得なくても子どもの遊びは1人で成立する時代になってきていることを示唆するものである。

(2) 地域のつながりの希薄化と親の子育て

次に、地域のつながりの希薄化が親の子育てに与える影響とはどのようなものがあるだろうか。それは、地域の養護・教育機能の低下が、親の子育て観に影響するということが考えられる。

地域住民の多くが子育てに何らかの形で関わり、手を貸していた時代とうって変わり今日の家庭の子育ては親の手だけで行わなければならない場面が増え

てきている。こうした状況は子育て家庭に対し、過度に不安や負担を課し、やがて親の子育て観にも影響を及ぼす。親の子育て観とはまさしく子どもの育ちをどのように育むかといった子育ての価値観を指し、子育ての仕方を下支えする物差しでもある。そして、子どもの成長と発達にそれは密接に関係する。

　従来との比較で、現代の親の子育て観の変容をみようとする場合、それは「子どもの安全」という観点からみると確認しやすい。

　例えば、以前子どもの安全に大きく貢献していた組織・集団は、隣組組織や自治会、公民館といったいわゆる「一般コミュニティ」であり、子どもを犯罪から守るための防犯機能の役割を果たしていた。もう少し補足すれば、地域に住む大人たちが協力しながら、輪番制で子どもたちの安全な登下校を見守る体制ができあがり、子どもたちが野外等で遊ぶ場合には、地域住民が子どもに声をかける、或いは遊びに危険が伴う場合には、その危険を知らせる等、常に地域全体で子どもの安全に目を光らせ、安全確保に努めようとする意識や光景が多くの場面でみることができた。ところが、今、都市部や地方にかかわらず、地域の見守り体制が崩壊しはじめてきている。そして、こうした状況は子どもが外で遊ぶ、あるいは親の知らない他者と交流するといった点で親に抵抗感を抱かせるようになってきている。2006（平成18）年の文部科学省による「地域の教育力に関する実態調査」報告では、地域の教育力が低下した原因について「地域が安全でなくなり、子どもを他人と交流させることに抵抗感が増している」と回答する親の割合が全体の3割以上を占める結果を公表している[6]。こうした状況から明らかとなる親の子育て観の変容とは、子育てにおいて何より子どもの安全とトラブル回避を優先した子育て観であり、それは従来にも増してそれが過剰に意識されているところに特徴が窺える。こうした親の意識が影響するためなのか、最近の子ども同士の遊び場も「野外」より「屋内」といった傾向が強くなってきている。2015（平成27）年に東京大学社会科学研究所とベネッセ教育総合研究所が共同でおこなった「子どもの生活と学びに関する親子パネル調査2015」では、小学校4年生〜6年生の場合、子どもの放課後や休日の遊び場として「自分の家」と回答する割合が79.4％、そして「友人の家」と回答する割合が64.5％を占める結果となっている[7]。

　また2016（平成28）年に金融広報中央委員会が実施した「子どものくらしとお金に関する調査（第3回）」では、子どもたちの自分専用の持ち物について質問を行っており、室内遊びを誘発させやすいゲーム機の所有率が小学校中学

年で79.6％、高学年で84.8％になったという結果を公表している。[8]

　最近ではゲーム機以外にも、パソコンやスマートホン等の普及もあり、遊びが１人で完結してしまう状況を加速させている。

　他にも、地域のつながりの希薄化が、親の「子育ての孤立化」を生み出し、不適切な養育や児童虐待といった子育て問題へ波及するといった影響も考えられる。

　直近の児童虐待の動向を厚生労働省「平成27年度福祉行政報告例の概況」で確認すると、2015（平成27）年度に全国の児童相談所が対応した養護相談のうち、児童虐待相談として対応した件数が10万3286件と報告されており、調査開始以来、初めて10万件を突破した。[9]現在においてもなお増え続ける児童虐待のリスク要因については、厚生労働省がなかでも養育環境のリスク要因を挙げ、親族や地域社会から孤立した家庭をハイリスク家庭の１つとして例示している。[10]その他、ここで取り上げた児童虐待問題以外にも、地域のつながりの希薄化は子どもの貧困や家庭内不和の問題等の子育て問題として影響していることが懸念される。

第3節　子育て支援施策の動向と課題

（１）子育て支援施策の動向

　地域のつながりの希薄化がもたらす子育て危機に対処するために、近年、政府によって展開されている子育て支援施策の１つが地域子育て支援施策である。また、研究の面からみると、地域子育て支援研究は1990年以降に、急激に増加している。[11]今日、地域子育て支援施策が強化されている背景を子育て支援に関連する国の報告書や実施計画から読み解いてみたい。

　まず地域子育て支援施策を強化していくきっかけとなった報告書が1990（平成2）年の厚生省「これからの家庭と子育てに関する懇談会報告書」である。この報告書では、子育てを取り巻く環境の変化の１つに地域社会の変貌を取り上げ、都市化による子どもの遊び場の減少、自然の喪失による自然とのふれあい体験機会の減少、そして隣近所とのつきあいについて、あいさつ程度の軽いつきあいが大半を占め、地域社会とのつながりの弱化が顕著となっていることを指摘している。その上で、子どもの健全育成を進める上で地域社会の果たす役割はきわめて大きいという見解を示し、子どもが自由に、自主的に遊ぶ中

で、子ども自身の可能性を開花させていくことができるような地域づくりを進めていく必要性を提起している。これからの日本の子育て支援施策において地域ぐるみで子育て家庭を支える仕組みづくりへの強化を求める点に特徴が見出せる。[12]

その後の1994（平成6）年、当時、国の子育て支援に関する10年間計画として文部省、厚生省、労働省、建設省4大臣合意により出された「今後の子育て支援のための施策の基本的方向について」（エンゼルプラン）も日本の子育て支援施策の潮流を把握するためには欠かせない計画である。エンゼルプランでは、子育て支援施策の方向性として、「家庭における子育て支援」を位置づけ、核家族化の進行に伴い、育児の孤立感や不安感を招くことにならないよう、安心して出産できる母子保健医療体制を整備するとともに、児童委員等のボランティアの協力のもとに地域子育てネットワークづくりを推進していくことを提起している。また、子育て支援のための基盤整備として、地域子育て支援センターの整備を取り上げ、保育サービスの情報提供、地域の子育てサークルへの参加等が可能となるよう、子育てネットワークの中心として保育所等に地域子育て支援センターを整備する方針が示されている。[13]子育て家庭に対するきめ細やかな支援の展開を目指すための、地域にあるフォーマル並びにインフォーマルな社会資源を活用した子育てネットワーク網の形成が欠かせないこと、そしてこのネットワークの中心的組織として、保育所等に設置する地域子育て支援センターを位置づけたことがこの報告書の重要な部分である。エンゼルプランの具現化を図るべく、1994（平成6）年には「緊急保育対策等5か年事業」が出され、これによって一時的保育事業（保護者の傷病、私的理由）、地域子育て支援センター事業（育児相談・指導、子育てサークル育成・支援）、保育所地域活動事業（育児講座、育児リフレッシュ支援事業）等の整備が図られている。[14]

2000年代に突入すると、地域における子育て支援を強化していく動きが2004（平成16）年に策定された子ども・子育て応援プランから読み取れる。具体的には、「子育ての新たな支え合いと連帯」という方向性が示され、子育て支援の具体的に担い手に「地域の高齢者やNPOによる子育て支援サービスの充実」が明示され、地域住民や団体による子育て支援力に一層期待していることが窺える。[15]2000年以降の子育て支援施策の特徴は、地域のつながりの希薄化という現象によって生み出される子育て問題の解決を政策課題として捉え、すべての子育て家庭を対象に、地域子育て支援の多元化をねらいとした子育て支援

施策の展開しようとする部分が特徴である。

しかしながら、こうした地域の希薄化がもたらす子育て問題に対処するための施策がこれほど強化されてきたとしても、今般の児童虐待発生件数が増加していきている状況からもわかる通り、家庭の子育て問題が根本的解決に向かうことは容易ではない。こうした事実を把握した上で、家庭の子育て支援問題が社会の仕組みによって生成されている構図を前提に、国の責任によって展開される子育て支援施策の充実化と同時に、やはり地域のつながりの強化や再構築を目指した地域力に期待しないわけにはいかないだろう。とくに、後者にあっては、現代の家庭が抱える多様な子育て問題解決機能を有する新時代のコミュニティをいかに形成していくかが問われている。

第4節　子育て問題解決に向けたコミュニティ形成の必要性

(1) 一般コミュニティと福祉コミュニティ

子育てを担う賃金労働者の中には、低賃金や長時間労働等劣悪な雇用条件のもと雇い主側との雇用契約が交わされ、家事や子育てよりも仕事に専念しなければ生計を維持できない家庭が多く存在している。そして、このような社会の仕組みは、子育てと仕事の両立を迫られている親から肉体的、精神的、経済的、時間的ゆとりを奪い、それがやがて深刻な子育て問題に波及していくと考えられる。これら問題には当然ながら日本国憲法25条の生存権を根拠に国の社会福祉施策によって対応・対策がとられるべき事象であるが、現行の社会福祉施策による対応、対策では、実際のところ、社会福祉制度を必要とする者が制度利用条件ではじかれたり、親の抱える子育て問題に社会福祉制度そのものが用意されていないといった、制度上の不備、欠陥が存在している。以上をふまえ、改めてここでは、親の安心した子育て、子育ちを保障する施策展開の最終的な責任の所在は個人や家庭の私側ではなく、あくまで公側にあるという点を強調しておく。それを前提に、ここまで国が展開している子育て支援施策に多くの問題が残され、機能不全を起こしている状況であれば、やはり、地域がもっている力に期待しないわけにはいかない。この地域住民を中心とする民間活力を最大限生かした地域ぐるみの子育て体制の再構築という命題に対し、それを実現するための欠かせないキーワードが福祉コミュニティである。

福祉コミュニティの概念をめぐっては定説がないとされているが、これまで

岡村重夫、三浦文夫、中野いく子といった研究者らが福祉コミュニティの概念規定を試みている。

なかでも、1970年代に初めて福祉コミュニティの考えを提唱した岡村の概念規定は、「一般コミュニティは、多数の地域住民に共通な関心や問題意識に従って成立するものであるから、地域における少数者の問題や要求は、一般的なコミュニティを形成する契機とはなりにくいという傾向があるために、下位コミュニティないしは特別なサブ＝コミュニティを形成する契機となる可能性は高いといわなくてはならない」[16]とした上で、その下位コミュニティやサブ＝コミュニティに該当するコミュニティに福祉コミュニティを位置付け、「コミュニティの一般社会状況のなかで、とくにこれらの社会的不利条件をもつ少数者の特殊条件に関心をもち、これらの人々を中心として『同一集団』をもって結ばれる下位集団が『福祉コミュニティ』である。また地域社会がいまだコミュニティ型地域社会に形成されていない場合には、…これらの特殊条件をもつ人々とその同調者や関係者は、『同一性の感情』に基づく強力な結合によって『福祉コミュニティ』を形成しなければならない」[17]としている。つまり、岡村の考え方は、地域住民に広く普遍的、かつ共通的に関心が寄せられる地域問題には自然発生的に形成された一般住民組織・集団というべき一般コミュニティが対応するが、社会福祉問題は特殊かつ限定された一部の一般住民に関する問題であるため、その解決には社会福祉問題に遭遇している当事者または、それに関心を寄せる限られた地域住民で形成される福祉コミュニティが解決を目指すという部分に独自の考え方が表れている。岡村の功績といえば、今から40余年以上前の1970年代という時代において、既に社会福祉問題を抱える人々を支える福祉コミュニティ形成の必要性を強調し、社会福祉実践者には福祉コミュニティ形成を進める役割があることを示唆しているところにある。

（2）子育て問題解決に貢献する新時代の福祉コミュニティ形成

前述の岡村が提示する福祉コミュニティへの考え方が評価される一方で、問題点も指摘されている。その問題点とは社会福祉問題を一部の特殊、かつ限定された問題として捉えようとする部分である。たしかに、今の時代において社会福祉問題は国民の多くが遭遇する普遍的かつ共通問題となってきている。大橋謙策によれば、こうした岡村の福祉コミュニティの概念を持ち出し、今日の時代において「一般コミュニティ」を岡村の「福祉コミュニティ」の視点で

捉えなおすことへの重要性を指摘している[18]。いわば、社会福祉問題を特殊かつ限定された問題としてみるのではなく、普遍的問題として捉え、広く一般住民が関心を寄せ、その問題解決に貢献するコミュニティをいかに作り上げていけるかが今後、社会福祉問題を解決していく鍵を握っているということである。さらに、大橋は、それを紐解く具体的方策として、すべての人がライフコースの過程で経験する「福祉教育」の推進を挙げている[19]。

　では、子育て問題を抱える家庭を支える福祉コミュニティ形成につなげる福祉教育展開に向けた課題とは何だろうか。それは、今後、保育所や地域子育て支援センターといった保育現場が中心に福祉教育の展開を担うことができるかという点にある。現在、学校教育現場で展開されている学校教育型福祉教育や公民館やコミュニティセンター等で展開される生涯学習型福祉教育を否定するものではなく、あくまでも、子育て問題に対応する地域力を期待するのであれば、地域住民が、家庭が抱えている子育て問題を地域住民はよりリアルに実感し、だれが、どのように、どの程度であれば力を貸せるのかといった住民同士が本音で繰り広げられる対話の機会の保障が福祉教育の展開には何より重要となる。

　保育現場が福祉教育展開の中心組織となり、社会福祉問題解決機能を発揮するコミュニティづくりへ貢献できるためのヒト・モノ・カネの基盤整備については、言うまでもなく公の責任で進められなければならない。こうした福祉教育推進の前提条件整備が整ってこそ、今日求められている新しい福祉コミュニティ形成が実現するための道筋が立っていくだろう。

おわりに

　いくつかの行政報告等の内容を確認してもわかるように、地域のつながりの希薄化が家庭の子育てに影響を与えている実態や国が多様な子育て問題対する地域力を期待していることを読み取ることができた。

　国は、社会全体で子どもを育むことを1つの理念として掲げているが、現時点では、子育て問題に対応する地域社会の再構築を進めるための主体や方法はあいまいであり、理念の提示で留まっている部分が散見される。

　子どもの健やかな育ちの促進に向け、家庭の子育ち・子育て問題に対応する新時代のコミュニティ形成に向けた研究がこれまで以上に加速し、政策や実践

に結びついていくことに期待を寄せたい。

注
1）中央教育審議会「子どもを取り巻く環境の変化を踏まえた今後の幼児教育の在り方について──子どもの最善の利益のために幼児教育を考える──（答申）第4節 子どもの育ちの現状と背景」、2005年1月28日。
2）厚生省「社会的な援護を要する人々に対する社会福祉のあり方関する検討会報告書」、2000年12月、厚生労働省ホームページ（http://www1.mhlw.go.jp/shingi/s0012/s1208-2_16.html、2018年1月20日最終確認）。
3）厚生労働省「これからの地域福祉のあり方に関する研究会報告書」、2008年3月、厚生労働省ホームページ（http://www.mhlw.go.jp/shingi/2008/03/s0331-7.html、2018年1月20日最終確認）。
4）橘田重男「幼少期の原体験に関する一考察」『信州豊南短期大学紀要』第29号、2012年、43頁。
5）橘田前掲書、43頁。
6）調査は、平成17年度文部科学省委託調査として、株式会社日本総合研究所が実施している。なお、ここでの回答者は中・高生の親である。
7）恩師財団母子愛育会愛育研究所編『日本子ども資料年鑑』2017年、319頁。
　　ベネッセ教育総合研究所「子どもの生活と学びに関する親子調査2015速報版」2016、Ⅸ-4-3図 小・中・高校生の放課後や休日の遊び場（平成27年）を参照。
8）恩師財団母子愛育会愛育研究所編前掲書、314頁。
　　金融広報中央委員会「子どものくらしとお金に関する調査」（第3回）、Ⅸ-2-6図 小・中・高校生の自分専用の持ち物（平成27年度）を参照。
9）厚生労働省「平成27年度福祉行政報告例の概況」、厚生労働省ホームページ（http://www.mhlw.go.jp/toukei/saikin/hw/gyousei/15/index.html、2018年3月12日最終確認）。
10）厚生労働省「子ども虐待対応の手引き」、厚生労働省ホームページ（http://www.mhlw.go.jp/bunya/kodomo/dv12/02.html、2018年3月12日最終確認）。
11）中谷奈津子「地域子育て支援施策の変遷と課題──親のエンパワーメントの観点から──」国立社会保障・人口問題研究所編『季刊社会保障研究』第42巻第2号、2006年、165頁。
12）厚生省「これからの家庭と子育てに関する懇談会報告書（1990年1月）（資料）」『労働法律旬報』第1233号、1990年、69-73頁。
13）「今後の子育て支援のための施策の基本的方向について」（エンゼルプラン）は当時、文部大臣・厚生大臣・労働大臣・建設大臣の合意によって出された日本の子育て支援に

関する10ヶ年計画である。国や企業、地域等が一体となり子育て支援にあたることを示し、保育サービス充実に向けて具体的な目標数値の設定や子育てと仕事の両立支援等をはじめとする基本的施策の方向性を示している。
14）「緊急保育対策等5か年事業」は1994（平成6）年に、当時、厚生・大蔵・自治の3大臣合意により、エンゼルプランのうち緊急に整備すべき保育対策等を推進するために策定されている。
15）子ども・子育て応援プランは、少子化社会対策大綱（平成16年6月4日閣議決定）の掲げる4つの重点課題に沿って、2004（平成16）年に策定された次世代育成支援に係る国家計画の通称である。なお、正式名称は「少子化社会対策大綱に基づく重点施策の具体的実施計画について」である。
16）岡村重夫『地域福祉論　新装版』光生館、2009年、69頁。
17）同上、87頁。
18）社会福祉士養成講座編集委員会編「地域福祉の理論と方法——地域福祉論第2版」中央法規、2010、21頁。大橋謙策によれば、岡村重夫の「福祉コミュニティ」論は今日でも十分通用する理論的枠組みであるという見解を保持しながらも、わが国の社会福祉は、1970年代に入り社会福祉ニーズの普遍化がはじまり、社会福祉問題はごく一部の住民の生活課題ではなく、すべての住民が福祉サービスの利用を必要とする社会福祉の国民化と地域化が進んだとしている。そこでは、一般住民の生活課題と福祉サービス対象者の福祉課題との乖離的状況はなくなりつつある状況を踏まえ、岡村がいう一般コミュニティと福祉コミュニティの使い分けは今日ではあまり意味を持たないと捉えている。
19）同じく大橋は、一般コミュニティ自体を岡村の福祉コミュニティの視点において構築し直すことが必要であるとし、そのためには福祉教育の推進が重要になると主張している。この福祉教育の推進については、福祉サービスを必要としている人の生活問題がいかに一般住民の生活問題と連動しているかということ、すべての人がライフコースの過程で、福祉サービスを必要とする機会があるということを認識できるようにすることが重要としている。同上。

第22章

地域子育て支援拠点事業の動向と課題

はじめに
――問題の設定――

　本章は、地域子育て支援拠点事業に焦点をあて、その動向と課題について検討するものである。

　1990年のいわゆる「1.57ショック[1]」を契機とし、これまで日本では様々な子育て支援策がとられてきた。当初は働く親を対象としたものが主だっており、「子育て支援は親をダメにするのではないか」と危惧する意見も見受けられたものの、現在においては当然のこととして市民権を得ているといってよいだろう。特に2003年制定された「児童福祉法の一部を改正する法律」において、地域における子育て支援事業は児童福祉法の中に位置づけられ、すべての家庭に対する子育て支援が市町村の責務であることが明確化された。また、2012年制定公布された「子ども・子育て支援法」第1条において、「子ども及び子どもを養育している者に必要な支援を行い、もって一人一人の子どもが健やかに成長することができる社会の実現に寄与することを目的とする」と述べられる等、在宅育児を含めたすべての子どもと保護者への支援は国の重点課題とされてきている[2]。

　そのなかにあって、すべての子どもと保護者への支援の1つとして、地域子育て支援拠点事業（以下、拠点事業と略）がある。本事業は、2015年実施の子ども・子育て新制度（以下、新制度と略）において、市町村を主体とした地域の実情に応じた子育て支援を実施する「地域子ども・子育て支援事業」のなかの一事業として設定され、地域におけるすべての子育て家庭が気軽に利用できる場所として設置されているものである。これまでにもその必要性については数多く報告されており[3]、その取り組みは期待されている。しかし、一方でそこに従

事する職員の要件はこれまで様々に変更され、その専門性については課題となっている。そこで本章では、拠点事業に焦点をあて、その動向を概観し、そこにおける職員の専門性という視点から今後の課題を明らかにすることを目的とする。

第1節　地域子育て支援とは

ここでは、地域子育て支援が求められる背景について触れておく。

（1）地域子育て支援が求められる背景

少子化や都市化、核家族化、待機児童の増大等子育て家庭をめぐる問題は枚挙にいとまがない。なかでも近年大きな問題として挙げられるのが育児の孤立化である。これは、少子化や三世代同居の減少に伴って、家庭内及び地域における人間関係が希薄化しつつあることから、常日頃育児に携わっている母親あるいは父親が子育てについて誰も相談する相手がいないという状況に陥っているものである。この育児の孤立化は、育児不安や育児ストレスを高め精神的な問題を引き起こし、子どもへの虐待等、子どもへの不適切な行動を助長することが報告される[4]等、その影響は深刻なものがある。

実際、2016年の厚生労働省における国民生活基礎調査[5]によれば、全国の世帯総数4494万5000世帯のうち、「夫婦と未婚の子のみの世帯」が1474万4000世帯（29.5％）と一番多く、「単独世帯」が1343万4000世帯（26.9％）、「夫婦のみの世帯が1185万世帯（23.7％）と続いている。そのなかで「三世代世帯」は294万7世帯（約6.5％）となっており、その数は年々減少傾向にある。一方「ひとり親と未婚のみの世帯」は364万世帯（約8％）と年々増加している。

また、2002年と2014年における保護者の子育てに関する意識を比較したある調査[6]では、地域における人との関わりについて調べた結果、地域のなかで「子育ての悩みを相談できる人がいる」と答えた割合が父親、母親ともに大きく減少し、さらに「子育てについての相談相手」を尋ねた項目についても、[7]「近所の知人」と答えた割合が同様に減少傾向を示している。すなわち、少子化、核家族化の進行とともに、これまで地縁・血縁のなかで行われてきた子育てが家庭内での育児へと変化し、地域のなかで子育てに関する悩みや相談ができにくくなっている様子が窺えよう。このような状況の下、地域における子育て支援

の取り組みが求められるようになってきているのである。では、次に地域子育て支援に係る施策をみていくことにする。

（2）地域子育て支援に関する施策動向

　日本における子育て支援策の始まりとしては、1994年制定の「今後の子育て支援のための施策の基本的方向について」（エンゼルプラン）が最初であろう。そこでは基本的視点として、① 子どもを持ちたい人が、安心して子どもを生み育てることができるような環境を整備すること、② 家庭における子育てが基本であるが、家庭における子育てを支えるため、あらゆる社会の構成メンバーが協力していくシステム（子育て支援社会）を構築すること、③ 子育て支援施策は、子どもの利益が最大限尊重されるよう配慮すること、の3点が掲げられた。また、この施策を具体化する一環として、1995年には「緊急保育対策等5ヵ年事業」（以下、5ヵ年事業）が策定され、そのなかにおいて、育児の孤立化や負担感への対応策として身近な場所で育児相談や情報提供ができるよう地域ぐるみで子育てを支援する体制整備が図られた。[8]

　その後、1999年には「重点的に推進すべき少子化対策の具体的実施計画について」（新エンゼルプラン）が策定され、その目標として① 保育サービス等子育て支援サービスの充実、② 仕事と子育ての両立のための雇用環境の整備、③ 働き方についての固定的な性別役割分業や職業優先の企業風土の是正、④ 母子保健医療体制の整備、⑤ 地域で子どもを育てる環境の整備、⑥ 子どもたちがのびのび育つ教育環境の実現、⑦ 教育にともなう経費負担の軽減、⑧ 住まいやまちづくりによる子育ての支援の8項目が掲げられた。特に、在宅児も含めた子育て支援の推進として、地域子育て支援センターの整備が更に進められることになった。さらに、2002年の「少子化対策プラスワン」において、専業主婦だけではなく、ひとり親家庭も含めたすべての子育て家庭への支援が施策の対象となり、「地域における子育て支援」が提言された。また、子育て中の親が集まる「つどいの場」づくりや地域の高齢者、子育て経験のある人たちによる子育て支援を推進する方向性が示された。

　そして、新エンゼルプランの計画終了前には、次世代育成支援という新しい概念による少子化、子育て支援策の推進が図られ、2003年には少子化社会対策基本法ならびに次世代育成支援対策推進法、および児童福祉法の一部を改正する法律が制定された。そして、2004年には「少子化社会対策大綱」の具体的実

施計画として「少子化社会対策大綱に基づく重点施策の具体的実施計画について」（子ども・子育て応援プラン）が策定されている。

2010年には「『少子化対策』から『子ども・子育て支援へ』」という視点を盛り込んだ「子ども・子育てビジョン」（以下、ビジョンと略）が閣議決定され、2012年には「子ども・子育て支援法」が成立し、拠点事業は「地域子ども・子育て支援事業」の１つとして位置づけられた。また、2016年の「児童福祉法等の一部を改正する法律」においては、市町村は母子保健に関し、支援に必要な実情等の把握を行う「子育て世代包括支援センター[9]」を設置するよう努めなければならないことが示され、妊娠期から子育て期にわたる切れ目のない支援が求められることになった。さらに児童福祉法第10条の２において、市町村は支援拠点を整備することが定められた。ここでいう支援拠点とは、先述した「子育て世代包括支援センター」を兼ねることも可能とされており、現在東京都の特別区、市に設置されている子ども家庭支援センターや類似のセンターがそのモデルとなり得ることが示されている[10]。

第２節　地域子育て支援拠点事業の役割

（１）子ども・子育て支援新制度における拠点事業

ここでは2015年度より実施されている新制度において、拠点事業がどのように捉えられているか確認しておく。先述したように拠点事業は新制度において「地域子ども・子育て支援事業」のなかに設定されている。「地域子ども・子育て支援事業」とは、子ども・子育て支援法第59条を法的根拠とした子ども・子育て家庭が対象の事業であり、市町村が地域の実情に応じ、市町村子ども・子育て支援事業計画に従って実施するものとされている。拠点事業の他に、利用者支援事業、妊婦健康診査、乳児家庭全戸訪問事業、養育支援訪問事業、子どもを守るネットワーク機能強化事業、子育て短期支援事業、子育て援助活動支援事業（ファミリー・サポート・センター事業）、一時預かり事業、延長保育事業、病児保育事業、放課後児童健全育成事業（放課後児童クラブ）の事業があり、全部で13の事業からなりたち、そのなかにあって拠点事業は「家庭や地域における子育て機能の低下や、子育て中の親の孤独感や負担感の増大等に対応するため、地域の子育て中の親子の交流促進や育児相談等を行う事業」[11]とされている。

新制度にあたって拠点事業を考えるとき、利用者支援事業も同時に押さえておく必要があろう。利用者支援事業とは、子ども・子育て支援法第59条第1号において、「子ども又はその保護者の身近な場所で、教育・保育・保健その他の子育て支援の情報提供及び必要に応じ相談・助言等を行うとともに、関係機関との連絡調整等を実施する事業（以下「利用者支援事業」という）」とされている。その目的は「一人一人の子どもが健やかに成長することができる地域社会の実現に寄与するため、子ども及びその保護者等、または妊娠している方がその選択に基づき、教育・保育・保健その他の子育て支援を円滑に利用できるよう、必要な支援を行うこと[12]」とされており、「基本型」と「特定型[13]」、「母子保健型[14]」のいずれかを選択して実施することになっている。

　「基本型」は、子育て家庭の個別のニーズに対応し、情報収集や助言等を実施する「利用者支援」と地域の関連機関との連絡・調整や連携、必要な社会資源の開発等を実施する「地域連携」を2本柱としており、この基本型の実施場所として考えられているものが地域子育て支援拠点なのである（図22-1）。すなわち、拠点事業と利用者支援事業を一体的に実施することで、子育て支援の体制強化を図ることを目指したものとなっている。拠点事業の実施内容は①子育て親子の交流の場の提供と交流の促進、②子育て等に関する相談、援助の実施、③地域の子育て関連情報の提供、④子育て及び子育て支援に関する講習等の実施となっており、これまでにも地域の子育て家庭が気軽に赴くこ

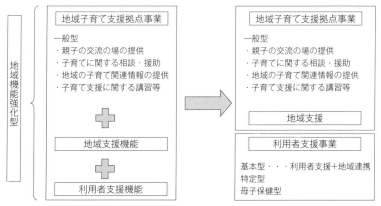

図22-1　地域子育て支援拠点事業と利用者支援事業の概要について
出典：内閣府ホームページを基に筆者作成。

とができる身近な場所として設置されてきた。実際、ビジョンにおいても中学校区に1箇所を目標として掲げ、全国に1万箇所の設置を目指す等重点的な取り組みが推進され、現在7063箇所で実施されている（2016年調べ）[15]。拠点事業はまさしく地域の子育て拠点となるべく役割として位置づけられたものとなっているのである。

（2）地域子育て支援拠点事業及び利用者支援事業職員の専門性

では、拠点事業に従事する職員にはどのような専門性が求められているのであろうか。子育て支援が元々保育所から始まったという経緯から、当初その職員要件には「保母等」と定められてあった。しかしその後資格要件は緩和され、現在の実施要綱によると[16]、「子育て親子の支援に関して意欲のある者であって、子育ての知識と経験を有する専任の者」であり、また事業に従事するにあたっては子育て支援員研修の基本研修及び拠点事業に係る専門研修を修了しているものが望ましいとされている。研修においては、基本研修として「子ども・子育て家庭の現状」「子ども家庭福祉」「子どもの発達」「保育の原理」「対人援助の価値と倫理」「子ども虐待と社会的養護」「子どもの障害」「総合演習」の8科目8時間が設定され、専門研修として、「地域子育て支援拠点を全体像で捉えるための科目」「利用者理解」「地域子育て支援拠点の活動」「講座の企画」「事例検討」「地域資源の連携づくりと促進」の6科目6時間が設定されている。これらをみると、子育て家庭に関する最低限度の知識と拠点事業に関する大枠についての理解を求めたものとなっていることがわかる。

一方、利用者支援事業においては、利用者支援専門員と呼ばれる職員を専任職員として配置することとなっており、その資格要件として、保育士、社会福祉士、その他対人援助に関する有資格者であることや子育て支援員研修の基本研修及び拠点事業に係る専門研修の基本型、特定型のいずれか該当する専門研修を修了していることが求められている。この専門研修には、「利用者支援事業の概要」、「利用者支援専門員に求められる姿勢と倫理」「保育資源の概要」「記録の取扱い」等、基本型においては9科目24時間、特定型においては5科目5時間の授業、演習が盛り込まれている。

それぞれの事業の資格要件及び必要とされる研修を見てみると、拠点事業の職員は子どもに関する知識は必要とされるものの、特定の専門とまで言える知識は必要とされていない。一方、利用者支援事業においてはより高い専門性

が求められていると言えよう。もちろん、拠点事業に従事する職員を対象にした研修も実施されている。すなわち、経験年数が概ね3年未満の職員に対する基礎的研修、また概ね5年以上の職員に対する指導者研修が既に実施されており、加えてその中間である職員に対する専門的研修が新規事業として盛り込まれる方向である。これは職員の質の向上に向けての取組であるが、その具体的な内容については明確にされていない。

第3節　今後の課題と展望

(1) 地域子育て支援拠点事業の今後の課題

では、最後に拠点事業における課題を1つ示しておきたい。それは各事業自体の整理と担当職員の役割の明確化である。拠点事業を利用する子育て家庭にとってみれば、家の近くに気軽に行くことができる遊び場で顔なじみの職員と世間話をしながら子育ての悩みや困りごとを解決することができるという場が常設されていることは、安心を与えるものとなろう。しかし、そこで働く職員にとってみれば、事業形態や内容が時代の流れによって変更され複雑化し右往左往している様子が見える。

これまでにも拠点事業の職員は利用者支援事業における利用者支援専門員にあたる役割を期待されており、果たして来ている現状があった。しかし、新たに利用者支援事業が創設されるにあたって、利用者支援専門員と役割分担していくことが求められてきている。拠点事業における多機能型支援の効果が重視され、利用者支援事業だけでなく、一時預かり事業やファミリーサポート事業、養育支援訪問事業等、様々な事業が実施されつつある。拠点事業の場で利用者支援事業を始めとした多くの事業を実施することのメリットは多く、互いに連携、協働していくことが必要ではある。しかし、それぞれが担う役割や機能については未だ定かではない[17]。職員がその職に邁進できるような機能の整理と仕組みの確立が求められる。

(2) 拠点事業の今後の展望

拠点事業の役割としては、乳幼児の親子が気軽に通う場を定期的に設けることが重要な意味を持つ。毎日でなくても、定期的にそこに開かれた場があるということがとても大事なのである。そこにおいて、もちろんある程度の専門性

を持った職員が親子にとって居心地のよい場を提供し、時には愚痴とも相談ともいえるような悩みに応える、という一見とても簡単そうな事柄が子育て親子を救うからである。そこにおける専門性は決して低いものではなく、乳幼児にとって遊びやすい遊具の設置や保護者にとって心地がよい環境構成する視点、相談がしやすい雰囲気をつくっていく力が求められる。さらには、そこに足を運ぶ様々な保護者との会話等を通して、保護者の状態を見極め、課題を抱えていればそれに対応していく力も必要とされるのである。それらはまさしく拠点事業の職員の専門性なのではなかろうか。拠点事業は単なる「施設」ではなく、まさしく「拠点」としての意味を持っており、その意味に即した専門性維持が必要とされよう。

おわりに

子育ての孤立化、地域の希薄化が叫ばれ、すべての子どもと子育て家庭への支援が求められている今日において、気軽に子育ての相談ができる場としての拠点の意義は大きい。育児不安を抱える母親、父親が気軽に行くことができる場とはどのような場なのか、また支援が必要な子育て家庭には求められる支援が行き届くような事業のあり方が求められる。今後も動向を見守っていきたい。

注
1）1989（平成元）年の合計特殊出生率が1.57となり、1966（昭和41）年の合計特殊出生率が「ひのえうま」という要因により過去最低であった1.58を下回ったことが判明したときの衝撃を指す。
2）ここでいう在宅育児とは、3歳未満の子どもが保育所、幼稚園のいずれにも通わず家庭で育児されていることを指す。
3）例えば、斉藤進「地域の子育て資源に関する研究（1）――子育て広場の機能に関する一考察――」『日本子ども家庭総合研究所紀要』第45号、2008年、325-330頁等がある。
4）松原康雄「少子化社会における虐待対応」『医療と社会』第27巻第1号、2017年、53-61頁。
5）厚生労働省「平成28年度　国民生活基礎調査」（http://www.mhlw.go.jp/toukei/saikin/hw/k-tyosa/k-tyosa16/dl/02.pdf、2018年2月10日最終確認）。

6）三菱UFJリサーチ&コンサルティング「子育て支援策等に関する調査2014報告書概要」（file:///C:/Users/chika/Desktop/press_141208.pdf、2018年2月1日最終確認）。
7）2002年の調査においては、「子育ての悩みを相談できる人がいる」と答えた父親は19.0％、母親は73.8％であったが、2014年の調査では、それぞれ11.0％、43.8％に減少している。
8）国の施策として初めて「家庭における子育ての支援」が掲げられ、各市町村に1か所地域子育て支援センターを設置するよう予算化された。
9）法律上の名称は「母子健康包括支援センター」である。
10）社会保障審議会児童部会「新たな子ども家庭福祉のあり方に関する専門委員会」報告（提言）、2016年3月（www.mhlw.go.jp/file/05-Shingikai-12601000-Seisakutoukatsukan-Sanjikanshitsu_Shakaihoshoutantou/0000116647.pdf、2018年1月最終確認）。
11）内閣府「地域子ども・子育て支援事業について」、2015年1月（www8.cao.go.jp/shoushi/shinseido/administer/setsumeikai/h270123/pdf/s3-1.pdf、2018年1月最終確認）。
12）内閣府子ども・子育て本部統括官文部科学省初等中等教育局長厚生労働省雇用均等・児童家庭局長「利用者支援事業の実施について」府本子第83号・27文科初第270号・雇児発0521第1号2015年5月21日。
13）保育コンシェルジュと言われるものであり、主として市区町村の窓口で、子育て家庭等からの相談に応じ、保育所や各種の保育サービスに関する情報提供及び利用に向けての支援を実施するものである。
14）保健師や助産師等が1名配置され、主として市町村保健センター等で母子保健や育児に関する相談に応じ支援を実施するものである。
15）厚生労働省ホームページ「地域子育て支援拠点事業の実施状況」（http://www.mhlw.go.jp/file/06-Seisakujouhou-11900000-Koyoukintoujidoukateikyoku/kyoten_kasyo28.pdf、2018年1月最終確認）。
16）厚生労働省雇用均等・児童家庭局長「地域子育て支援拠点事業の実施について」雇児発0403第18号、2017年4月3日。
17）榎本祐子「利用者支援事業基本型の実際と課題――東近江市子育てコンシェルジュ事業の取り組みから――」『滋賀大学教育学部紀要』第66号、2016年、65頁。

第23章

子どもの自己有能感を高める感覚の偏りに配慮した集団活動の展開
―― 感覚統合理論を取り入れた水遊びの分析から ――

はじめに

　子どもにとって成功体験は、自分を有用な存在と意識するためにとても重要である。しかし、発達障害がある子どもの中には、感覚の偏りがあるがためにできないことが多くなり自分を卑下してしまい、自己有能感を十分に育むことができない子どももいる。

　そこで本章では、感覚の偏りがある子どもに着目し、筆者が作業療法士として保育士と連携して行った感覚統合療法を用いた集団活動を分析し、子どもの成功体験を、さらに、自己有能観を高めるための取り組みの必要性を論証した。[1]

第1節　感覚の偏りがある子どもの困り感

（1）感覚の偏りとは

　非常勤でかかわっている児童発達支援事業で、筆者が目にした子どもの気になる行動がある。粘土遊びや砂遊びを嫌う、友達とくっつきあうのを嫌う、大きな音を嫌がり大声で歌われると部屋から逃げ出してしまう等、児童発達支援事業の生活で困っている子どもの姿である。

　我々は、生活している環境を感覚を通して感じ取る。発達障害がある子どもの中には、日々の生活の中で、我々が感じるのと違った感じ方をする子ども達が多くいる。感覚の感じ方の違いが顕著になれば、生活していくうえで不快な思いをする。たとえば、触覚が敏感すぎると、人から触れられることに不安を抱く。[2] 愛情表現として抱擁されても子どもは嫌悪感を示す。友達から軽く肩や背中を叩かれても「痛い」と訴えてしまうのである。

（2）感覚の偏りによる生活での困り感

　感覚の偏りがある自閉症の当事者L氏は、「視覚過敏、聴覚過敏、触覚過敏、味覚過敏、嗅覚過敏により、生活のしづらさがある」と訴えており、反面、「気づきにくい感覚として、トイレの感覚、空腹感、のどの渇き、真の疲労感があり、気づきにくいがゆえに、後からその感覚が押し寄せ倒れるまでになる」と報告していた。そして、「生活していくうえで、感覚の偏りは変化しなくても、周りに人々の理解があると、困り感も軽減する」と述べていた。自閉スペクトラム症の当事者の藤家弘子は、触覚過敏に対し、「雨は痛いじゃないですか、当たると。傘をさしていても、はみ出た部分に雨が当たると１つの毛穴に針が何本も刺さるように痛くありませんか」、「シャワーも痛いです。だからお風呂はできるだけかぶり湯にします」と述べ、同じく自閉スペクトラム症の当事者のニキ・リンコは、触覚過敏に対し、「私は雨は痛くないですよ。でも扇風機の風が痛いです」と述べている。感覚の偏りがある当事者の語りからも、感覚の偏りがあることで、生活に大きな支障が生じていることが伺える。

　そのため、我々は、顕著な感覚の感じ方の違いで、幼稚園、保育所等で生活するうえで困難を感じている子どもがいることを理解する必要がある。さらに、子どもは、自身の感覚の偏りを理解すること自体が難しい存在だと考えなければならない。感覚の偏りがある子どもは、不快な気持ちを持ちながら様々な遊びや活動を体験しても、それを楽しむことができず、子どもの豊かな感性を育むことにはつながらないのである。周りが楽しいと思っている遊びが苦しい経験になってしまうのである。その結果、子どもは、「友達が嫌い」、「先生が嫌い」、「園が嫌い」と思ってしまう。つまり、感覚の偏りがあることで、色々な経験をさせようとしても子どもの困り感を増す結果となり、集団の中で安心して、かつ、自らの力を伸ばしていく経験が失われていくという危険が生じてしまう。そして、子どもの意欲や自信、そして、自尊心を損なうことにつながる危険性があると考えることができる。

　そのため、子どもの生活での困り感の背景に感覚の偏りがあることを理解し、自らは声を上げることができない子どもの声を代弁する役割を持つ支援者が必要になってくるのである。

　なお、本章で注目している子どもが持つ感覚の違いは、現在、脳機能の偏りから起こる感覚統合障害の１つの状態として紹介されている。

第2節　感覚統合理論に基づく感覚の偏りがある子どもの理解

(1) 感覚の偏りがある子どもの解釈

　感覚統合理論は、米国の作業療法士であるジーン・エアーズ（Ayers, A. J.）によって作業療法理論として構築されたもので、1970年代から80年代にかけて作業療法の科学的実践にもっとも影響をあたえたものである。子どもの遊びや学習能力の発達を従来の神経心理学的モデルではなく脳神経科学モデルで説明している点が特徴といえる。現在、感覚統合障害は「感覚調整障害」と「行為機能障害」に区別されている。感覚調整障害にみられる症状は、視覚、聴覚、触覚、前庭覚等の感覚に偏りがあり、敏感過ぎると、その感覚刺激を負荷に感じ回避する行動がみられたり、逆に、鈍感すぎると、感覚の識別がうまくいかずに正しく認識できなかったり、鈍感さゆえに刺激を求めて行動に出てしまうことがみられるのである。本章で取り上げている感覚の偏りはこの症状に位置づけることができる。ちなみに、行為機能障害は、自分の体をはっきりと認識できず、運動の不器用さ、手先の不器用さがみられることが多い（図23-1）。

　また、感覚の偏りに対する評価法としては、Sensory Profile が世界的に使われているが、日本では、太田らが開発した感覚発達チェックリスト改訂版

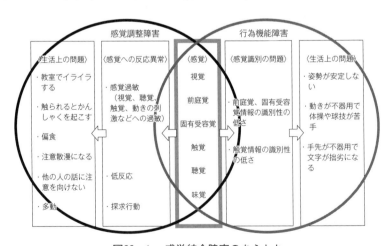

図23-1　感覚統合障害のあらわれ
出典：関森英伸「発達障害児の療育・作業療法から学んだ行動特性の捉え方と、望ましい対応」『精神看護』第19巻第3号、2016年、243頁より引用。

(Japanese Sensory Inventory Revised、以下 JSI-R と略す)[7] が良く使用されている。なお、JSI-R は、評価用紙がインターネット上に公開されている。

（2）感覚の偏りがある子どもへの対応

感覚の偏りに対する対応として、センソリー・ダイエット[8]の考えがある。感覚の過敏さがある子どもに対しては、不安や不快、恐怖を感じるような感覚の体験は控え、逆に、刺激を求める子どもに対しては、不足する感覚を足すという考えである。感覚を足してあげることで、遊びを満足でき、達成感も増す。作業療法士が感覚統合療法を用いて支援や活動を行う際は、子ども1人1人の遊びの中での反応に対し、自らの力で課題を成し遂げるように支援する。

図23-2　泡遊び

図23-3　泡滑り台遊び

しかし、保育士に対する助言のあり方について、佐々木清子らは、「環境に関することや、子どもの欲する感覚的な欲求を満たすような遊びでも、安全面に心配があるような遊びをすすめられたことに対しては、助言を受けても、応用しにくい」としていた。つまり、作業療法士は、安全に対して、また、環境を変えることに対して、保育士が、どのような認識を持っているのか理解したうえで、連携をすすめなければいけないのである。子どもに対し作業療法士が行う遊びが、保育士にとっても、支援の内容を今以上に向上させるために応用してもらえるように、保育士の認識を考慮しながら連携を行う必要性がある。

次節では、筆者が、作業療法士として感覚の違いがある子ども達に対し保育でも行う水遊びを感覚統合の視点をもとに設定し、保育士と連携して実践した内容を分析する。具体的には、水遊びに対する母親の意見から、作業療法士が発案した感覚統合の視点を取り入れた遊び方が、子どもの育ちにつながるのかを探り、感覚の違いがある子どもに対する保育内容を考えることする。水遊びの内容は、ビニールプール、シャワー等の普段通りに水を楽しむ遊びと、泥遊びに似た感覚が得られるシェービングフォーム（男性用のひげそり用の泡）を用いた泡遊び（図23-2）や泡と水で滑りやすくした滑り台遊び（図23-3）等である。

第3節　感覚統合理論に基づく集団での水遊びの分析からの提言

(1) 母親へのアンケートから考える子どもの満足感・達成感

水遊びに参加した子どものうち、事前に行ったJSI-Rでの評価の結果、感覚の偏りが大きかった7名の子どもを例にとり検討する。

A児（5歳男児）の遊び方は、とにかくダイナミックに遊ぶのが特徴であった。特に、泡滑り台を繰り返し遊んでいた。感覚の偏りを見ると、視覚、味覚は、過敏傾向にあるが、前庭覚、固有受容覚、触覚等は、鈍感傾向にあった。つまり、鈍感さがあるがために、人より多くの刺激を求める傾向にあり、それが、ダイナミックな遊びにつながっていると推測できた。

B児（2歳男児）の遊び方は、大部分の時間、きれいな水、濁った水にかかわらず水遊びに没頭していた。ビニールプールの中で、ジョウロ等の水遊び玩具での遊びにも没頭していた。そのため、楽しんではいたのだが、泡滑り台で遊ぶ時間が短かった。感覚の偏りを見ると、視覚は敏感傾向にあり、前庭覚、固有受容覚が鈍感傾向にあった。そのため、見たものに注意が移りやすい傾向

にあるため、ジョウロから水がシャワー状に流れる様子に没頭したと推測できる。また、遊ぶ時間は短かったが、泡滑り台を楽しめたのは、前庭覚、固有受容覚が鈍感傾向にあり、遊びで得られる刺激を求めていたと推測できた。

C児（2歳男児）の遊び方は、シェービングフォームの感触を楽しんで遊んでいた。泡滑り台は、初めに、スタッフと一緒に滑り、楽しさを体験できた後は、1人で滑れるようになった。感覚の偏りを見ると、前庭覚は敏感傾向にあり、固有受容覚が鈍感傾向にあった。触覚は、著明ではないが過敏傾向が見られる反面、好きな感触は求める傾向にあった。そのため、シェービングフォームの感触は好きな感触であったため、好んで遊んでいたと推測される。泡滑り台は、前庭覚の過敏傾向があり、スリルを楽しむような遊びに対しては本来慎重であったが、初めにスタッフと一緒に滑り、安心できることを体感したことがきっかけとなり、徐々に、大胆な遊び方にもチャレンジするようになった。安心できる体験をきっかけとして、不安が楽しさへと変化し、遊びが発展したと推測できた。

D児（4歳男児）の遊び方は、きれいな水遊びやシャワーの水では好んで遊び、シェービングフォームは嫌がり、水が濁ってくるのも嫌がっていた。泡滑り台も嫌がっていた。感覚の偏りを見ると、触覚、聴覚、視覚が敏感傾向にあった。前庭覚は著明ではないが鈍感傾向にあった。触覚が敏感傾向にあるため、シェービングフォームの泡の感触が嫌で遊べなかったと推測できる。濁った水、泡滑り台もシェービングフォームが関係する遊びなので拒否したと推測される。前庭覚が鈍感傾向にあるため、泡滑り台で滑る感覚は好きな刺激であるが、シェービングフォームを拒否する傾向が勝り、遊ぶに至らなかったと推測できた。

E児（3歳男児）の遊び方は、シャワー遊び以外は、あまり参加できなかった。感覚の偏りを見ると、どちらかというと過敏傾向にあり、特に、触覚に過敏傾向が強くみられた。そのため、泡等が体に付くのが嫌で、遊びを避けたと推測できる。泡滑り台も1回はチャレンジできたが、2回目は、泡が嫌で遊ぶに至らなかったと考えられる。滑る楽しさより、泡への苦手感が勝って、遊びに発展しなかったと推測できた。

F児（5歳男児）の遊び方は、きれいな水で遊び続けるのに加え、水鉄砲で遊ぶのが主であった。泡滑り台も好きなのだが、滑ったあとに土手を登ってくるときに転倒してしまい、その後、気持ちがくずれてしまい遊ぶ事ができなっ

た。感覚の偏りを見ると、視覚、聴覚は過敏傾向があり、若干、触覚の過敏傾向がみられた。反面、固有受容覚は鈍感傾向にあった。遊びが広がらなかった理由として、触覚の過敏傾向があり、シェービングクリームを嫌がったり、濁った水を嫌がったと推測できた。

　G児（4歳男児）の遊び方は、まんべんなく遊んでいた。特に、シャワー遊び好んでいたが、元々、好きな遊びであったようである。泡滑り台で、初めは、泡がまとわりつくのが嫌で気になっていたが、滑るのに夢中になると、泡への苦手意識がなくなったようである。感覚の偏りを見ると、触覚は過敏傾向であるが、その他の感覚は、どちらかというと鈍感傾向にある。G児は、苦手な感覚と好きな感覚を同時に受けるような状況で、滑ることで得られる楽しい気持ちが勝り、苦手な感覚を克服し、遊びに発展していったと推測できた。

　これらの子どもの遊び方の分析から、一概には言えないが、感覚的に敏感な場合は遊びを避け、鈍感な場合は遊びを求める傾向があることが推測できた。また、苦手な感覚があっても、同時に好きな感覚があり、それが勝れば、遊びを続けられることがわかった。子どもの遊び方の違いの背景の1つに、感覚の偏りがあることがわかれば、子どもの遊び方の違いからも、子どもの感覚面の発達的な違いを予測することもできると考えることができる。

（2）保育士のインタビューから考える保育での活用

　保育士は、作業療法士が発案した水遊びに対し、保育とは違う素材を使ったり、遊ぶ視点が違っていることに対し驚きや疑問を持っていたが、水遊びの中で、子どもの喜ぶ姿に共感し、感覚統合の考えを用いた水遊びを保育でも活用できる遊び方として受け止めていたことが確認できた。そして、児童発達支援事業での保育だけでなく、将来、通常クラスに戻ったときにも使える視点と認識していることが確認できた（図23-4）。

　無藤隆[11]は、保育活動の可能性の拡大を図るため、素材、遊具・教材、活動、空間構成の4つの側面で園の環境について検討している。活動においては、保育中の様々な子どもの行う行動を意味のあるものとして把握した上で、その活動を豊かにするための動きを検討することと述べている。つまり、子どもの持つ感覚の偏りを考慮して、子どもが自ら挑戦できるような、また、満足できるような環境設定や工夫が必要になるといえる。

第23章　子どもの自己有能感を高める感覚の偏りに配慮した集団活動の展開　　237

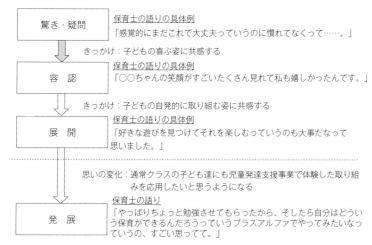

図23-4　作業療法士の遊び方に対する保育士の思いの変容過程

おわりに

　1人1人の子どもの感じ方に差があることは容易に想像できる。しかし、上手く遊べない、遊びを嫌がる等の子どもの気になる行動と感覚の偏りを結びつけて考えるのは容易なことではない。そのため、上手に遊べない子どもの背景に感覚面の問題が大きく影響することを意識し、保育内容を検討し実践していくことはもちろん、必要に応じ他の専門職種と連携し、子どもに対する情報の共有、支援方法の共有を図る必要がある。特に、作業療法士は、感覚の偏りがある子どもの気持ちを代弁する立場で関わり、そして支援することで、子どもにとって、遊ぶ体験が楽しく満足感を満たすものになる。良い遊びの体験ができれば、子ども1人1人の発達を促すことができる。そして、遊びの幅が広がると、集団の中での成功体験が増え、子どもの自己有能感の獲得や自信の獲得にもつながっていくと考えることができる。

注
1）作業療法士は、リハビリテーションの専門職の1つで、発達障害がある子どもの支援にも従事している。

2）触覚とは、触るときや触られるときに感じる感覚である。子どもの情緒の安定には、スキンシップの重要性が指摘されている。
3）自閉症当事者L「私の感覚～当事者からのメッセージ～」『チャイルドヘルス』VOL.16 No.10、2013年、8-11頁。
4）ニキ・リンコ、藤家弘子「第Ⅰ部　気まぐれな身体感覚」『自閉っ子、こういう風にできています！』花風社、2004年、24-25頁。
5）同上、28頁。
6）Sensory Profile は、感覚統合障害の中の感覚調整障害を判別するた Duun, W. が開発した検査である。2015年、日本でも再標準化され、日本版感覚プロファイルとして出版が開始された。
7）感覚発達チェックリスト改訂版（JSI—R：Japanese Sensory Inventory Revised）は、太田篤志らが開発した日本独自の感覚面の偏りを調べるための質問形式の評価表である。前庭覚、触覚、固有受容覚、聴覚、視覚、嗅覚、味覚、その他の行動特性により評価する。評価用紙、サマリーは以下のホームページからダウンローダできる（http://www.atsushi.info/jsi/、2018年2月18日最終確認）。
8）センソリー・ダイエット（Sensory Diet）とは、子どもの情動や行動を安定させて、より適応的に行動できるようにするような感覚刺激を得る活動を日常生活の中に取り入れることや、混乱させるような環境からの感覚刺激のコントロールをすることである。
9）佐々木清子「集団場面の観察を通した保育支援における作業療法士の役割」『首都大学東京大学院修士論文』2010年。
10）倫理的配慮として、研究への参加、調査への協力は、養育者の同意を得て行った。また、アンケートの回答、JSI-R の記載も自由意志とした。
11）無藤隆「保育実践と保育環境（総説）」『保育学研究』第50号第3巻、2012年、238-241頁。

第24章

地域での子どもの居場所支援活動の機能と今日的課題

はじめに

　本章では、地域における子どもの居場所が有する機能と今日的役割について論じていく。子どもの居場所は昨今の子どものいる家庭の相対的貧困率への社会的関心の高まり等により、子どもの貧困問題における子どもに対する支援を期待されているほか、子どもの健全育成の一環として実施されている。これらの子どもの居場所の展開について概観することにより、これまでの子どもの居場所の視点を整理するとともに、今後の子どもの居場所の展開に向けての課題や留意点等について検討していく。[1]

第1節　地域における子どもの居場所活動の取り組みに至る背景と展開

（1）子どもの生活を取り巻く環境から期待される子どもの居場所

　子どもの居場所について考察する前段として、子どもの生活する社会環境や取り巻く課題について捉える必要がある。日本では子どもを取り巻く社会環境は時代に伴って大きく変化を続けている。特に地縁が重んじられていた第2次世界大戦以前において、地域では伝統的な祭りや民俗行事等が行われ、この中で大人や子どもの枠を超えて共に参加する取り組みや、大人が主導して進められた子どもを対象とした育成活動等が広く存在した。これらの地域における取り組みでは、文化・伝統を地域で次世代に引き継ぐ機能や、行事に参加することにより生活する能力を身につけることができる生活向上の機能のほか、多様な住民同士のかかわりや異年齢世代の関わり等から、上下関係等の社会性を身につける場ともなる等、地域社会における教育的な機能を有していた。

その後、日本は幾度もの戦争に突入した。特に1945年の第2次世界大戦後には、子どもに関する社会問題として戦災孤児や浮浪児等を多く発生し、一部の子どもたちが家を失い路上生活を強いられたほか、衣食住の欠如等をはじめとした、子どもの生存上および生活上における深刻な生活問題が発生した。このため、当時の日本を統治していたGHQ（連合国軍総司令部）の管下のもと、戦災孤児や浮浪児対策の児童保護・救済という戦後事後的対応を進めるとともに、救済・保護に限定しない児童の積極的福祉を図ることを目的に、児童福祉の理念を盛り込んだ基本法としての児童福祉法が1947年に制定された。この児童福祉法において、現在の子どもの居場所にも繋がる児童厚生施設（児童館等）が規定され、国による児童健全育成の理念が含まれることとなった。

そうして1960年代の高度経済成長期にかけて、都心部への人口流入による生活環境や地域環境の変化、とりわけ核家族化等の家族構造の変化や、団地やニュータウンの急増等を背景とした、地域社会における人間関係の変化や疎遠化（地縁機能の低下）は、子どもをはじめ国民全体の生活に様々な影響を与えてきた。また子どもの生活に注目する際、主に都市部における遊び場の減少のほか、地域における交通量の増加や犯罪等の発生もあり、子ども自身が安心してのびのびと過ごすことができる居場所が失われていった。そのほか、子どもの生活時間に着目すると、学力重視社会における受験競争の激化により通塾する子どもや、生活の豊かさや多様性の広がり等もあり習いごとに通う子どもたちが増加した。このことから、子どもが家庭や地域社会で過ごす時間が短くなるとともに、従来からあったコミュニティでの子どもの遊びの要素でもある、いわゆる三間（時間・仲間・空間）が子どもの生活から減少することとなった。

その後、1990年代に発生したバブル崩壊以降、リーマンショック等の世界的な経済恐慌や経済低成長の影響もあり、非正規雇用の増加をはじめ雇用状況が悪化する等、国民の経済状況として深刻な課題が生じ、子育て家庭の家計をはじめとした生活全体にもその影響が直撃することとなった。これらの背景から子どもの生活に深刻な状況を表す用語として「子どもの貧困」が出てきた。子どもの貧困に関して松本伊智朗は、日本において子どもが直面する不利や困難を説明しようとする動きが広がってきたとしている。[2] また浅井春夫は、2008年が「子どもの貧困元年」と呼ばれていると指摘した上で、同年は①子どもたちの暮らしに現れた貧困問題を社会問題として正面から取り上げたこと、②研究書の出版やマスコミにおいても多くの特集が組まれたこと、③緊急に

解決すべき政策問題として研究面からも位置づける必要性についてあらためて社会的に認識されるようになったことが所以であると整理している[3]。

国も厚生労働省が2009年10月に「相対的貧困率の公表について」を公示した[4]。これによれば、日本における国民全体の相対的貧困率は2007年の調査で15.7％、2006年の所得データに基づく18歳未満の日本の子どもの相対的貧困率は14.2％であることが判明し、この数値から18歳未満の子どもの6人に1人という貧困率の深刻な状況が明らかとなった。

このように子どもの相対的貧困が高水準となり複数の実態調査等が行われ、子どもの生活の実際についての様々な課題が発生していることについて次第に明らかとなってきた。この中で貧困が与える子どもや子育て家庭における生活の質の低下や、学校および家庭等の内外での子どもたちの居場所が欠けていること等も判明したことから、民間団体等により子ども食堂をはじめとした子どもの居場所や貧困世帯を対象とした学習支援の機会の提供等、子どもたちの生活を地域で支える様々な取り組みや拠点づくりが行われることとなった。

なお、子どもの生活課題とは別の子どもの居場所への視座として、子どもの権利保障の視点がある。子どもの権利については、国際連合で1989年に児童の権利に関する条約（以下、子どもの権利条約）が採択され、1990年に国際条約として発効した（日本は1994年に批准）。この中で子どもの居場所に関係する遊びについて、子どもの休息および余暇における遊びとレクリエーションについて参加の権利が子どもにあると謳われている（同条約第31条）。

整理すると、子どもの生活は社会状況に大きな影響を受けるとともに、その影響に対する生活支援に対応できるように子どもの居場所の必要性が存在し、実際の活動に繋がってきた。他方、子どもの生活課題への対応という視点ではなく、子どもの権利条約に掲げられる子どもの人権保障や、児童福祉法にある子どもの健全育成の観点から、子どもが自由に遊びを行うことのできる居場所の形成が重要であるといえる。

（2）現代の子どもの居場所支援に通じる従前の取り組み

子どもの居場所に繋がるわが国の施策は、第1項で述べたように第2次世界大戦後の1948年に制定された児童福祉法で児童厚生施設（児童館・児童遊園）として位置づけられた。なお、この児童厚生施設の実施以前に、子どもの居場所に類似する取り組みとして、民間によるセツルメント活動があった。セツルメ

ント (settlement) とは、貧困地域 (スラム) を中心に展開された、貧困に対する生活支援として広がった活動で、世界的には1884年にバーネット (Barnett, S. A.) がイギリス・ロンドンで設立したことが起源であるとされ、以降世界的に展開された。セツルメント活動では、貧困課題のある地域に篤志家のほか、大学や教会の関係者らが住み込み、貧困層の労働者や家族に対して相談活動や教育活動、文化的活動等を実施する等、生活改善を図っていった。

日本でのセツルメント活動は1890年代後半から1900年代にかけて、東京・大阪等の都市部の貧困地域を中心に展開され、隣保事業 (隣保館) を中心にして広がった。隣保館はとりわけ明治末期から昭和前期に設置された、地域の生活向上を図るために労働者教育をねらいとした施設である。隣保館では現在の児童館の原型に近い隣保館事業として児童クラブが行われ、ここでは貧困家庭の子どもに対して保育や教育、レクリエーション活動等を行ってきた。その後、隣保館機能について隣保館のほか、公民館で同様の子どもに対する支援が担われる事例も見られるようになった。このように子どもの居場所は、従前より貧困に置かれる子どもへの支援のひとつとして実施されてきた。

第2節　地域での子どもの居場所支援活動の機能と動向

(1) 子ども食堂をベースとした地域の子どもの居場所活動の機能と動向

次に近年の子どもの居場所について考察する。特にこの数年、子どもの居場所としての認知度が高くなっている拠点として子ども食堂が挙げられる。子ども食堂は一般的に、子育て家庭の保護者の就労や子育ての様々な事情等により、家庭において保護者らとともに食事を摂ることができない子どもや保護者に対する多様な支援等が必要な子ども (拠点によってはその保護者や地域住民等を含む) を主な参加のターゲットとして、欠食や孤食等を防ぐため夕食等の提供を行うとともに、子ども食堂に参加する子どもたちが、参加者同士、あるいは子どもを支える支援者 (スタッフ) らとともに過ごす取り組みである。そのほか子ども食堂は、子どもへの食事の提供機能以外にも、子どもたちとの食事や団欒を通じて、子どもたちの居場所として子どもに安心感を与え、参加者間の情緒的交流を図っている。そうして子ども食堂には子ども自身が居場所や活動に対して期待を寄せ、子ども自身が積極的に参加している姿も見られており、子どもにも受け入れられた活動として、全国的な広がりを見せている。

なお、子ども食堂が相次いでオープンする背景として、大分県社会福祉協議会の資料では、① 子どもの欠食・孤食等の問題、② 子どもの食育・栄養バランスの不十分さ、③ 子どもの貧困問題の深刻化があるとされている。このことから子どもの多様な食に関する課題に対応したいという子ども食堂を企画する関係者側の意向が、子ども食堂の拡大に繋がっていると考えられる。

子ども食堂の運営主体としては、NPO法人や社会福祉法人等の法人格を持つ拠点、市民グループ等で法人格を有さない拠点、市町村が直営で運営する拠点、地域の児童館や公民館等が事業のひとつとして運営して拠点等もある。そして、子ども食堂の運営には地域住民等がボランティアで参画している事例が多い。開催頻度についても多様であり、毎日開設型の拠点から、数か月に1度程度開催する拠点等があり、最近では貧困対策として朝食を提供する拠点も登場している。そうして子ども食堂での参加者の受け入れについても、地域の子どもたちに広く開放して実施している拠点（オープン型〈参加解放型〉）や、貧困世帯や多様な課題を抱えた家庭の子どもたちに参加を限定して実施する拠点（クローズ型〈ケア型〉）、子どもに限定せず地域の高齢者や一般住民も利用可能とする拠点（コミュニティ型〈地域交流型〉）等の種類がある。

子ども食堂の設置数についての調査は、一部の都道府県や市町村で実施し公表されているが、国等による全国的な公的調査等は行われていない。なお、朝日新聞の2016年7月1日の記事によると、地域の子どもに無料もしくは安価で食事を提供する子ども食堂や同様の取り組みを行っている拠点は、2013年までに開設した拠点として21ヵ所あったものが、2016年5月末時点では少なくとも全国に319ヵ所あると報道している。また近年は、子ども食堂等の団体等をネットワーク化する動きがあり、ネットワークに加入する子ども食堂等の設置数は判明しているものの、全体的な拠点数は把握されていない。なお、一部の行政で公表している子ども食堂に関する調査のデータ等から見ると、前述の新聞記事以降も増加しており、子ども食堂の拠点が確認（把握）されていない市町村もあるものの、多くの自治体で実施されていることや、1市町村において複数個所で運営されているところも多いことが判明している。それらの数値や動向から少なくとも全国市区町村数の1741（2018年4月1日現在）程度は存在する可能性があるのではないかと推察される。

そうして子ども食堂は子どもに対する食事の提供のみでなく、食事やその前後の時間を利用した参加者同士の交流のほか、学習支援、子どもたちとスタッ

フが共に調理するプログラム、遊びやレクリエーションのプログラムを提供する拠点等も存在し、子どもたちの多様なニーズに応えられるように活動を展開する等、子どもの居場所としての機能が多く含まれており、子どもたちの姿からも参加者との交流を期待して参加している様子が広がっている。

なお、地域においては子ども食堂以外にも、民間団体や一部自治体により学習支援に特化して行うものや、子どもへのレクリエーションの提供を図るためにプレーパーク等も行われる等、各種の子どもの居場所活動が行われている。

(2) 児童館における子どもの居場所機能

子どもの居場所について、法制度化されてその役割を担っている１つの施設が、既述した児童館である。児童館は児童福祉法第40条に規定される児童厚生施設に位置づけられ、子どもに対して健全な遊びを与えることにより子どもの健康の増進することや情操をゆたかにすることを目的としている。児童館は2016年10月１日現在、全国に4637か所設置されている[7]。

なお、児童館の機能や現状と課題分析を行うため、2008年度に財団法人こども未来財団が児童関連サービス調査研究等事業として「これからの児童館のあり方についての調査研究」を実施した。この研究結果やその後の提言を受けて、児童館の運営や活動の基本的事項を示すことや、活動および運営の向上を図ることをねらいとして、厚生労働省は2011年に「児童館ガイドライン」を通知した。このガイドラインで児童館の活動内容として、「① 子どもが安心できる安全な居場所を提供すること」「② 子どもの自発的な活動を尊重し、必要に応じて援助すること」(第３章２節)と、児童館が子どもにとって安心・安全な居場所とする重要性が示されている[8]。なお児童館は、児童福祉施設であることもあり「② 家庭や友人関係等に悩みや問題を抱える子どもには、家庭や学校等と連絡をとり、適切な支援をし、児童館が安心できる居場所となるように配慮すること」(同８節)と、居場所支援だけではなく、様々な課題のある子どもについて家庭や学校等との連携を行いながら支援することが求められている。

第3節　地域における今後の子どもの居場所活動の構築に向けて

(1) 貧困対策としての子どもの居場所活動の限界と課題

　日本での子どもの居場所が進められてきた経緯を見ると、セツルメント活動以降の貧困課題への対応という流れと、児童厚生施設（児童館）等の子どもの健全育成の流れがある。一方で、2017年度現在、国は内閣府・文部科学省・厚生労働省の各省が、子どもの貧困対策に位置づけて子どもの居場所づくりに関する事業として自治体等への助成を実施している。当然、貧困状態にある子どもたちに対する居場所における支援の視点は必要である。しかし、子どもの居場所を貧困対策として偏り過ぎることとなれば、子どもの居場所は貧困状況にある子どもに限定され、それ以外の子どもには必要性がないと判断される懸念がある。また、貧困状況となる等子どもや子どもの家族が子どもの居場所を必要とする際に、居場所に集うことにより貧困状況にあると周囲からラベリングされることや偏見的まなざしで見られることの不安感が発生することや、子どもの居場所にアクセスすることについて抵抗を持つことも十分に考えられる。

　このことから、子どもの居場所の実施を子どもの貧困対策として傾倒させるのではなく、貧困課題等の課題の有無にかかわらず、子どもの権利条約にもある子どもの遊びの権利保障の視点を積極的に取り入れる等、多様な子どもたちに必要と捉えていくことが必要ではなかろうか。一方で、子どもの居場所として担うことのできる機能は子どもの生活課題への支援だけでなく多数含まれることから、その子どもの居場所として担う機能の位置づけを行うことも必要である。具体的には、子どもの居場所を実施して際には、現在子ども食堂の参加者受け入れ方法にあるような、オープン型（参加解放型）や、支援が必要な子どもに特化したクローズ型（ケア型）、多様な世代との関係性構築を意識したコミュニティ型（地域交流型）等を参考としてタイプ別に運用をする等、その子どもの居場所として位置づけを行うことが有効であると考えられる。

(2) 地域で子どもの居場所を支える視点の重要性

　ここまでの子どもの居場所の取り組みの整理から分かるように、子どもの居場所の活動展開は、行政が進める貧困対策としての実施や、児童福祉法下で実

施される児童館等の児童厚生施設のみでは十分ではなく、子ども食堂をはじめとした地域における民間活動等と組み合わせて実施していくことが必要である。

また、地域における民間活動の実施を考える際、例えば現在の子ども食堂活動の多くの拠点で、地域住民やボランティア等が子ども食堂に協力や参画することによって活動自体が成り立っている事例が多くあるように、地域住民やボランティア等の協力がなければ、子どもの居場所づくりに向けて展開することは困難である。このことから、地域住民等に子どもの居場所をはじめとした地域における子どもの生活支援に対する理解されるよう働きかけ、地域社会としてどのように子どもの居場所を支えていくのかを検討する必要がある。

そして別の視点から、子どもの居場所活動の目的の位置づけについての認識を明確にすることも重要である。つまり地域での子どもの居場所活動を実施することを目的化させるのではなく、地域の子どもの生活を支えるための1つの手段として子どもの居場所があることを本来の目的であることを押さえた上で、その目的を果たせるような総合的な機能を持つ子どもの居場所となる拠点づくりを進めていくことである。以上のことから、地域での子どもの居場所を支えていくためには、地域で子どもの生活を支えることについて協力できる地域住民やボランティア等の理解者を育成することが不可欠である。

おわりに

地域社会の人間関係の変容や、貧困をはじめ子どもの多様な生活課題が発生し続けているもあり、今後も子どものニーズや社会的要請として、子どもの居場所に対する期待は高まっていくと予測される。しかし生活課題対応だけでなく、子どもが安心して居場所を選択することができ、1人1人の子どもを受け止められるよう、子どもの居場所としての質の確保が必要ではなかろうか。

注
1）本章検討にあたり、以下の資料を参考に執筆した。西郷泰之『児童館の歴史と未来──児童館の実践概念に関する研究──』明石書店、2017年、72-85頁。社会保障審議会少子化対策特別部会「これからの児童館のあり方についての調査研究」第28回資料、2009年。鈴木一光ほか「児童館の活性化に関する調査研究」こども未来財団平成21年度

児童関連サービス調査研究等事業報告書2010年、23-49頁。吉田祐一郎「子ども食堂活動の意味と構成要素の検討に向けた一考察——地域における子どもを主体とした居場所づくりに向けて——」『四天王寺大学紀要』第62号、2016年、355-368頁。
2）松本伊智朗「子どもの貧困を考える視点　政策・実践と関わらせた議論を」『子どもの貧困白書』明石書店、2009年、12頁。
3）浅井春夫『子どもの貧困解決への道——実践と政策からのアプローチ——』自治体研究社、2017年、15頁。
4）厚生労働省「相対的貧困率の公表について」2009年。
5）大分県社会福祉協議会『子どもたちの居場所づくり手引き——子ども食堂を立ち上げるための必要なポイント——』2017年、1頁。
6）「『子ども食堂』全国に300カ所　開設急増、半数が無料」朝日新聞デジタル、2016年7月1日。
7）厚生労働省「平成28年社会福祉施設等調査結果」2017年。
8）厚生労働省「児童館ガイドライン」2011年。

第25章

当事者／支援者は「対等」になり得るか
―― 発達障害当事者会との連携を中心とした「舞台構築支援」の実践と役割葛藤 ――

はじめに

　専門職養成機関や支援現場で「当事者主体」の重要性が語られ、障害者ではなく同じ人間としてみること、支援者が当事者と対等に関わる意義が叫ばれ久しい。

　福祉専門職である支援者は当事者主体、対等であるべきという意識で職務にあたり、無意識の内に自分は達成できているという錯覚に陥る。その心地よい感覚をイメージできる方も多いのではないかと思う。しかし、対等の定義すらなされていない現状で、実現できるはずがないのではなかろうか。支援者の「自分は対等を心がけている」という意識が、皮肉にも、対等から遠ざかる一因になっているのではないかという疑問がある。

　筆者は、ソーシャルワーク、ケアワーク（保育士等）の仕事をしながら、「法制度に基づかない」社会活動として発達障害当事者会活動のバックアップを6年間行ってきた。月2回の定例会にはほぼ欠かさず参加している。定例会では支援機関で決して聞くことができない当事者の率直な本音が現れる。

　本章では、当事者と支援者の対等性が担保されない現状を直視し、以下の視点で検討する。

- 支援者と障害当事者との間で起こる「対等観の違い」と「対等感のずれ」
- 教科書等での理想とされている、障害当事者と支援者の対等な関係を構築する困難
- 社会システムそのものや、社会システムに伴う人々の思い込みにより対等を目指すことが制約されるメカニズム
- 困難を理解した上で、当事者と支援者の対等を目指す意義、実現可能性

以上をふまえて、当事者の困り感を低減させる支援の現場とは、別の枠組み、場所、観点で実施した「障害当事者と支援者の協働実践」を紹介し、筆者の現在の理解を記したい。

第1節　専門家主導支援の反省による「対等」への違和感

（1）パターナリズムによる専門家支配

　パターナリズムとは、父親がおろかなことをしがちな子どもの行動を本人の利益のために、本人に代わって意思決定を行うことを指す。医学モデルのような従来的な障害者観では、「障害」の原因は個人の機能障害に帰され、障害を乗り越えられない障害者を教え導くものが専門家、支援者であるという考え方が一般的であった。つまりソーシャルワーカー等の福祉の専門家である支援者は、当事者に代わって、当事者よりも本人の状態や利益について、より適切な判断を下すことができると考えられている第三者と社会的に見なされていた。[1]障害者は、いわゆる健常者より劣ったものとされ、福祉の専門家であるソーシャルワーカー等の支援者が当事者本人にとって望ましい生活を想定しそれに応じた支援を組み立てることが当然のように行われていた。「客観性」や「中立性」の名のもとで、専門家は、現在ある支配的な秩序を維持することに貢献してきた。[2]障害者福祉は社会政策的観点によって障害者の社会への統合を図ってきた側面もあり、特に労働市場に参入できないとみなされた障害者は、慈善的観点から施設入所のための「支援」がごく自然と行われていた。その結果、行政と専門家と称される支援者等による管理・抑圧システムが確立され、社会的に正当化されてきたのである。

（2）障害当事者の主体性と自己決定の尊重

　専門家主導で構築された管理抑圧システムによってなされる社会的統合に対し、異議申し立てを行ってきたのが「自立生活運動」等に代表される障害者運動である。日本において先駆的な障害者運動を展開してきた脳性マヒ者の当事者団体である「青い芝の会」の倫理綱領には、[3]「強烈な自己主張」「愛と正義の否定」「問題解決の路を選ばない」とあり、いわゆる健常者が抱いてきたあるべき障害者像を様々な実力行使によって覆すことを試みてきた。障害者運動の延長線上には、全国自立生活センターが設立され、障害者自らが福祉サービ

をコントロールする事業体として運営され、慈善による支援、社会政策的な効率性への批判を展開し続けている。また、当時19歳の浪人生柳生茂男（以下、Y）の両親から相談をうけた保健所精神衛生相談員の判断で強制入院が行われた事例を、Y本人が1973年4月6日第9回PSW協会（筆者注・日本精神医学ソーシャルワーカー協会（当時））全国大会の席上で、同じ被害者を出さぬようPSWの実践を厳しく見つめ直してほしいと告発した「Y問題」では、PSWの基本的姿勢が問われたことを契機に、自らの専門性を反省的に見直すなかで倫理綱領制定の必要性が認識されるに至った。

障害者運動をきっかけに障害者支援における当事者主体・自己決定の尊重が重要とされるようになっていく。知的障害者運動団体である「ピープルファースト」のスローガン「私たちの事を私たち抜きできめるな」があらわすように、障害者は1人の人間であり、支援者は障害者の主体的な生活を対等に応援する存在になっていったのである。

（3）「支援の対等性」という概念が孕む矛盾

当事者主体、対等な関係性が障害者支援の理想像だという専門職教育を、自分を担当する支援者が受けたと知っている障害当事者も増えている。一方、実際の支援の現場で対等ではないと感じる障害当事者も少なからず存在する。筆者が関わる発達障害当事者会において、「支援者と当事者は対等であると思うか」との問いに対して、「対等ではない」と答えたメンバーが具体的に対等ではないと感じる場面について纏めたものが表25−1である。支援者側が当事者に対等に接する意識を持ったとしても、当事者側がそれを実感するのは難しく、「対等になれるはずがない」と断言する当事者も少なくない。三野宏治は専門職者の行動指針である倫理綱領で謳われている「クライエントに対する責務：自己決定の尊重」と「対等性」が持つ多義的な意味合いにより議論がかみ合わない状況が生じることを指摘している。今日の障害福祉サービスは行政による一方的な「措置」から合意による「契約」に制度がかわり、当事者が自分にとってよりよい支援を選択できるという仕組みになったことにより、福祉サービスの提供者・消費者としての対等性は担保されるようになった。また、社会福祉士をはじめとした福祉専門職の養成や研修の場では、事あるごとに、当事者主体による自己決定の尊重の重要性に触れる機会がある。障害当事者と支援者は対等であるべきであり、それを目指していくという共通認識が醸成さ

表25-1　支援者との対等観に関する発達障害当事者会での当事者の声

	対等ではないと感じた瞬間	背景・備考
言葉遣い	・社会適応の不備を指摘する発言。 ・失敗を何度も指摘する発言。 ・子どもと接するような言葉遣い。 ・能力が優れているかのような発言。	よりよい就労支援を行うには必要だと思われる指摘内容も多い。
態度	・見下した目つき、言葉のトーン。 ・接するときの仕草。	支援者が実際にどう思っているかという判断は難しい。
支援内容	・望んでいない支援を強要された。 ・必要と感じない支援を提案された。 ・自分にとってできて当たり前のことをわざとらしく賞賛された。	強制ではなく、提案された時点で、上下関係を感じることもある。
親密度合	・食事等の誘いを何度も断られる。 ・フレンドリーな会話をしてくれない。	専門職倫理による対人距離や制度等の枠組みの制約。
情報格差	・支援情報に関する情報量や活用できる社会資源の格差を感じたとき。	障害特性だけでなく、肩書等の社会的立場も影響
経済格差	・支援員の給料額を知ったとき。	努力しても対価が少ないという感情。
社会的な立場	・行政の会議や研究発表等、社会的に脚光を浴びる場面を目撃したとき。 ・障害者支援の事例検討を研修等で扱っていると知ったとき。	特に支援において活躍しているとの触れ込みに強く劣等感を抱きやすい。

出典：筆者作成。

れている。しかし、「対等であると困る」「対等であると専門家の意味がない」「看板を上げている時点で対等ではない」等の障害当事者の意見も存在する[7]。「対等性」という言葉の持つ多様な意味合いがこのような認識のずれを生じさせていると考えられる。

第2節　発達障害当事者会の活動から見る支援者の課題

(1) 発達障害当事者会の活動支援実践から見える課題

熊本県発達障害当事者会 Little bit は支援機関や親の会等に属さず当事者が意思決定する団体であり、以下のような活動を行っている（図25-1）。2011年の設立から毎月2回、テーマトークを中心にした定例会を開催しているが、そこでは支援者に気を遣わずに済む環境や、発達障害者のミーティングに参加への意欲を妨げる、社会的障壁の低減を考慮したルールや枠組みがある[8]。普段の

熊本県発達障害当事者会
Little bit
【活動内容案内】

■**定例会を月に２回、開催（リルビットサロン）。**
・日祝日昼間と平日夜間の定例会（ミーティング）

■**参加者企画型イベント（レクリエーション等）を実施**
・参加者がメンバーと一緒にやってみたいことを
・夜桜界・カフェ巡りツアー、動植物園ツアー、
・AKYカラオケ大会、インスタント食品談義等を実施

■**市民交流事業（カミングデー）を定期的に開催。**
・年に２〜３回、当事者・家族・支援者・教育者等が集う講演会やワークショップを実施。

■**広域交流事業（ツアー・歓迎例会）の企画**
・他地域の当事者会に参加するツアー
・他の当事者会関係者の招待等の広域交流。

■**ワークショップの開催**
・「支援者」「当事者」「家族」が「対等」な目線で交流できる、コミュニケーションワークショップを実施。

■**発達障害当事者による講演・研修のプロデュース**
・専門職だけでなく、当事者会で研修を企画し、共同講師となる。
・講演やグループワーク等を組み合わせて、発達障害理解の新しい視点や横のつながりを作る（福祉・教育機関、親の会等での研修実績）。

図25−1　Little bit の活動内容
出典：熊本県発達障害当事者会 Little bit のリーフレットより抜粋。

生活では定型発達者向けにカスタマイズした言動をする等、「定型発達者に擬態している」当事者も、当事者会では自分の感性で紡ぐ言葉で語ること、または自分本来の感性を取り戻そうとする場になり得る。更に他の当事者の言葉に触発され、支援機関では発することができない率直な思いが表出することがある。「発達障害のことをわかっていない」「他の障害には配慮するのに、発達障害の特性は甘えとされて、スキルでの解決が必要と言われる」等、支援者に対する疑念や批判、支援を受ける苦悩も語られ、支援機関や支援者に対する問題提起の重要な場になっている。「支援者に嫌われたらおしまいだから、支援機関ではとてもこんなことは言えない」との声もあり、このような当事者の率直な思いを支援者が知る機会が少ないことがうかがわれる。

(2) 当事者が持つ支援者への違和感

　発達障害当事者会で語られる障害当事者の言葉は、支援者の立場からすれば、当事者からのそのような見方は一面的だと感じるかもしれない。しかし、
　社会福祉士で障害者支援の経験をし、後に発達障害と診断されたある当事者は、「(当事者主体という) 言葉そのものはきれいな言葉で、支援者をしている頃はそれを当然のように目指していました。でも実際どう実践するのかは教科書に書かれていない、誰も教えてくれない。実際に当事者本人と『出会って』模索していくしか方法はなかったのです」と支援者が当事者会で表出される率直な本音を受け止めていく必要性を述べている。当事者会では、「本音がしっかりと受け止められた」という実感を持った経験がない当事者が多くいることも示唆される。筆者の印象に残った当事者の言葉の1つに「インクルージョンという言葉があるということは社会の外側があるということを表している。インクルージョンの考え方そのものが排除の考え方を生み出しているのではないか」というものがある。「当事者主体」も、少なくとも当事者にとっては、当事者が主体的にならない場の存在を意味している。支援者は、接する当事者の主体性を自らが奪っているのではないかという疑いを持ち続ける必要がある。当事者主体とは、目の前にいる相手の主体性とは何かを考えることとも言えるのではないか。

(3) 当事者と支援者が支援する／される者という場面以外で関わる実践

　では、支援する、されるという関係性から内面化される意識から生じる課題を解決するにはどのような方法があるのだろうか考察したい。発達障害当事者会のメンバーで「支援機関には二度と関わりたくない」と発言していた発達障害当事者が「一度でいいから音楽ライブをやってみたい」とつぶやいた。当事者会で披露した彼が作詞作曲をしたオリジナルソングは強いメッセージ性があり、他のメンバーを魅了する曲であった。そこで筆者が音楽に関心がある当事者や支援者を中心に「ライブの開催を手伝ってほしい」と呼びかけたところ、ある当事者はチラシを作成し、また別の当事者はインターネットの申込フォームを作り、支援者が会場の予約や司会者を引き受け、各々役割分担して準備し、ライブを開催した。後に彼は、「支援者って、上から目線で偉そうな人間ばかりと思っていました。こんな支援者もいるんですね。他の当事者もこんな得意なことを隠し持っていたんですね」とうれしそうに述べた。彼の支援者に

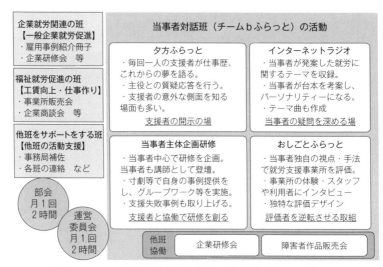

図25-2　A市障害者自立支援協議会就労部会の位置づけ

対するにイメージが大きく変わった出来事だったようだ。

　この事例から、障害当事者と支援者が支援機関とは別の枠組みで関わる場創りの意義を筆者は感じ始め、A市障害者自立支援協議会就労部会（図25-2）で模索しはじめた。筆者は、就労部会が障害者のよりよい就労支援を考える場として設定されているのにもかかわらず、行政と支援者だけで事例検討会をすることに違和感を持ち「支援者と当事者と家族が対等に対話する機会、当事者と共に事例検討を行うこと」を提案し、障害当事者が事例検討班に参加。「就労継続支援A型への道のり」と題した資料作りに大きな貢献をした結果、障害当事者と支援者が共通の目標を掲げた取り組みをする「当事者対話班」の設置が認められた。当事者参加のリスクにとらわれず、当事者の力を活かす意味を実感したところも大きかったのだと思われる。

第3節　当事者／支援者という属性による無自覚な混乱、葛藤と可能性

（1）共通目標に向かう協働で見えてきたもの

　就労部会当事者対話班の活動は、当事者と支援者の新たな関係性を築く一歩

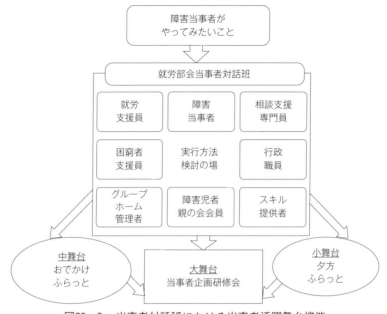

図25-3　当事者対話班における当事者活躍舞台機能
出典：筆者作成。

になった。「支援者もスーパーマンじゃないんだね」という参加当事者の発言は、支援者である前に一人の人間であるという理解を示している。図25-3にあらわした障害当事者が活躍できる舞台様々な協働作業や夕方ふらっと等の取り組みを通して、普段見ている支援者の別の側面、特に「人間くささ」を感じることにより、支援者や支援のあり方についての当事者側の視野の広がりや、認識の深まりにつながっている。

　支援者側も、当事者の可能性を対等に体感する場になっている（図25-4）。就労部会への参加がきっかけで、一般就労にこだわり、支援機関の利用にためらいがあった当事者が就労移行支援の利用につながるという事例もあった。

（2）当事者へのまなざしと支援者への役割期待の変化

　支援機関でのみ支援者と関わってきた障害当事者は支援者に対し、「自分より能力が優れ、教え導くべき人」という役割期待があった。社会適応という目標を達成するためには、専門家と見なされる支援者の善意に頼らざるを得ないという認識になりがちで、暗黙の上下関係が生じる場面が多い。しかし、就労

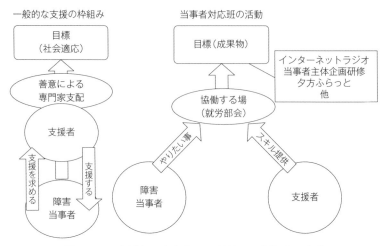

図25-4　支援者と当事者の関係性・役割期待の変化
出典：筆者作成。

部会当事者対話班で支援者との協働する場を継続的に共有した結果、それぞれの持ち味をお互いが知り、役割分担をし、成果物を創るためのパートナーであるという意識が芽生え始めている。当初は支援者に対して警戒する雰囲気もあった当事者の「私は働く意欲すらないのに就労部会に行くなんてと思っていたけれど、今は大丈夫になった。何でもオーケーではなく、意見が取り入れられないこともあるけど、失敗しても、ここでは穏やかな対話を通していろいろなアイデアを得られて、練り直せばいいからまた頑張ろうと思える」という生き生きとした声は「失敗しても、もう一度自分なりの試行錯誤が安心してできる場」になり、協働する場を媒介として、既存の支援する／されるという関係性が変化しつつあるのである（図25-4）。

（3）舞台構築支援の必要性と課題

就労部会当事者対話班は、障害当事者の問題性を修正する場ではなく、すでに持っている力を他の力と組み合わせて、具体的な活躍できるように工夫する場になっている。一方的に支える／支えられるという固定的な関係性が想起される従来型の「支援者」だけでなく、困り感の改善という視点で見逃されてきた障害当事者のユニークな個性・多様性を活かすためのコンサルティングやプ

ロデュースの視点を意識しながら活動している。八巻は現在求められている支援者像として、一方的に指示・指導する権威者ではなく、また障害当事者の要望にひたすら従う手足でもなく、課題を共に考え、共通の目標を設定し、協働するカウンターパートとしての関係を築くことができる人、そのための知識や技術を駆使できる人と述べているが、支援者が支援機関という制度に縛られずにすむ、当事者と支援者の多様な「協働の場」を地域で創っていくことが重要であろう。

おわりに

これからの支援者は障害当事者の困っていることを支援するという視点だけではなく、社会的な抑圧から、制約されてきた「当事者が本当にやりたいこと」を応援し、協働をするための場を創るための条件整備を考えるべきである。そして、今後は当事者・支援者双方が主体的にやってみたいこと、その過程を楽しむことを通して、それぞれの得意なことを活かし、苦手なことをカバーしあう関係性を作る「場」「枠組み」を地域に多く創ることが必要である。障害当事者はその力を社会的に抑圧されてきた。今からは社会的弱者と見なされてきた者の本来の力を活かすためのコミュニティーソーシャルワークとソーシャルアクションが重要になってくるであろう。

注

1）中西正司・上野千鶴子『当事者主権』岩波新書 新赤版（860）、岩波書店、2003年、13頁。
2）同上、17頁。
3）横田弘『障害者殺しの思想』JCA出版、1979年、114頁。
4）桐原尚之「『Y問題』における被害事実と運動方針――Y君は何と闘ったか――」『立命館人間科学研究』第29号、2014年、49-63頁。
5）松岡克尚「精神保健福祉士の専門性」日本精神保健福祉士養成校協会『新・精神保健福祉士養成講座４――精神保健福祉論――』中央法規 2009年、217頁。
6）三野宏治「精神障害当事者と支援者との障害者施設における対等性についての研究――当事者と専門家へのグループインタビューをもとに――」『立命館人間科学研究』第22号、2011年、7-18頁。
7）同上、11頁。

8）発達障害当事者にありがちな感覚過敏や特有のコミュニケーション特性を考慮し、物理的環境だけでなく、理念やルールを明示する等の工夫をしている。
9）いわゆる「健常者」のことを発達障害当事者が呼称する表現。
10）山田裕一「『舞台提供型双方向支援』の可能性」伊藤良高編著『第2版　教育と福祉の課題』晃洋書房、2017年、213-223頁。
11）同上書、213-223頁。
12）八巻知香子「障害者の当事者性と支援者の専門性を考える」『保健医療社会学論集』第24巻2号、2014年、16頁。

第26章

ソーシャルワーカーに対する期待と養成教育の課題

はじめに

　ソーシャルワーカー（以下、SWと略）としての社会福祉士の養成が開始されて約30年が経過した。近年では、毎年1万2000人程の国家資格取得者が誕生し、登録者数は約20万人（2017年現在）に達している。十分な数字とは言い難いが、この間で多様な実践現場にSWの姿が見られるようになったのは事実である。しかしながら、日々の生活や社会全体において、SWはどれだけ期待・信頼される存在になり、社会的認知度を高めることができたのであろうか。

　社会保障審議会福祉部会は2007年の社会福祉士養成カリキュラム改正時において、社会福祉士制度や養成教育の課題として社会福祉士の社会的認知度や実践力の低さを課題としてあげている。そのうえで社会福祉士の定義の見直しをはじめとした、養成カリキュラムの大幅な見直しを行ったが、それから10年が経過し、SW及び養成教育は大きな転換期を迎えている。

　私たちの生活を取り巻く環境は日々良くも悪くも変化し、近年の天災による新たな生活課題等、生きづらさを生み出す要因は単純なものばかりではない。むしろ、誰かの支援を必要とするものは、多様化し複合的である。

　国家資格の制定以前より、SWは目の前の生きづらさを抱えた人々に対し実践を重ねてきた。ところが、国家資格制定以降、実践現場に社会福祉士資格所持者は確実に増加してはいるものの、職域の拡大には結びついておらず、むしろ非常に厳しい現状にある。顕在化した、さらには潜在的な生活課題や地域課題に対し、専門的対応を期待されていたはずのSWであるが、その現状からは期待されたSWの養成にむすびついているとは考えにくい。

　これらのことは社会福祉士養成の中心を担う大学等における養成教育そのものや、教員の質にも疑問を投げかけられることになると考えられる。

本章では、先行研究と国家資格成立や見直しに向けた資料を用いて、社会福祉士国家資格の成立から、2007年の改正、そして現在の改正に向けた動向を概観し、SW養成に対する期待とそれに応えるための養成教育の課題について検討を試みることを目的とする。

第1節　ソーシャルワーカーに対する期待

(1) 国家資格成立時におけるソーシャルワーカーへの期待

周知のことではあるが、SWとしての社会福祉士国家資格が誕生する以前においても、SWの養成教育や専門職としての資格が存在していなかったわけではない。1921年の東洋大学、日本女子大学校（現日本女子大学）における社会事業の学部・学科の創設にはじまり、社会福祉実践を担う人材の養成が大学にて取り組まれていた。同時に、1955年には日本社会事業学校連盟（現日本ソーシャルワーク教育学校連盟）の結成、1960年に日本ソーシャルワーカー協会が設立されている。日本社会事業学校連盟（当時）はその後、社会福祉教育に多大な影響を及ぼすと共に、実習教育に関しても先駆的に取り組んでいくことになる。

また、1951年には、社会福祉事業法制定に伴い、社会福祉主事が規定される。社会福祉主事は行政機関において働くための資格として、現在に至るまでその役割を果たしている。しかし、社会福祉主事は、「いわゆる三科目主事（厚生労働大臣が定める科目を三科目履修すれば任用される主事資格）として、必ずしも専門職として高い評価が得られてはいなかった[2]」。

このような養成教育や資格が存在する現状のなか、1971年の「社会福祉士法制定試案」の撤回等を経て、1987年に「社会福祉士及び介護福祉士法」（以下社会福祉士法）が成立した。社会福祉士法成立の背景として、京極高宣は、「シルバーサービスなどの民間の福祉産業が非常に活発化してきたこと」、「1986年8月に開催された第23回国際社会福祉会議がそのプレッシャーになったともいわれている[3]」をあげ、相澤譲治は、これらに加え「わが国の人口構造の変化（高齢化社会の到来）、家族機能の脆弱化、現行の『社会福祉主事』資格の低レベル性[4]」をあげている。

このような時代背景や社会変化のなかで、社会福祉士法の成立は「その内容に関する不備や議論の余地はあるものの、専門職化に向けての重要な一歩[5]」となり、「これは社会福祉に従事する者の待遇条件の改善ばかりでなく、利用者

の処遇向上につながるものである。社会的評価を得るためにも専門職化は、必要なことであったのである」[6]。

つまり、少子高齢化をはじめとした社会の変化のなかで、そこから生じた新たなニーズに対応できる専門職として期待された社会福祉士であったが、社会福祉士法成立時は、国家資格化に尽力してきた関係者や社会福祉実践にかかわる者からの、専門職としての社会的認知度の向上や処遇改善への期待が強かったと考えられる。

（2）2007年改正時におけるソーシャルワーカーへの期待

社会福祉士法成立から約20年が経過した2006年12月に、社会保障審議会福祉部会は「介護福祉士制度及び社会福祉士制度の在り方に関する意見」において、社会福祉士制度及び社会福祉士養成の課題を次のように示した[7]。

まず、「社会福祉士制度の課題」として、①（そもそも国民にとって社会福祉士の活動が見えにくく）社会的認知度が低い、② 高い実践力を有する社会福祉士が養成されていない、③ 資格取得後のOJTの仕組みのほか、能力開発やキャリアアップを支援するための研修体系等の整備が進んでいない。「社会福祉士養成の課題」としては、① 教育カリキュラムが社会福祉士を取り巻く状況の変化を反映していない、② 求められる技能を修得することができるような実習内容になっていない、③ 福祉系大学等の教育内容等は大学等の裁量にゆだねられることから、教育内容等にばらつきがみられる、の6点であった。

これらをふまえ、社会福祉士制度としては定義や義務規定等の見直し、社会福祉士の養成においては、時代の変化に応じた新たな科目の設定をはじめ、演習・実習に関する教員や指導者の要件を定める等、大幅な改正を行うこととなった。

また、養成教育における当時の改正のポイントは「実践力」の獲得であったと考えられる。川上富雄は、社会的評価を高めるためにはこの実践力を実践のなかで証明する必要があるとし、それは「社会福祉士として働きだした時点で一定の力量を発揮できることでもあり」[8]、その実践力の担保は、「養成校を卒業して国家試験を受ける段階で、技能の習得については一定水準の実践ができるようになっているという前提がある」[9]としている。

この20年の間で、養成校も増加し、国家資格取得者も増加することで、専門職としての評価と同時に社会的認知度も高めることが期待されたが、結果とし

て意見書の指摘のように社会福祉士自体が見えにくく、専門職としての力量を実践のなかで示す「実践力」を有した社会福祉士を輩出できていなかったということである。

2000年の社会福祉基礎構造改革に伴う措置制度から契約制度への利用制度の転換は介護保険の施行とも相まって、サービス利用者の権利意識を高めるとともに多様で複雑なニーズを生み出すことになった。SWはこれらのニーズに対し専門職としての対応を期待されたが、結果としては当時の改正の背景にもあるように、その期待に応えられるだけの「実践力」を備えたSWの養成は十分にできていなっかたと考えられる。

第2節　ソーシャルワーカー養成教育の現状と見直しの方向性

(1) ソーシャルワーカー養成教育の現状

2007年の大幅な改正、経過措置期間を経て、2009年度から各養成校は現在のカリキュラムにおいてSW養成に取り組んでいる。改正内容としては、「実践力」の高い社会福祉士を養成する観点から、社会福祉を取り巻く状況の変化に対応し、求められる役割を果たすために必要な知識と技術を身につけるための教育内容とされた。

実習・演習に関しては、各養成校間の教育内容のばらつきが指摘されていたこともあり、今回の改正においていくつかの基準が設けられることとなった。まず、実習・演習担当教員および実習指導者には要件が定められた。また、実習・演習において1人の教員が担当できる学生数は20人以下とし、実習指導者が一度に担当できる学生数は5人以下とされた。その他にも、巡回指導や同一施設での実習時間数等の基準が定められたことにより、養成校間における教育内容の共通化が図られることとなった。

新たな養成カリキュラム（以下、新カリキュラム）において、大学に対しても多くの縛りを掛けたことにより、養成校間の教育内容のばらつきは一定程度解消されたと考えられる。さらに、実習に目を向けてみると、ようやくSWとしての社会福祉士の実習を社会福祉士が指導する体制が整った意味は大きかったといえる。実習指導者には必ず厚生労働省が定めた基準を満たす講習会を課したことも、SWとしての実習内容の強化・充実につながったと考えられる。

しかしながら、2007年の改正以降、「実践力」を身につけたSWを養成校は

輩出できているのか問われると、自信をもって答えることは難しい。新カリキュラムにおける養成教育の共通化は、極端な言い方をすれば同じ養成教育を経験させたにすぎず、国家試験受験資格を得るための教育へと偏ったものになっている可能性も否定できない。

　ただし、このことは、決して養成校の教員や実習先の指導者、そしてカリキュラムといった研究・教育側だけの問題ではない。養成校に入学する学生の現状とも関係していると考えられる。ここで詳細を述べることはしないが、必ずしもSWを目指していない学生に対して、特に実習・演習教育を行うことは容易ではない。社会福祉士法成立後に、津崎哲夫が指摘したように、「ソーシャルワーク職を志望しない学生をも包含許容する教育（特に実習教育）は、専門職教育でありえない」とし、SW以外の就職を目指す学生は実習に行かせない、この点は断じて妥協すべきでないとしている。

　「実践力」を身につけたSWの養成のためにも、各養成校が強い思いをもって津崎の指摘のように実習だけでなく、養成教育に取り組むことも必要と考えられる。しかし、18歳人口の減少による入学者の確保や大学経営の問題とも絡み、単純に答えを出すのは難しい。

　養成教育全体の現状を捉えたわけではないが、以上のような現状のなかで各養成校や実践現場、そして関係団体等が、「実践力」を身につけたSWの養成を可能とするため、さまざまな葛藤と課題を抱えながらも、日々研究・教育や実践を重ねている段階にあるといえるだろう。

（2）求められるソーシャルワーカーと養成カリキュラム見直しの方向性

　2007年の改正から10年が経過し、厚生労働省は「地域共生社会」の実現にむけ、SWの今後さらに必要となる能力を高めるため、養成教育カリキュラム見直しの方針を固めた。2018年現在、見直しの方向性がまとめられ、今後の具体的な議論を経て、2020年度からの導入が計画されている。

　見直しの方向性については、社会保障審議会福祉部会福祉人材確保専門委員会（以下、委員会）を立ち上げ、2017年12月から5回にわたり議論を重ね、2018年3月には「ソーシャルワーク専門職である社会福祉士に求められる役割等について」をまとめた。そこに示された求められるSWおよび養成カリキュラム見直しの方向性について簡単にではあるが整理をしておく。

　まず、今後のSWは「地域共生社会の実現」に資することが求められてい

る。そして、社会福祉士が担う今後の主な役割としては、① 複合化・複雑化した課題を受け止める多機関の協働による包括的な相談支援体制や、② 地域住民等が主体的に地域課題を把握して解決を試みる体制の構築を進めていくこと、が求められており、それらの体制の構築を推進していくに当たっては社会福祉士がソーシャルワークの機能を発揮することが期待されている。そして、この役割を果たすために必要となるSWとしての実践能力を習得できる教育内容とすべきであるとしている。

具体的には、個人及び世帯が抱える課題への支援を中心とした分野横断的・業種横断的な関係者との関係形成や協働体制を構築し、それぞれの強みを発見して活用するとともに、中核的な役割を担うことができる能力。また、ソーシャルワークの基本を習得することを土台として幅広い社会福祉ニーズに対応できるようにするための実践能力である。

実習・演習に関しては、実習時間数の増加や実習先施設の拡大、さまざまな実習地域での実習を可能とする実習指導の見直しのほか、実習演習担当教員・指導者講習の見直し等が検討されている。

第3節　求められるソーシャルワーカーと養成教育の課題

（1）求められるソーシャルワーカー像

ここまで、国家資格成立から2007年の改正、そして養成教育の現状と現在の改正に向けた動向を概観してきたが、結果としてソーシャルワーカーは社会から期待され、求められているのであろうか。

ここまでの内容から考えると、SWは求められる存在となるための更なる努力が必要といえるだろう。社会の変化と共に生まれる新たな生活課題やニーズに対して、専門的な対応を可能とするSWを十分には養成できてはいなかったと考えられるが、当然何もできていないわけではない。そして期待に応える実践を行っているSWも多くいるはずである。ただし、それらが社会のなかで必要な人々に対して具体的に見えてこないために、これまでの指摘にあるような評価のなかで、養成教育等の見直しに取り組む必要が出てくる。

では、なぜSWとして評価される実践が見えてこないのだろうか。その要因として、川上は「ソーシャルワーカーが対象とする生活問題のアセスメントの枠組みも未だ構築されておらず、『価値』『知識』『技術』が重要といいなが

ら、その具体的中身が実践と関連づけられて示されている研究は僅かであり、共通認識化され教授されてもいない」と指摘している。そして、専門職としての評価を高めるためにも、「社会福祉士自身が自らの実践現場の中でソーシャルワークを『見える化』していかなければならないし、経験主義や属人主義を脱し、伝達可能な『実践の科学化』を図る必要もある」としている。

2018年２月15日開催の第13回の社会保障審議会福祉部会福祉人材確保専門委員会のなかでも、SW が今後求められる役割を果たしていくために、社会福祉士が果たしている役割や成果の「見える化」を図り、国民や関係者の理解を促進するとしている。

つまり、SW とはそもそも何者であるかを明確に示す必要がある。それは、時代や社会状況の変化、そして国の政策等によって変わる SW 像ではなく、普遍的な SW 像である。SW としての実践における基盤となる専門性を「見える」こともそうであるが、誰にでも「分かる」ように示すことが必要だと考える。

（２）ソーシャルワーカー養成教育の課題

上述のように、SW とは何者であるのかが明確でないとしたならば、現在非常にあいまいな形で養成教育は取り組まれていることになる。実際に学生の SW に対する認識や考え方をみても思い当たるところは多い。しかし、これらが明らかになるまで養成教育を止めるというわけにはいかない。現在示されている教育内容のなかで、学生が理解できるように試行錯誤して伝えていかなければならないが、どうしても教員によって SW 像の伝達は異なるところもある。

そのような状況のなかでも、SW としての専門性の何をどのようにして獲得させていくのかを考えなければならない。そしてそれは、SW の基盤であり、国家資格成立以前から現在に至るまで変わることなく SW の実践を支えてきた価値であると考える。人々の生活における多様な生きづらさのなかで権利を護り、貧困、孤立、排除等のない、自由、平等、共生に基づく社会正義を目指す SW としての価値を身につけることができる養成教育が求められてるのではないだろうか。

SW が対象とする人々や課題は、当然ながら個別的である。だからといって、個人の主観的な権利やニーズをなんでも許容するわけではなく、個別的な課題を専門的な判断に応じて、SW の機能や技術を用いて支援する。そのため

には、課題を解決するための答えのみを学ぶだけはなく、SW の価値に基づいた最善の方法を導くための過程（process）を、学生たちが実感をもって身につけられる養成教育でなければならない。

そのためには、当たり前のことであるが、人生の複雑さや多様性を知ること、積み上げてきた日本の文化や地域の歴史を学ぶことも含まれる。生きづらさを抱える人々が守りたい権利や正義は、SW 自身の価値により決められるものではなく、専門的基盤としての価値により判断される。だからこそ、支援の過程で考え、悩み、葛藤し、ゆらぎのなかで方向性を導き出さなければならない。

SW が支援の先に求めるものは、誰にでもわかりやすい変化や、喜ばれる結果ばかりではない。誰のためのゴールなのかは支援のなかでは見えてこないこともある。満足できる結果であったのかどうかは、その人の人生の終わりにしか分からないことなのかもしれない。SW の養成において、このはっきりとは分からない、しかしながら確固たる価値を基盤とした過程を積み上げることができる養成教育を座学・演習・実習さらには養成機関の独自性のなかで取り組んでいかなければならない。

現在の見直しにおいて、実習時間数の増加や教員要件の見直し等の検討が進められており、現状に即した変化は当然必要である。しかしながら、同時に教員は研究者として日々の実践のなかにあるソーシャルワーク実践を現場の SW とともにきちんと整理し、ないものはない、あるのであればわかりやすく示していくことが必要であり、ないところにはいかにしてソーシャルワークを見出していくのか、今まさに SW の必要性が問われているときにこそ必要な取り組みであると考えられる。そして、このような取り組みを養成教育のなかで伝えていく必要がある。

まずは、学生、教員、現場 SW が SW とは何者であるのかを十分に理解することが、社会的認知を高めると同時に、期待される SW 養成教育の実現へとつながっていくのではないだろうか。

おわりに

今回 SW 及び養成教育に対して非常に批判的に述べてきた。しかし、それは自らが取り組んできた教育や研究に対しての自戒であり、今後の SW に対する期待を込めての指摘である。現在の社会において、間違いなく SW は必

要な存在であり、魅力的な実践を行っている SW は多い。しかし、その姿が見えにくいのもまた事実である。社会からの期待に応え、求められる存在であるために、「見える」そして、必要な人にこそ「分かる」SW 像を明らかにしていかなければならない。

注

1）厚生労働省「社会福祉士登録者数の推移」2017年（http://www.mhlw.go.jp/stf/seisakunitsuite/bunya/hukushi_kaigo/seikatsuhogo/shakai-kaigo-fukushi 1 /shakai-kaigo-fukushi 3 .html.、2018年 2 月 1 日最終確認）。

2）京極高宣『新版 日本の福祉士制度──日本ソーシャルワーク史序説──』中央法規出版、1992年、25頁。

3）京極前掲書、26頁。

4）相澤譲治「社会福祉士及び介護福祉士法成立の背景と課題〔Ⅰ〕：本福祉士法成立の社会的背景」『平安女学院短期大学紀要』第21巻、1990年、48頁。

5）相澤譲治「社会福祉士及び介護福祉士法成立の背景と課題〔Ⅱ〕：本福祉士法成立の政策的背景と課題」『平安女学院短期大学紀要』第22巻、1991年、68頁。

6）同上、69頁。

7）社会保障審議会福祉部会「介護福祉士及び社会福祉士制度の在り方に関する意見」2006年（http://www.mhlw.go.jp/shingi/2006/12/s1212-4.html.、2018年 3 月21日最終確認）。

8）川上富雄「社会福祉士制度改正後の相談援助実習の課題と展望」『駒澤大學文學部研究紀要』第70号、2012年、137頁。

9）同上。

10）津崎哲夫「ソーシャルワークの実習教育をめぐる基本問題」『ソーシャルワーク研究』第15巻第 1 号、5 頁。

11）社会保障審議会福祉部会福祉人材確保委員会「ソーシャルワーク専門職である社会福祉士に求められる役割等について」2018年（http://www.mhlw.go.jp/stf/shingi2/0000199561.html、2018年 4 月 7 日最終確認）。

12）川上前掲書、140頁。

13）同上、166頁。

14）社会保障審議会福祉部会福祉人材確保委員会「ソーシャルワーク専門職である社会福祉士に求められる役割等について」（資料 1 ）2018年（www.mhlw.go.jp/file/05-Shingikai.../0000158094.pdf、2018年 3 月11日最終確認）。

第27章

地域包括支援センターとコミュニティスーパービジョン

はじめに
──研究の背景──

　日本における地域包括支援センターは2006年、公的介護保険制度下に地域における総合的マネジメントを担う中核機関として創設された。2010年、厚生労働省（以下、厚労省）「地域包括ケア研究会報告書──今後の検討のための論点整理──」において地域包括ケアシステムの構築体制のビジョンが提案され、地域包括支援センターは地域活動を計画・実施、あるいは後方支援をすることによって地域のネットワークを構築し、地域支援を担うコミュニティワークの中核的な機関へと移行していった。さらに2017年に厚労省「新たな時代に対応した福祉の提供ビジョン」においては「全世代・全対象型地域包括支援体制」の構築が提唱された。これにより地域包括支援センター主任ケアマネジャーが担うスーパービジョンの対象を、その地域へと拡大したコミュニティスーパービジョンへの転換を示唆するものであった。本章では地域包括支援センターが担うコミュニティスーパービジョンのあり方（機能と特質）をソーシャルワーク理論と関連づけながら俯瞰的に論考した。

第1節　地域包括ケアシステムの動向

（1）ケアマネジメントと地域包括ケアの概念

　ケアマネジメントの萌芽は1960年代のアメリカにおける福祉サービスを中心とした諸施策の発展のなかに見いだすことができる。多様なニーズ複数の生活課題を抱える人（以下、クライアント[1]）に対する諸サービス間でのコーディネーションの改善とともに、各種の社会資源をクライアントの元に調達すること、

クライアントがサービスを有効に活用しながら自立生活を実現できるよう責任をもつことを期待された「システムの代理人」と称される「ケースマネージャー」の存在が求められたことが、その背景にある。その後、ケアマネジメントは精神しょうがい者を中心とした脱施設化運動に伴い発展し、コミュニティケアにおけるニーズを導き出し長期的なケアを必要とする知的しょうがい者や高齢者等に対する地域における自立支援へと拡大していった。このように、ケアマネジメントの発展は、多くの生活課題やニーズを抱えるクライアントの地域における自立支援を支えるものであり、クライアントのQOL（生活の質）を高め、福利の向上を目指すことに配慮した支援であるといえよう。

　日本においては1990年代後半以降の社会福祉基礎構造改革と地域福祉推進の過程において社会福祉の目的を「個人が人としての尊厳を持って、家庭や地域の中で、その人らしい安心のある生活を送れる[2]」こととし、コミュニティケア[3]の重要性が強調され、2000年の公的介護保険制度創設に伴い、クライアントの抱えるニーズと様々な社会資源を媒介するケアマネジメントの必要性が重視され、システムが導入された。さらに、2006年、地域包括ケアシステム構築の総合的マネジメントを担う中核機関として地域包括支援センターを創設した。この新介護保険システムの大きな特徴である地域包括ケアシステムについては家族システムに起因して生じている問題をも含むミクロ・レベルの視点から環境システムにおける社会資源やサポートシステム、つまりメゾ・レベル、マクロ・レベルへと視点を転化させることで生活圏域という地域社会におけるクライアントのQOLの向上を意図しているものであった。

　このなかでは介護保険給付事業に加えて「地域支援事業」が創設された。この地域支援事業における4つの包括的支援事業のうちの包括的・継続的ケアマネジメント支援事業については地域のクライアントがフォーマル・インフォーマルサービスを有効に活用し、支援を受けられるようなケアマネジメント体制の確立として地域生活の継続を支援するために個々のクライアントの状況やその変化に応じて適切なサービス、多様な支援を提供するものとしてある。このためには介護保険サービスをベースにしつつも、保健・医療・福祉の有機的連携を主眼とするコミュニティワーカーとしての機能が不可欠となってくる。このようにケアマネジメントのメインストリームが生活圏域を基盤とした地域自立支援の考え方に転換してきている。この点について大橋謙策はコミュニティスーパービジョンを通じたケアマネジャーのスペシャリストからジェネラリス

トへのパラダイムシフト重要性を示唆している[4]。このように日本におけるケアマネジメントの発展は、社会福祉基礎構造改革にみられる社会福祉制度の抜本的改革とコミュニティケアの推進、公的介護保険制度に大きく関連している。

(2)「全世代・全対象型地域包括支援体制」の構築

2010年5月、厚労省は介護保険最新情報91において新たに住民相互の互助の観点を包含した「地域包括ケア研究会報告書――今後の検討のための論点整理――」を公表した。その大枠は新たに住民相互の互助の観点を包含した地域包括ケアシステムを導入し、介護保険制度もそのシステムを支える一制度として考えるというものであった。さらに2015年に厚労省・新たな福祉サービスのシステム等のあり方検討プロジェクトチームは「誰もが支え合う地域の構築に向けた福祉サービスの実現――新たな時代に対応した福祉の提供ビジョン――」において、地域包括ケアシステムの考え方を高齢者のみならず、介護や障害、子育て、生活困窮者といった分野の垣根を越えて、全ての人に発展・拡大させ、各制度とも連携する。といった方針を掲げ、これを「全世代・全対象型地域包括支援体制」と位置づけた。

これまでの日本の福祉サービスは、その対象毎に発展してきた。そして近年は共働き世帯やひとり親世帯の増加、少子高齢化、核家族化、つながりの希薄化、格差の拡大といった環境の変化がすすむなか高齢者介護、子育て支援、生活困窮、障害者福祉、在宅医療等、様々な分野において家庭・地域における支援力の低下は顕著となっている。これらに起因する様々なニーズが複雑に絡み合ったり、家庭内で複数分野のニーズを抱えるといった状況がみられる。こうしたニーズに対する支援のあり方としても、既存のような分野ごとの対応では、必ずしも十分な支援が実現できるとは限らない状況が生じてきている。また、ミクロ（個別）レベルの課題をメゾ（地域）で支える体制の構築が求められている。

今回示された具体策のひとつが、図27-1のワンストップで相談できる仕組みの普及である。1人で子どもを育てながら親の介護も担う等、複数の困難を抱えている人から「包括的相談支援推進員（仮称）」が地域のサービスのコーディネートにあたる。

コンセプトは、「対象者を制度に当てはめるのではなく、本人のニーズを起点に支援を調整すること」とした。また、高齢者やしょうがい者、子ども等

第27章 地域包括支援センターとコミュニティスーパービジョン

1 さまざまなニーズに対応する新しい地域包括支援体制の構築

① 包括的な相談支援システムの構築

○ 我が国の福祉サービスは、高齢、障害、児童その他対象者ごとに専門的なサービスが充実してきたところ。他方、人口減少など地域社会が変容する中で、単独の機関によるアプローチでは、十分な対応ができないケースも浮き彫りになっている。福祉ニーズの多様化・複雑化や、既存の支援体制の存在や地域によって実情が異なることも踏まえながら、こうした新たな課題に対応するため、地域の中で「狭間のニーズ」を拾い取り総合的な見立てとコーディネートを行う機能を強化する。

・多機関、関係者の連携を強化し社会資源の開発を図る
・支援人材の育成を行いつつ、包括支援のノウハウを全国展開する

などの取組を通じ、多機関・多分野協働による新しい包括的な相談支援システムを構築する。

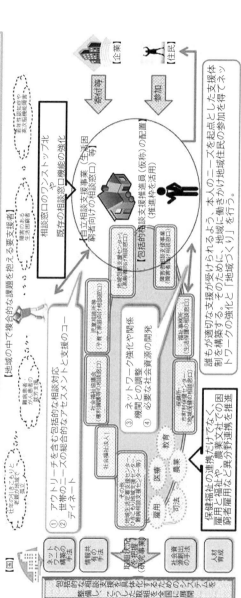

図27-1 地域包括ケアシステムにおける相談支援の概要

出典：厚労省「新たな時代に対応した福祉の提供ビジョン」概要説明資料、2017年 (http://www.mhlw.go.jp/file/05-Shingikai-12201000-Shakaiengokyokushougaihokenfukushibu-Kikakuka/siryou1_11.pdf、2018年5月3日最終確認)。

様々な人が通える一体的な拠点づくりも推進する。具体的な方策の面では、受け入れる人を限定しない相談の窓口やサービスの拠点の設置、より広く各種制度を横断的にコーディネートする能力を持つ人材の育成等を盛り込んだ。つまり高齢者介護や子育て、生活困窮、しょう害、医療、児童福祉等といった様々な生活課題の分野の垣根を越えて、誰もが支え合う地域の構築に向けた新しい福祉サービスの実現を目指すものである。しょう害者施設は施設から在宅へ、高齢者は地域包括ケアへ、そして児童福祉も少子化対策から、さらに地域子育て支援へと地域福祉を主眼とするものへの転換が求められている。

第2節　コミュニティソーシャルワークの理論

（1）ジェネラリストソーシャルワーク

地域包括ケアシステムの5つの構成要素として、従来は並列関係において「介護・リハ」「医療・看護」「保健・予防」「福祉・生活支援」「住まいと住まい方」とされてきた。また、これらの構成要素を支える方法として「自助」「互助」「共助」「公助」の概念が注目されている。これらは、時代とともに、その範囲や役割を変化させている。例えば地域住民が自らの困りごと等について積極的に語り合い、情報交換しながら解決を模索するといったピアスーパービジョンの手法を用いた取り組みもみられる。このような自発的な取り組みが「自助」「互助」の新たな形といえよう。特に伝統的な地縁や血縁が弱い都市部等においてはこれらが「伝統的な互助」に代わるものとして「都市型の自助・互助」として注目されている。

そこには地域包括システムの構成要素を支える方法である、いわゆる互助・共助の取組を育みつつ、対象者の状況に応じて、分野を問わず横断的かつ包括的に支援を行うジェネラリストソーシャルワークの意義がある[5]。近年、ジェネラリストソーシャルワークはコミュニティワーク実践の基礎理論として先行研究において注目されている。厳密な定義や基準を有しているとはいいがたく先行研究においても故岩間伸之、大田義弘、秋山薊二、副田あけみらが各々に意図的に使い分けている。共通していえることは1955年NASW（全米ソーシャルワーカー協会）結成の際にケースワーク、コミュニティワーク、グループワーク統合化以降のソーシャルワークを構成する知識・技術・価値を一体的かつ体系的に構造化したものである。さらにジャーメイン（Carel B. Germain）らが提唱

するエコロジカル パースペクティブ（生態学的視座）の影響も受け、クライアントを"状況（環境）の中の人（person in the situation）"としてとらえ、ソーシャルワーカーが向けるべきアプローチの焦点を"人"のみにあてるのではなく、また、"状況（社会）"の側だけでもなく、その関係のあり方に着目し焦点化するという考え方を有している。つまりクライアントとその環境（人、地域、資源、団体、組織等）との双方へのアプローチを通じて相互作用を助長し、関係性の変化を通じて良好な適合状態を形成することを目標とする。この点について岩間は「このようなエコロジカル パースペクティブによる『適応』の考え方は、現代ソーシャルワークの基本的視座となっている[7]」と述べている。

　ジェネラリストソーシャルワークの特質としてミクロ・レベルのクライアントだけではなく、メゾ・レベルの地域を含めた環境のストレングス（strengths）に、また、マイナス面への補正・強制ではなく環境や地域資源、社会資源をも含めたプラス面への着目する点が挙げられる。換言すれば、ジェネラリストソーシャルワークとはすべてのソーシャルワーク実践の基礎や中核となり得るもので、援助の対象となるクライアントに対して専門領域や制度、その他の条件による"境界"といった制限を設けないソーシャルワーク実践であるといえよう。そしてジェネラリストソーシャルワークはミクロ・ソーシャルワーク、メゾ・ソーシャルワークとの力動的統合関係においても理論的基盤を提供するものであり、地域包括ケアシステムの構築、さらにはソーシャルインクルージョンの実現を目指す全世代・全対象型地域包括支援体制構築の視座になるものと考えられる。

（2）コミュニティソーシャルワークの今日的意義

　本来、地域包括ケアシステムは高齢者に限定されるものではなく障害者や子どもを含む地域住民全てを対象とする仕組みである。クライアントや家族、自治会等の住民組織、さまざまな地域の諸主体が「自助」「互助」「共助」「公助」を組み合わせて「住まい」「生活支援・福祉サービス」「医療」「介護」「予防」の面で相互に支え合うことによって実現する。このように地域包括ケアシステムにはミクロ・ソーシャルワーク（社会福祉方法・援助技術研究）とマクロ・ソーシャルワーク（社会福祉制度・政策論研究）の統合を主眼においた生活圏域単位、つまりメゾ・レベルでのクライアントの地域自立生活を支援するためのソーシャルワークシステムの構築が課せられている。

このメゾ・レベルでのソーシャルワークにおいてはクライアントの個別ニーズ（心身状況のアセスメント）への対処療法としての「医学モデル」ではなく、心身状況に加えて家族背景や社会的側面、さらにはソーシャル・サポート・ネットワークの有無、生活技術的側面を視野に入れた援助のあり方が要求される。つまりクライアントを地域における生活者としてホリスティックにとらえるためにコミュニティワークの視座が不可欠となってくる。

どのような地域でも発生する生活課題が表面化してくる背景は複雑であり、その課題は、個々に表出したニーズの特殊性を個別の地域状況と関連付けて理解することがコミュニティワークの着眼点となる。コミュニティワークはクライアントの地域での自立生活を支援するために、ケアマネジメントを展開しつつソーシャル・サポート・ネットワークの開発と福祉コミュニティの創設等、生活環境の改善を推進していく機能を有している。

コミュニティワークの概念が提起されたのは1982年にイギリスで公表されたバークレイ報告「ソーシャルワーカー：役割と任務」[8]においてである。このなかでもコミュニティのとらえ方、具体的な展開方法役割等についてさまざまな側面において議論されている。大橋はコミュニティソーシャルワークを「地域に顕在的に、あるいは潜在的に存在する生活上のニーズを把握し、それらの生活上の課題を抱える人々に対して、ケアマネジメントを軸とするソーシャルワークの過程と、それらの個別援助を通しての地域自立支援生活を可能ならしめる生活環境の整備や社会資源の改善・開発。ソーシャル・サポート・ネットワークを形成する等の地域社会においてソーシャルワークを統合的に展開する支援活動である」[9]と定義づけている。

このコミュニティワークの概念は未だ統一されたものではないが、ケアマネジメントの機能を1つのシステムに固定せず、さらに狭い臨床技術への限定を避ける点においても重要な意義を持つといえよう。

第3節　コミュニティスーパービジョン

(1) 日本におけるスーパービジョンの諸相

日本で社会福祉の領域にスーパービジョンという考え方が導入されたのは1950年代初頭と考えられる。当時は主に公的機関（福祉事務所、児童相談所、家庭裁判所等）、保健医療機関等の職員を対象に行われていたが、その実践は隆盛を

みることなく現在に至っている。その後、2000年高齢者福祉の領域において、公的介護保険制度創設に伴うケアマネジメント・システムが導入され当時、厚労省がケアマネジャー指導者研修で奥川幸子によるグループ・スーパービジョンの概念モデルである OGSV を採用し、ケアマネジメント領域においてスーパービジョンが普遍化する契機となった。[10]

　スーパービジョンは、古くから臨床実践の質を高める方法として認識されていたが、日本においてソーシャルワーク領域におけるスーパービジョン体制がソーシャルワークにどのように貢献できるかは模索されつつも具体的に明示されていないのも事実である。また、組織的スーパービジョン体制の効果性や重要性に関する認知は低く、特に施設の管理者にはその必要性を軽視している傾向すらある。この点について福山は「日本では、スーパービジョンに関する実証的な調査が十分なされてきたとは言えない。特に、スーパービジョンの評価についての研究がほとんどなされていない」と指摘している。[11]

　アメリカのスーパービジョン研究の第一人者であるカデューシンの大著『ソーシャルワークにおけるスーパービジョン』[12]以降スーパービジョンには支持・教育・管理の３つの機能があるとされてきた。なかでも教育的スーパービジョンが重視されていた。その後、スーパービジョンは対人援助専門職に対する教育のみならず、その人が所属する組織の中で専門職としての望ましい働き・機能をしているかという評価も含めた管理的側面にも焦点があてられるようになってきた。

　スーパービジョンは対人援助専門職のクライアントへの関わりのなかで、その人が"プロフェッショナル"として最も好ましい援助を提供できることを企図して指導ならびに援助をサポートし、育み、環境を整備することでクライアントの福利向上を目指すものである。また、対人援助専門職が価値観・知識・技術をリカレント教育として学ぶなかで、本来備わっている資質をさらに発展させていく機会である。換言すれば、スーパービジョンとは対人援助専門職のスキル向上を通じ、クライアントとの援助関係・福利を良好なものにするためのトレーニング方法であり、感情労働・臨床に対峙する対人援助専門職をサポートする方法といえよう。その定義としては未だ明確なものはないが、本論では、スーパービジョンを対人援助専門実践を行う機関や施設においてスーパーバイザーによって展開されるソーシャルワーカー養成ならびにクライアントの福利向上を目的とした教育的・管理的・支持的機能を展開していく一連の

過程と定義する。

（2）地域包括ケアシステムに求められるコミュニティスーパービジョン

コミュニティソーシャルワークが先述のジェネラリストソーシャルワークの性格を有することから医療機関や施設等、機関内の属性別・分野別の実践とは性格が異なり、ジェネラリストソーシャルワークとしての性格から、その展開は限定的な一定のエリアで、エリアとリンクしながら実践していくという特徴を有する。この場合、クライアントに直結する社会資源のみならず地域に潜在するマンパワー、情報、各種団体、組織、資金等を発掘し、時には創出し、その地域独自の社会資源として開発・活用・改善していくことも重要になってくる。

従来のスーパービジョンは、対人援助専門職をその対象とし、個人やグループに対する教育的、管理的、支持的機能として開発され、展開してきた。しかし、地域包括ケアシステム構築のための「コミュニティ スーパービジョン[13]」においてはインフォーマルも含む地域で実践するスタッフの開発およびケア、さらには仲介機能（humanservices broker）[14]、調停機能（mediator）[15]、連携機能（linkage）[16]、等の機能も求められる。

おわりに

「地域包括ケアシステム」、「全世代・全対象型地域包括支援体制」の構築が提唱されるなか、ソーシャルワーク理論と関連づけながら、その実施主体となる地域包括支援センターが担うコミュニティスーパービジョンのあり方（機能と特質）を俯瞰的に論考した。コミュニティソーシャルワークについて、その概念は絶えず歴史的に生成され、変化しつつ発達している。ゆえに絶対的かつ固定的概念を示すことは困難である。日本では、概念的理解以前に実践されてきた。すなわち、実践知においてはその必要性は明らかであるといえよう。

今後、欧米のソーシャルワーク理論からコミュニティワークの実践やコミュニティスーパービジョンを理解するのではなく、日本の実情に応じ、実践を理論化していく取り組みこそが求められている。

注

1) C. R. ロジャーズが提唱するカウンセリング理論（person centered approach）に依拠し、クライアントという表現を用いた。
2) 中央社会福祉審議会社会福祉基礎構造改革分科会「社会福祉基礎構造改革について（中間まとめ）」、1998年。
3) 対象者を特別な施設の中だけで処遇するのではなく、できるだけ地域の中で地域とのつながりを保ちながら処遇すること。1920年代のイギリスで、精神衛生および精神遅滞者の対策として、収容施設での保護だけでなく、コミュニティにおける職業訓練や授産施設等のサービスが必要だという主張として登場した。
4) 特定非営利活動法人日本地域福祉研究所「コミュニティソーシャルワークの理論」2005年、5頁。
5) ジェネラリスト ソーシャルワークとはすべてのソーシャルワーク実践の基礎や中核となり得るもので、援助の対象となるクライアントに対して専門領域や制度、その他の条件による"境界"といった制限を設けないソーシャルワーク実践であるといえよう。1955年、NASW（全米ソーシャルワーカー協会）結成の際に、ケースワーク、コミュニティワーク、グループワーク統合化以降のソーシャルワークを構成する知識・技術・価値を一体的かつ体系的に構造化したものである。
6) エコロジカル・パースペクティブ（ecological perspective）生態学的視座。ジャーメイン CarelB. Germain、ギッターマン（AlexGitterman）らが提唱するソーシャルワークにおける重要概念。1980年にジャーメイン（CarelB. Germain）、ギッターマン（AlexGitterman）らが The Lift Model of Social Wolk Practice（Carel B. Germain and Alex Gitterman, The Life Model of Social Work Practl'ce（lsted.）, Columbia University Press, 1980.）を出版し、ライフモデル（life model）を体系化した際の背景理論。
7) 岩間伸之『ソーシャルワーク研究』第31巻第1号、相川書房、56頁。
8) 1982年にバークレイ委員会が行った報告。ソーシャルワーカーの役割と任務について再検討を行い、コミュニティ・ソーシャルワーカーの任務はコミュニティを基盤としたカウンセリングと社会的ケア計画を統合した実践としてコミュニティワークを提唱した報告。
9) 宮城孝「第Ⅰ章 地域自立支援生活支援とコミュニティソーシャルワーク」大橋謙策編『地域福祉論』NHK学園、2005年、37頁。
10) OGSV：奥川幸子によるピア・グループ・スーパービジョンの概念モデル。2001年に厚生労働省が実施した介護支援専門員指導者研修において用いられた。
11) 福山和女『ソーシャルワークのスーパービジョン―人の理解の探求』ミネルヴァ書

房、2005年、192頁。
12) Kadushin, A."Supervision in social work"（3 rded.）Columbia University Press, 1966.
13) Simpson. N『ソーシャルワークとは何か――基礎と展望――』杉本敏夫訳、晃洋書房、2004年。
14) クライエントと社会資源との仲介者（ブローカー）としての役割。
15) クライエントや家族と地域社会の間で意見の食い違いや争いがみられるとき、その調停者としての役割。
16) 各種公的な社会的サービスや多くのインフォーマルな社会資源の間を結びつける連携者としての役割。

《執筆者紹介》（執筆順、＊は編者）

柴田　賢一	尚絅大学短期大学部教授	第1章
小口　将典	関西福祉科学大学社会福祉学部准教授	第2章
牛島　豊広	中村学園大学短期大学部講師	第3章
丸目　満弓	大阪城南女子短期大学講師	第4章
三好　明夫	京都ノートルダム女子大学現代人間学部教授	第5章
橋本　一雄	中村学園大学短期大学部講師	第6章
岡田　　愛	立正大学仏教学部講師	第7章
冨江　英俊	関西学院大学教育学部教授	第8章
＊伊藤　良高	奥付参照	第9章
伊藤　奈月	神戸大学大学院人間発達環境学研究科博士課程後期課程院生	第10章
胡　　倩卓	保育研究者	第11章
山本佳代子	西南学院大学人間科学部准教授	第12章
大津　尚志	武庫川女子大学学校教育センター講師	第13章
荒井英治郎	信州大学教職支援センター准教授	第14章
下坂　　剛	四国大学生活科学部准教授	第15章
永野　典詞	九州ルーテル学院大学人文学部教授	第16章
塩野谷　斉	鳥取大学地域学部教授	第17章
進藤　珠里	元東北福祉大学総合福祉学部講師	第18章
鶴　　宏史	武庫川女子大学文学部准教授	第19章
灰谷　和代	皇學館大学現代日本社会学部助教	第20章
竹下　　徹	尚絅大学短期大学部准教授	第21章
香﨑智郁代	九州ルーテル学院大学人文学部准教授	第22章
森本　誠司	京都橘大学健康科学部准教授	第23章
吉田祐一郎	四天王寺大学教育学部講師	第24章
山田　裕一	立命館大学生存学研究センター客員研究員	第25章
田島　　望	九州看護福祉大学看護福祉学部助教	第26章
若宮　邦彦	南九州大学人間発達学部教授	第27章

《編者略歴》
伊藤良高（いとう よしたか）
　1954年　大阪府に生まれる
　名古屋大学大学院教育学研究科博士後期課程単位認定退学，名古屋大学博士（教育学）
　専　攻　保育学・教育学（保育制度・経営論）
　現　在　熊本学園大学社会福祉学部教授，熊本学園大学大学院社会福祉学研究科
　　　　　教授，桜山保育園理事長・副園長，日本保育ソーシャルワーク学会常任
　　　　　理事・会長，同学会認定資格「中級保育ソーシャルワーカー」

主要著書
『〔新版〕子どもの環境と保育』（北樹出版，2001）
『〔増補版〕現代保育所経営論』（北樹出版，2002）
『保育所経営の基本問題』（北樹出版，2002）
『幼児教育の明日を拓く幼稚園経営』（北樹出版，2004）
『新時代の幼児教育と幼稚園』（晃洋書房，2009）
『保育制度改革と保育施設経営』（風間書房，2011）
『幼児教育行政学』（晃洋書房，2015）
『教育と法のフロンティア』（共編著，晃洋書房，2015）
『人間の形成と心理のフロンティア』（共編著，晃洋書房，2016）
『教育の理念と思想のフロンティア』（共編著，晃洋書房，2017）
『第2版 教育と福祉の課題』（編著，晃洋書房，2017）
『新版 子どもの幸せと親の幸せ』（共著，晃洋書房，2017）
『保育ソーシャルワーカーのおしごとガイドブック』（共著，風鳴舎，2017）
『子どもの豊かな育ちを支えるソーシャル・キャピタル』（共編著，ミネルヴァ書房，2018）
『乳児保育のフロンティア』（共編著，晃洋書房，2018）
『保育・幼児教育のフロンティア』（共編著，晃洋書房，2018）
『改訂版　保育ソーシャルワークの世界』（共著，晃洋書房，2018）ほか多数

教育と福祉の基本問題
―― 人間と社会の明日を展望する ――

2018年11月10日　初版第1刷発行　　＊定価はカバーに表示してあります

編著者の了解により検印省略	編著者	伊藤良高 ©
	発行者	植田　実
	印刷者	藤森英夫

発行所　株式会社　晃洋書房
〒615-0026　京都市右京区西院北矢掛町7番地
　　　電話　075(312)0788番(代)
　　　振替口座　01040-6-32280

装丁　クリエイティブ・コンセプト　　印刷・製本　亜細亜印刷㈱
ISBN 978-4-7710-3099-2

JCOPY〈(社)出版者著作権管理機構 委託出版物〉
本書の無断複写は著作権法上での例外を除き禁じられています。
複写される場合は，そのつど事前に，(社)出版者著作権管理機構
(電話 03-3513-6969，FAX 03-3513-6979, e-mail: info@jcopy.or.jp)
の許諾を得てください。

伊藤良高 編集代表
2018年版　ポケット教育小六法
新書判 340頁
本体 1,300円（税別）

伊藤良高・下坂剛 編
人間の形成と心理のフロンティア
Ａ5判 128頁
本体 1,300円（税別）

伊藤良高・永野典詞・三好明夫・下坂剛 編
新版　子ども家庭福祉のフロンティア
Ａ5判 116頁
本体 1,300円（税別）

日本保育ソーシャルワーク学会 編
改訂版　保育ソーシャルワークの世界
──理論と実践──
Ａ5判 202頁
本体 2,000円（税別）

伊藤良高・冨江英俊・大津尚志・永野典詞・冨田晴生 編
道徳教育のフロンティア
Ａ5判 150頁
本体 1,500円（税別）

伊藤良高 著
幼児教育行政学
Ａ5判 150頁
本体 1,500円（税別）

石村卓也・伊藤朋子 著
教職のしくみと教育のしくみ
──教育制度論──
Ａ5判 246頁
本体 2,800円（税別）

石村卓也・伊藤朋子・浅田昇平 著
社会に開かれたカリキュラム
──新学習指導要領に対応した教育課程論──
Ａ5判 264頁
本体 2,900円（税別）

クレア・コズニック，クライヴ・ベック 著／山根耕平 監訳
教員養成の新視点
──カナダからの提言──
Ａ5判 290頁
本体 3,100円（税別）

望月昭・中村正・サトウタツヤ 編著
「対人援助学」キーワード集
Ａ5判 254頁
本体 2,200円（税別）

佐野安仁・荒木紀幸 編著
第4版　道徳教育の視点
Ａ5判 258頁
本体 2,500円（税別）

══════ 晃洋書房 ══════